CB010223

1ª edição - Julho de 2022

Coordenação editorial
Ronaldo A. Sperdutti

Capa
Juliana Mollinari

Imagem Capa
Shutterstock

Projeto gráfico e diagramação
Juliana Mollinari

Revisão
Alessandra Miranda de Sá
Maria Clara Telles

Assistente editorial
Ana Maria Rael Gambarini

Impressão
Gráfica Assahi

© 2022 by Boa Nova Editora.

Av. Porto Ferreira, 1031 | Parque Iracema
CEP 15809-020 | Catanduva-SP
17 3531.4444

www.lumeneditorial.com.br
www.boanova.net

atendimento@lumeneditorial.com.br
boanova@boanova.net

Dados Internacionais de Catalogação na Publicação (CIP)
(Câmara Brasileira do Livro, SP, Brasil)

```
Aurélio, Marco (Espírito)
    O tempo cuida de tudo / romance pelo espírito
Marco Aurélio, [psicografado por] Marcelo Cezar. --
Catanduva, SP : Lúmen Editorial, 2022. -- (O poder do
tempo ; 1)

    ISBN 978-65-5792-051-0

    1. Espiritismo 2. Psicografia 3. Romance espírita
I. Cezar, Marcelo. II. Título III. Série.

22-114038                                    CDD-133.9
```

Índices para catálogo sistemático:

1. Romance espírita psicografado : Espiritismo   133.9

Aline Graziele Benitez - Bibliotecária - CRB-1/3129

Impresso no Brasil – Printed in Brazil
01-07-22-10.000

MARCELO CEZAR

ROMANCE PELO ESPÍRITO

MARCO AURÉLIO

TRILOGIA **O PODER DO TEMPO** - VOL.1

O TEMPO
CUIDA DE TUDO

LÚMEN
EDITORIAL

APRESENTAÇÃO

Os fatos que ora narramos se situam entre as décadas de 1940 e 1950. Foi a época em que a maioria dos personagens apresentados escolheu reencarnar, a fim de estreitarem os laços de afeto, bem como esclarecerem situações mal resolvidas, mágoas e rancores de uma vida passada, ocorridos um século antes.

Ademais, o desenrolar desta história se estende para além da vida, isto é, algumas das passagens aqui descritas irão gerar desdobramentos para uma nova experiência terrena, que será apresentada em outro volume, em que grande parte dos personagens teve permissão para reencarnar, com o objetivo de acertarem os ponteiros com a própria consciência e unirem ainda mais os laços de afeição e amizade que perduram desde tempos imemoriais.

A bem da verdade, esses relatos de vida nos levam a refletir sobre o tempo. Porque é através do tempo que temos condições de compreender e, desse modo, evitar os equívocos cometidos, os tropeços e os desvarios praticados, restaurando o equilíbrio perdido.

Outrossim, o tempo nos ajuda a esquecer o sofrimento e a cicatrizar feridas, indicando quanto nosso espírito avançou rumo à perfeição de si mesmo. À vista disso, realçamos que o verdadeiro caminho da evolução é o que percorremos com o propósito de nos libertar da negatividade, da amargura e da falta de perdão. Quanto mais nos desprendermos de críticas e julgamentos que nos rebaixam ou nublam a percepção de nossa autoestima, mais capazes e conscientes estaremos para entender o bem como um remédio milagroso que garantirá a manutenção de nossa saúde física, emocional e espiritual. Porque a ajuda espiritual sempre nos chega quando estamos no bem, vivendo e praticando coisas boas.

Além de tudo, o tempo mostra que apenas o amor por nós mesmos, e consequentemente pelo próximo, será capaz de nos conduzir ao verdadeiro estado de paz de espírito que tanto almejamos.

CAPÍTULO 1

Esta história se inicia numa época em que a garoa ainda se fazia presente no cenário paulistano. Por causa dela, o vento soprava frio e úmido, trespassando, lentamente, as copas das árvores; o balanço das folhas produzia um murmurinho contínuo, rompendo o silêncio da madrugada. De pouco a pouco, a escuridão abriu espaço para o sol que despontava no horizonte, anunciando a chegada de mais um dia. Logo, um bando de pássaros saltou de galho em galho e, quando o faziam, trinavam alegres, observando ao redor, à procura de alimento.

Estelinha escutou os pássaros e, olhos arregalados e pregados no teto, suspirou aliviada:

— Uma noite a menos!

Fazia alguns anos que ela não dormia bem. Tudo começou mais ou menos quando completara treze anos de idade. Até então, era uma menina como outra qualquer. Estudava, frequentava a casa das amiguinhas do colégio, gostava de folhear revistas típicas das mocinhas de sua época, como o *Jornal das Moças* ou *Eu Sei Tudo*.

De repente, numa noite, acordou assustada, sentindo-se mal; teve enjoos, dor na garganta. Ela teve certeza de que alguém tentara estrangulá-la. A mãe mal deu atenção aos seus *delírios*, acreditando ser um simples resfriado, todavia, na consulta médica, nada de anormal fora constatado. O médico alegou que os sintomas apresentados pela menina indicavam sinais da primeira menstruação; receitou-lhe um tônico para tomar duas vezes ao dia. Não adiantou nada.

Nas noites seguintes, os mesmos sintomas, ora mais fortes, ora mais fraquinhos. Preparar-se para dormir tornou-se um martírio e Estelinha lutava noite após noite contra o sono.

Algumas vezes, imaginava ver vultos ou ser tocada por alguém; outras, quando vencida pelo cansaço, dormia um pouquinho, tinha um pesadelo recorrente em que sentia ser arremessada com força para o alto e, na sequência, pingos de água caíam sobre o rosto. A partir de então, evitava tomar banho, para horror da mãe e da irmã. Estelinha era obrigada a se lavar e, contrariada, entrava embaixo do chuveiro e se lavava com tremenda rapidez, evitando que a água atingisse o rosto. Para limpá-lo, usava algodão embebido em água-de-colônia ou leite de rosas.

A rotina à noite era sempre a mesma: apagava a luz do quarto, mantinha o abajurzinho da mesinha de cabeceira aceso. Deitava-se, fazia o sinal da cruz e muitas vezes procurava se entreter com os álbuns de figurinhas — distração que cultivava desde pequena — a fim de protelar o sono. Até que as pálpebras tornavam-se pesadas, ela adormecia, para logo despertar assustada. Ora eram sonhos ruins, ora parecia que seu corpo era sacudido por mãos pesadas. Acordava arfante, o suor escorrendo pela testa. Olhava ao redor e não via ninguém. Vez ou outra sentira uma *presença* ao lado da cama.

Acreditando que poderia resolver de vez essa questão, recentemente a mãe trouxera um padre para benzê-la. Nada mudou. No entanto, talvez impressionada com o ritual utilizado pelo clérigo enquanto a benzia, teve um sonho diferente. Dessa vez sonhara estar num convento. Despertou no meio da madrugada e não mais conseguiu conciliar o sono. Preferiu não confidenciar à mãe que tivera um sonho esquisito.

— Capaz de ela trazer o padre para me benzer de novo. Não quero. Não gosto de padres — confidenciou para si mesma enquanto se levantava da cama.

Maria Estela Bueno de Albuquerque Carvalho, ou simplesmente Estelinha, crescera uma moça bonita, mas não cuidava da aparência. Era magrinha e os cabelos viviam oleosos, sem brilho; os olhos, levemente esverdeados, ficavam escondidos atrás de um par de óculos com lentes espessas. O rosto quedava pesado, sisudo. Preferia vestidos escuros, de preferência sem estampas, desenhos ou listras. Usar maquiagem ou pintar as unhas, por exemplo, não faziam parte do seu universo.

A bem da verdade, como estava sempre cansada, não tinha vontade ou prazer de fazer as coisas. Tudo era enfadonho e sem graça. Com o passar do tempo, por ter adquirido esse comportamento, afastara do convívio as meninas da sua idade e, infelizmente, não tinha amigas. Sozinha e sem perspectivas de uma vida melhor, entregara-se ao desânimo e à apatia.

Em breve, completaria dezoito anos. Outras mocinhas na sua idade já estariam radiantes, pensando numa grande festa, fosse em casa ou num clube requintado. Mas não. Ela não dissera ou pedira nada. Quando a mãe lhe informou que faria uma recepção para alguns convidados, ela fez que não. Preferia ficar sozinha no quarto, com seus álbuns de figurinhas.

Estelinha havia concluído o equivalente ao Ensino Médio. Foi um sufoco terminar o curso e graduar-se. Dera graças a Deus quando pegou o certificado das mãos da diretora. A mãe pensara que talvez ela quisesse fazer um curso de corte e costura ou aulas de pintura, contudo, o cansaço e a vontade de fazer nada eram mais fortes.

Quando fora levada ao médico pela primeira vez e ele apenas deduzira que a filha sofresse com os efeitos da primeira menstruação, Bernarda, sua mãe, acreditou que fossem chiliques ou destempero relativos à fase pela qual estava passando.

Entretanto, ao perceber que Estelinha definhava a olhos vistos e ganhava olheiras profundas, preocupou-se. Arrastava a menina para todo tipo de especialista. Tiraram chapas, solicitaram vários exames. As conclusões dos médicos eram inúmeras: desnutrição, doença dos nervos, fraqueza psíquica, fragilidade emocional, gênio irritável e outros termos que pudessem, de alguma forma, explicar seu estado físico e mental.

Quando um dos médicos sugeriu consulta com um psiquiatra, Bernarda quase teve um surto. Indignou-se. O médico, bondoso, explicou que tamanha apatia e desgosto pela vida pudessem estar relacionados a algum problema surgido em tenra infância.

— Minha filha teve uma infância normal. Teve tudo, nunca deixei lhe faltar nada!

— Não é a isso que estou me referindo...

Ela nem o deixou terminar de falar. Agarrou a mão de Estelinha e saiu do consultório apertando o passo, irritadíssima.

Lembrando-se deste e de outros episódios, assim que se levantou, Estelinha caminhou pelo quarto enquanto passava as costas das mãos nos olhos. O sonho que tivera voltou com força à sua mente, como se nela estivesse passando um filme.

CAPÍTULO 2

No sonho, era noite e fazia frio, muito frio. Estelinha observava a cena como espectadora, embora se percebesse dentro de uma película de fita de cinema. Uma mulher de fisionomia carrancuda, segurando uma lamparina, surgia em sua frente e atravessava um corredor úmido e comprido, cheirando a mofo. Estelinha sentiu medo e, ao mesmo tempo, certa atração por aquela figura de aspecto sisudo. Logo atrás da mulher, uma jovem esfregava as mãos e implorava com olhos cheios de compaixão:

— Ela está desesperada, madre Verônica. Necessita de sua presença para acalmá-la.

— Há mais de seis meses tento acalmá-la. O que mais quer que eu faça, irmã?

— O nascimento do bebê está próximo. Ela disse que não vai entregá-lo. Quer ficar com ele.

A madre riu com desdém.

— Ela não tem que nada. O pai a deixou aqui e acertamos tudo. O bebê vai para os braços do conde. A irmã dele é seca e o cunhado precisa de um herdeiro. Essa moça tem traços similares aos da família do conde.

— Não sabemos quem é o pai — a freira, jovenzinha, ruborizou ao falar.

Madre Verônica estancou o passo e a censurou:

— Está se intrometendo em assuntos que não lhe dizem respeito, sóror Inês. Sua função é cuidar dela até o nascimento do bebê. Se continuar a me fazer perguntas impertinentes ou vier com lamúrias, serei obrigada a transferi-la deste convento.

A freira sentiu medo. Não queria sair dali. Em seguida, a cena mudou e Estelinha viu-se transportada para um cômodo pequeno, iluminado por archotes. Madre Verônica, Inês e uma outra freira estavam presentes. Uma moça, deitada e urrando de dor, estava prestes a dar à luz. Sóror Inês segurava a mão da mocinha para lhe transmitir força.

— Vai dar tudo certo.

— Obrigada — disse ela, a voz cansada de tanto fazer esforço.

Madre Verônica observava os movimentos, parada num canto. A outra freira realizava o parto e, quando o bebê chorou, a mãe também o fez.

— Posso segurá-lo? — pediu, voz fraca.

Madre Verônica ordenou, seca:

— Vamos. O conde espera — e, dirigindo-se a Inês, finalizou: — Faça-a descansar. Ela precisa recuperar as forças porque deverá partir na semana que vem.

Inês assustou-se:

— A senhora disse que ela ficaria. Iria tornar-se uma de nós.

— Recebi ordens do conde. — Antes de Inês se pronunciar, cortou-a, ríspida: — O convento se mantém graças a sua prestimosa ajuda. Não posso contrariá-lo.

A irmã que fizera o parto saiu com o bebê nos braços sem dar uma palavra. Deveria limpar e entregar o bebezinho ao conde. Enquanto Inês indignava-se com a madre, a moça que acabara de parir suplicava:

— Não estou me sentindo bem...

Inês virou-se e o catre estava empapado de sangue. Horrorizou-se. Apelou para a madre:

— Por favor, chame um médico para atendê-la e depois deixe-a ficar aqui, tornar-se uma de nós. Eu prometo ajudar no que for preciso.

— Negativo. Ela vai se recuperar e logo vai embora.

Inês olhava para a moça e percebia que, se não recebesse cuidados médicos, morreria. Desesperada, avançou sobre a madre para dela tirar o molho de chaves preso ao hábito por um cinto; queria correr dali o mais rápido possível, abrir os portões do convento e buscar o médico tão logo pudesse.

Madre Verônica era forte e tentou impedi-la; as duas se engalfinharam. A lamparina que a madre segurava foi ao chão e o fogo alastrou-se...

Estelinha voltou a si e sentiu leve estremecimento pelo corpo. Caminhou até a janela e murmurou:

— Ao menos foi um sonho. Estranho, mas foi apenas um sonho.

É preciso esclarecer que a relação dela com a mãe não era fácil e Estelinha não queria ouvir sermões, consultar médicos ou ser benzida por padres. Preferia guardar suas dores e inquietações para si mesma. Algumas vezes se abria com Felisberto, o padrasto. Ele, sim, a entendia. Era com ele que iria conversar sobre esse novo sonho. Sentia-se ansiosa e contava nos dedos os dias que faltavam para ele regressar de suas costumeiras viagens a trabalho.

CAPÍTULO 3

Estelinha afastou delicadamente a cortina da janela do quarto e puxou-a para observar os pássaros. Tentou sorrir.

Passava o tempo pensando em nada ou, quando se cansava de não pensar ou fazer nada, preenchia seus álbuns de figurinhas. Adorava abrir o pacotinho, dele retirar as lâminas e em seguida torcer para que não houvesse repetidas. Depois, com cuidado, colava-as. Tinha todo tipo de álbum: sobre fauna, flora, bichos, personagens históricos, artistas de cinema. Este último era o que a fazia se sentir menos enfadonha.

Felisberto, o padrasto, trazia os pacotinhos quando chegava de uma de suas viagens. Era engenheiro e trabalhava para uma multinacional cujas obras espalhavam-se pelas cidades do interior do país. Assim que retornava de uma viagem, ia direto para o quarto de Estelinha, tirava os pacotinhos do bolso do paletó e os entregava. A bem da verdade, era o único que vinha vê-la com frequência. Não gostava da forma como Bernarda tratava a filha. Alguns dias antes de uma de suas viagens, por exemplo, tivera nova discussão com a esposa.

— Ela é *minha* filha — rebatia Bernarda, com ênfase, mantendo sua pose altiva.

— Nossa filha. Eu a crio desde os dois anos de idade. Ela nem tem memória do pai biológico. Tinha meses quando Eurico morreu.

— Antes ela não tivesse nascido.

— Não fale asneiras, Bernarda. Estelinha é um primor de menina. Um encanto.

— Qual nada! Um estorvo. Se minha família não tivesse relações com Dom Mota, eu juro que teria cometido uma loucura assim que soube estar grávida.

— Você não se emenda — censurou. — Não permito que fale dela assim. Considero-a minha filha e sempre vou amá-la. Eu a vejo como uma plantinha delicada que precisa ser bem-cuidada, que apenas precisa de nosso amor e apoio para adquirir confiança em si mesma.

— Só você a enxerga assim.

— Você não a vê assim? E o que aconteceu a ela quando ainda era um bebê, não conta?

— Contar o quê? Ela era uma bebezinha. Acha que iria se lembrar de alguma coisa? Claro que não.

— Não sabemos. Nossa mente ainda é um mistério. Se Freud ainda estivesse vivo, creio que teríamos dado passos mais largos no entendimento de nosso aparelho psíquico.

— Lá vem você de novo com essa conversa. Influenciado pelo seu amigo Jorge, óbvio! A minha filha não é louca, só é fraca, tem a saúde debilitada. Fazer o quê?

— Nunca disse que nossa filha é louca. Estelinha precisa apenas fortalecer a mente. E Jorge estuda a mente humana há anos. Ele me sugeriu levarmos Estelinha para uma consulta com um amigo dele, profissional conceituado. É no Rio de Janeiro.

Bernarda riu alto.

— Levar Maria Estela para o Rio? Para ser tratada por um médico de loucos?

— Se for para resolver os problemas dela, claro que sim. Aliás, por que a trata de modo diferente? Por que não a trata do mesmo modo que trata Alfredo e Antonieta?

— Porque ela sempre foi diferente. Estranha.

— Será que é só isso?

— O mundo todo sabe. Eu sempre quis ter apenas dois filhos. E tive. Meu príncipe, o Alfredo. Dois anos depois veio a Antonieta, minha princesinha. Eu era feliz assim. Estava tudo certo. Jamais poderia imaginar ou sonhar que, quase cinco anos depois, fosse engravidar. Fiquei possessa. Ameacei Eurico. Se eu não fosse tão católica... — Ela calou-se.

Felisberto insistiu:

— O que faria? Um aborto?

Ela desconversou e prosseguiu, irritada:

— Foram os piores nove meses da minha vida. Depois ela nasceu, houve o acidente, Eurico morreu. Ninguém pensou no que passei. Viúva, com dois filhos pequenos.

— E uma bebezinha.

Ela deu de ombros.

— Teresa sempre me alertou, asseverando que Maria Estela cresceria com problemas. No começo não quis acreditar, mas o tempo mostrou que minha amiga estava certa.

— Amiga? Teresa é uma mulher fútil, superficial, extremamente presa aos ditames sociais. Nunca vi com bons olhos essa amizade.

— Isso não é problema seu. Somos amigas desde a infância.

— Ela enche sua cabeça de caraminholas. Não foi dela a ideia de internar Estelinha num sanatório?

— Foi. Mas desisti. O que os outros iriam pensar?

— A reputação é mais importante que a saúde de sua filha?

— Ela não respondeu. Ele continuou: — Você precisa olhar sua filha por outro ângulo.

— Sempre com os nervos à flor da pele — ela prosseguiu, sem prestar atenção às palavras de Felisberto. — Até os treze anos era normal. Pensei que, mesmo esquisitinha, fosse se tornar uma cópia de Antonieta. Mas não. Maria Estela — ela sempre chamava a filha assim — transformou-se da noite para o dia. Tornou-se uma menina chata, irritante, cheia de esquisitices. Virou um bicho do mato. Às vezes eu a olho e não a reconheço como minha filha. Tenho fixa a ideia de que se veste mal e evita o banho somente para me afrontar. Onde já se viu? Uma menina normal gosta de tomar banho. Ela só me traz desgosto.

— Mas Bernarda...

— Nada de mas, Felisberto. Você sabe quanto tempo e quanto dinheiro gastei para consertar essa menina. Ninguém descobriu nada. Acho que é birra, fricote, capricho, sei lá.

— Já disse. Ela não precisa de conserto. Precisa de amor.

Bernarda gargalhou.

— Amor? Sempre foi bem-criada, teve tudo. Vou dar minha última cartada.

— Qual?

— Vou trazer um padre aqui em casa. Quem sabe a visita de um clérigo me ajude a lidar melhor com esse destempero dela.

— Acha que um padre pode resolver a questão? Em que mundo você vive, Bernarda?

— No mundo de pessoas normais e saudáveis. Tem reparado como ela anda ultimamente? Parece um maltrapilho, uma pedinte. Mas você só viaja, não é? Não para em casa.

— Faz parte do meu trabalho. Quando nos casamos, eu já viajava a trabalho. Esqueceu-se?

— Será que só viaja mesmo a negócios? Teresa disse para eu ficar de olho em você.

— Pena que sua melhor amiga tenha o poder de influenciá-la de forma tremendamente negativa.

— Ela é a única que me entende. Pensa que é fácil ser mãe de uma menina... — ela calou-se.

— Continue. Você só se refere a sua filha em tom depreciativo. — Ele coçou a cabeça e disse: — Volto a insistir que ela precisa se consultar com um psiquiatra ou psicanalista.

— Disse e repito: não.

Felisberto não soube o que responder, mas tinha certeza de que ainda encontraria uma maneira de ajudar sua filha. Sim. Estelinha era *sua* filha!

CAPÍTULO 4

Infelizmente, é preciso ressaltar que Felisberto era o único, naquele momento, que se interessava pelo bem-estar de Estelinha. Alfredo, o irmão mais velho, cursava o último ano de engenharia na cidade do Rio de Janeiro, na época capital do país, e morava na casa da ex-cunhada de Bernarda. Nos primeiros anos, visitava a família nas férias. Agora que estava terminando a faculdade e começara a estagiar no escritório de conceituada construtora, as visitas foram se espaçando. Uma pena. Estelinha adorava Alfredo. Gostaria de vê-lo mais vezes.

Bernarda não gostava da ex-cunhada, Angelina, a irmã de seu primeiro marido. Desde que ficara viúva de Eurico, Bernarda cortara relações com ela. Quando o filho informou que reencontrara a tia e decidira morar na casa dela enquanto cursaria a universidade, Bernarda pensou que fosse ter uma síncope.

Havia também Antonieta, a irmã do meio, cinco anos mais velha que Estelinha. Estava para se casar. Mal tinha tempo para a irmã caçula. Na verdade, pensava — jamais dissera — que Estelinha precisava de tratamento psiquiátrico intensivo e ser banida do convívio social.

No meio disso tudo, a fim de evitar dissabores e terminar a vida com a filha enclausurada num sanatório ou solteirona, Bernarda achou por bem arrumar um pretendente para Estelinha. Foi ideia de Teresa, a tal amiga da alta sociedade que ditava as regras. Teresa tinha poder de persuasão, era sedutora em todos os sentidos e não permitia ser contrariada. As mulheres da sociedade acatavam sem pestanejar tudo o que ela determinava. Bernarda a considerava sua melhor amiga e evitava ao máximo contrariá-la.

Numa tarde, enquanto tomavam o chá no clube, Teresa comentou:

— Vi sua filha nascer. Presenciei tanta coisa na sua vida e na dela. A princípio, eu achava que Estelinha seria como Antonieta, quer dizer, uma menina bonita, educada, formosa. Infelizmente, com o passar dos anos, ficou evidente que ela tomou outro rumo. Uma pena. Temos de admitir que ela tem problemas psicológicos.

— Eu sei. Reluto todos os dias, brigo comigo, não quero pensar nisso. Felisberto quer levá-la para passar com um psiquiatra. Não posso admitir.

Teresa apertou delicadamente a mão de Bernarda.

— Não sei se interná-la seria uma boa solução.

— Foi ideia sua! — exclamou Bernarda.

— Eu sei. Talvez fosse boa ideia, contudo, estive pensando, sabe? Não sei se isso seria bom para você. Imagine os comentários ruins que poderiam afetar sua reputação, a de seus filhos... Eu me preocupo com o que falam de você, de Estelinha...

Os olhos de Bernarda marejaram.

— Percebi outro dia uma delas — apontou para um grupinho de senhoras sentado mais à frente — olhando para mim e rindo. Sei que sou mãe de uma doidivanas, mas é difícil lidar com isso.

— Dia desses, estava pensando com os meus botões: o que eu poderia fazer para ajudar minha amiga de tantos anos, aliás, minha melhor amiga?

— Você, sempre preocupada comigo! — Bernarda emocionou-se.

— O problema de sua caçula se resolve fácil — tornou Teresa, enquanto bebericava seu chá.

Bernarda ficou interessadíssima.

— Com o que, por exemplo? Confesso que interná-la, como já lhe disse, não me seria conveniente. Levá-la a um médico de loucos tampouco. Ela apenas é fraquinha de corpo e de cabeça.

— Não precisará passar por esse vexame.

— Não?

— De modo algum. Tudo pode se resolver da melhor forma possível.

— Não entendo, Teresa.

— Vamos arrumar um casamento para Estelinha.

— Como?! Você disse casamento?

— Sim.

— Eu mal a deixo sair de casa com medo de que seja motivo de chacota. Tão diferente de Antonieta — suspirou.

— Não queira comparar uma princesa a uma plebeia. — Ambas riram. — Antonieta é incomparável. Vai se casar com meu enteado e será uma nora maravilhosa. — Bernarda assentiu e ela prosseguiu: — Há um solteiro na praça. Não é lá essas coisas, mas é de família tradicional, quatrocentona. Tem berço. E muito, muito dinheiro.

— Quem? — Bernarda quis saber.

— Décio. Filho da Yolanda e do Evaristo Lisboa Nunes. A família da Yolanda é riquíssima e Evaristo é funcionário conceituado do governo, trabalha para o João Neves da Fontoura.

— Quem é?

— O Ministro das Relações Exteriores.

— Oh! — Bernarda exclamou e aquiesceu. Lembrou-se imediatamente do rapaz. Quem não se lembraria? Décio era figurinha constante dos escândalos de sociedade. Nervosinho, petulante e arrogante, não tinha limites. Era o tipo de pessoa que tratava mal quem não fizesse parte de sua classe social, isto é, dos milionários.

Filho de herdeiros que também nasceram herdeiros, Décio crescera entre babás e criadas francesas. Aprendera a falar o francês antes do português e nunca recebera um "não" na vida. Yolanda não tinha muita paciência para lidar com o filho. Logo que se casou, evitava ao máximo engravidar. Até que Evaristo desconfiou e exigiu que ela lhe desse um filho. Yolanda cedeu e Décio nascera quando ela já encostava nos trinta anos, algo incomum para a época. Sem muita vontade de ser mãe, fazia tudo o que ele exigia, apenas para agradá-lo e deixá-la em paz.

Embora fosse alto, forte, bonito, atraente, considerado um tipão, era evitado pelas moças das boas famílias. Elas fugiam dele como o diabo da cruz. Estar com Décio era passaporte para meter-se em confusão.

— Esse rapaz tem uma vida irregular, incerta, não?

— Não mais do que sua filha. — Bernarda arregalou os olhos e Teresa contemporizou: — Desculpe-me por ser franca. Quero dizer que sua filha tem um desvio de comportamento. Ele também tem o dele. De mais a mais, Décio é de família milionária, é bonito, fala fluentemente o francês e estudou inglês em Londres...

— Não concluiu a faculdade — interrompeu Bernarda.

— Não precisa. É herdeiro.

— Não sei, não... Ouvi comentários maledicentes sobre esse rapaz. Dizem que ele é... — ela calou-se.

Bernarda fora polida. O que se falava de Décio, à boca pequena, era que ele paquerava garotas e garotos. Muitos o acusavam de desviado ou fresco. No fundo, suas preferências sexuais eram fluidas; ele se interessava tanto por homens quanto por mulheres. Não havia um filtro interno que o impedisse de expressar sua sexualidade. Mas a sociedade da época era implacável. Havia olhos por todos os lados, isto é, pessoas vigiando e observando atentamente o comportamento moral de todos ao redor.

O pai, homem de respeito e pertencente a alto posto no governo Vargas, passava a semana toda na capital e voltava para São Paulo nos fins de semana; muitas vezes não voltava, pois viajava muito com o ministro. Evaristo evitava interagir com o filho. Percebia as *tendências* de Décio e horrorizava-se por saber que tinha gerado um filho "invertido".

Incompreendido, sem saber como ser aceito por uma sociedade hipócrita e impiedosa, a fim de provar que era "homem de verdade", Décio demonstrava comportamento estúpido e era violento com seus pares.

Teresa sabia de tudo isso e um pouco mais. Observou Bernarda e, como a conhecia muitíssimo bem, percebendo-lhe a insegurança, pôs mais lenha na fogueira:

— Veja bem, se por acaso esse casamento acontecer, qualquer problema que Estelinha vier a apresentar será de responsabilidade do marido. Você não terá mais de se preocupar com ela. Além disso, é preferível ter um genro meio doidivanas, mas que vai dar conta da esposa, a ter uma filha solteirona e estranha. Tenha em mente que *você* — apontou o dedo em direção a Bernarda — terá de cuidar e conviver com ela até o fim dos seus dias. Pense nisso. Conselho de amiga.

Bernarda considerou tudo e, embora sentisse o peito se apertar, viu no rapaz a salvação para melhorar a reputação de sua filha, ou melhor, a reputação de sua família. Não era má ideia... Livrar-se de Estelinha era como arrancar um peso imenso das costas. Além do mais, Bernarda levava muito em consideração os ditames sociais. As aparências valiam demais da conta.

CAPÍTULO 5

Ao chegar de uma de suas longas viagens, depois de ouvir toda a conversa da esposa com Teresa, Felisberto alertou Bernarda sobre o rapaz:

— Já foi proibido de entrar no clube. Alegam ser arruaceiro. Não é de muito bom trato.

— Não me importo com o que dizem — rebateu Bernarda. — Ele tem berço. Além do mais, tudo o que ouvimos sobre ele são boatos. Boatos somem com o tempo, com o vento... — filosofou.

— Não sei. Algo me diz que nossa Estelinha merece coisa melhor. Devemos consultá-la.

— Ela não tem condições de escolher. Não sabe manter o equilíbrio emocional desde os treze anos, como poderá ter capacidade de saber o que é melhor para si? Eu sei o que é melhor para ela. Só eu sei.

Felisberto mexeu a cabeça para os lados. Impossível prosseguir o discurso. Bernarda sempre tinha e dava a última palavra. Melhor parar por ali. Decidiu subir e conversar com Estelinha.

Entrou no quarto e ela estava ali, cabelos em desalinho, branca feito cera, debruçada sobre um álbum de figurinhas. Felisberto bateu de leve na porta já aberta.

— Posso entrar?

Ela virou-se para ele, levantou-se e correu abraçá-lo.

— Papai!

Ele se emocionou.

— Adoro quando me chama assim.

— Mas você é meu pai. Sempre foi. Casou-se com mamãe quando eu mal havia completado dois anos.

— É verdade.

— Não tenho recordações do meu pai "de verdade". Devo confessar que, ao ver uma fotografia de Eurico, sinto algo estranho.

— Já comentou comigo outras vezes. Que tipo de estranheza você sente? — indagou interessado.

— Uma sensação esquisita aqui — tocou no peito. — Não é nada do Eurico, especificamente. É algo com ele. Não sei explicar.

— Compreendo. Eu estive com um amigo que mora no Rio de Janeiro, o Jorge. Ele é sujeito raro. Simpático, boa-praça. Tem uma sensibilidade à flor da pele, e o coração, nem se fala. É boníssimo, generoso.

— É aquele que estudou na Suíça?

Felisberto fez sim com a cabeça.

— Ele mesmo. Foi aluno do professor Jung. Falei um pouco do que acontece com você. Como mora no Rio, ele me recomendou consultarmos um psicanalista aqui na cidade.

— É? — indagou sem interesse.

— Você quer que eu procure um profissional para atendê-la?

— Vou pensar.

— Se desse para você se tratar com meu amigo... eu adoraria!

— Ah... de que adianta? Como poderia me tratar no Rio? — Ela levou o dedo ao queixo e falou, sorridente: — Poderia também passar uma temporada na casa da tia Angelina.

— Você mal a conhece.

— Mas Alfredo mora lá com ela.

— Ele está quase se formando.

— Tem falado com ele? Morro de saudades.

— Quando passo pelo Rio, tentamos nos encontrar. Pensa em se mudar porque agora... — Felisberto interrompeu-se. Não queria falar demais.

— Melhor ainda. Vou morar com ele

— E me deixar? — Ele fez um beicinho.

Ela riu e o abraçou:

— Nunca deixaria você, papai.

— Você me deixa muito feliz, Estelinha.

— O senhor e Alfredo me chamam assim. Antonieta, quando fala comigo, também me chama dessa forma. Eu gosto. Já mamãe me chama de Maria Estela.

Os dois riram. Ele sentou-se na cama e a chamou para se sentar ao lado dele.

— Tem conseguido dormir?

Ela fez sim com a cabeça, ar cansado.

— Durmo pouco, mas durmo. Enquanto você viajava, mamãe trouxe um padre para me benzer.

— Ela comentou comigo antes de eu viajar. Achei um exagero, mas sabe como é sua mãe.

— Aconteceu algo estranho.

— O quê?

— O padre veio e me benzeu. Na mesma noite sonhei que estava num convento...

Estelinha relatou o sonho e concluiu:

— Não gosto de padres, você bem sabe.

Felisberto a puxou para perto de si.

— Você deve ter ficado impressionada com a visita dele.

— Pode ser.

— Vou pensar numa maneira de ajudá-la.

— Sem padres, por favor. Não preciso ser exorcizada.

— Não, não precisa. — Os dois riram.

— Dia desses ouvi mamãe comentar com Antonieta que iria trazer outro padre aqui. Não deixe ela fazer isso, papai. Por favor.

— Fique tranquila.

Ela quis mudar de assunto.

— Sabe, outro dia, mamãe fez uma limpeza num dos quartos de hóspedes e separou muita coisa para doação. Fui dar uma espiada e achei várias revistas antigas. Sem ela saber, trouxe alguns exemplares para o quarto.

Estelinha abriu uma gaveta da cômoda e dela tirou alguns exemplares. Apanhou uma revista em especial e entregou-a para Felisberto.

— Enquanto folheava esse exemplar de *O Cruzeiro*, deparei-me com a matéria sobre o médium Chico Xavier.

— Ele é conhecido. É de Minas Gerais. Parece ser boa pessoa.

— Sim, papai. A matéria narra um pouco a vida dele, de seu trabalho assistencial e também fala sobre o espiritismo.

— Interessante.

— Enquanto eu lia, tive a nítida sensação de que meus sonhos podem estar relacionados com os ensinamentos dessa doutrina.

Felisberto franziu o cenho.

— Acha mesmo?

— Sim, acho.

— Podemos verificar se há algum conhecido que entenda do assunto.

— Promete me ajudar?

— Claro. Mas não podemos contar nada a sua mãe. Sabe como ela é apegada à igreja.

— Sim, senhor.

— Estelinha...

— O que foi?

Felisberto iria falar sobre os planos de Bernarda aproximar a filha de Décio, mas não quis acabar com aquele sorriso lindo. Preferiu ficar quieto.

— Nada. Guarde a revista. Não a mostre para Bernarda.

CAPÍTULO 6

Passados alguns dias, numa tarde ensolarada, Bernarda adentrou o quarto de Estelinha acompanhada de uma modista e mais duas mulheres. Antonieta vinha logo atrás. Estelinha assustou-se:

— O que foi?

— Nada. Precisamos que fique decente.

— Decente? Como assim?

Antonieta interveio:

— Apresentável. Você parece um bicho das cavernas. Não se olha no espelho?

Estelinha levantou-se da poltrona e deixou o álbum de fi-gurinhas sobre a mesinha lateral. Olhou-se no grande espelho oval sobre a penteadeira. Não se achava tão linda quanto as estrelas de sua época, como Joan Crawford ou Fada Santoro, mas não se sentia feia. Por mais que a mãe dissesse que ela era inadequada, Estelinha tentava não se enxergar dessa forma. Voltou-se para Antonieta e rebateu:

— Você está fora de forma.

Antonieta levou a mão à boca. Depois passou a se apalpar.

— Como ousa? — indagou, insegura. Voltou-se para Bernarda: — Mamãe, estou fora de forma?

— Claro que não. Maria Estela faz isso para tirar você do sério.

— Sou linda. Todos me desejam — Antonieta levantou o queixo ao falar.

— E vai se casar com o feio do Rami. Deus me livre. Só porque o pai é podre de rico.

— Mentira. Vou me casar porque ele me ama.

— Você o ama? — indagou Estelinha.

Antonieta não respondeu. Saiu do quarto e bateu a porta. Bernarda a censurou:

— Como pôde ser tão indelicada com sua irmã?

— Foi ela quem começou.

Bernarda virou a cabeça para os lados. Encarou a modista:

— Veja se faz um vestido assim — apertou o quadril de Estelinha —, com a cintura marcada e saia volumosa e rodada. Pode ser de tafetá. E de cor clara. Não esqueça das mangas plissadas e das luvas — ela mediu o braço de Estelinha com a palma da mão —; uns três palmos, talvez. O que acha?

— Não gosto de cores claras. Quero um vestido preto.

— Imagine! — protestou Bernarda. — É festa, não é enterro.

— Quero uma cor escura, então.

— Você não escolhe nada. Decidi e aprovei.

Enquanto a modista conferia as medidas, Bernarda fez sinal para as outras duas. Uma era cabeleireira e a outra, manicure.

— Por que tanta coisa? Getúlio Vargas virá jantar em casa esta noite?

— Não é bem um presidente, mas vamos receber convidados para o aniversário de Antonieta. Ela e Rami vão anunciar a data do casamento. E eu vou lhe fazer uma surpresa.

— Que surpresa?

— Se eu contar, não é mais surpresa.

Depois de acertarem tudo com Bernarda, as mulheres se despediram. Ela ficou a sós com a filha.

— Não quero que faça cenas ou comente sobre seus sonhos.

— Por quê?

— Porque estou mandando. Eu a proíbo de falar sobre suas esquisitices. Terá de se comportar como uma princesa. Espelhe-se na sua irmã, pelo amor de Deus!

— Prometo que não vou decepcioná-la.

Ela mediu a filha de cima e baixou e comentou:

— Espero.

— Ando cansada, mas se precisar que eu a ajude com os preparativos da festa...

— Você começa uma coisa e logo larga, não termina. Não posso contar com você. Melhor ficar quietinha no quarto. Além do mais, a Teresa está me ajudando com os preparativos.

Estelinha fez um muxoxo que Bernarda não percebeu. Ela não gostava de Teresa. A seus olhos, era mulher arrogante, prepotente e manipuladora. Pegava no pé de Estelinha sempre que encontrava uma brecha. Verdade seja dita, a presença de Teresa lhe causava ligeiro mal-estar. Afastou o pensamento com as costas da mão e perguntou:

— Alfredo também virá?

— Felisberto me disse que seu irmão arrumou estágio, está prestes a se formar. Não poderá vir, uma pena.

— A gente podia visitá-lo um dia.

Bernarda a cortou com exasperação:

— "A gente", Estelinha? Fale direito. "Nós". — Bernarda mexeu a cabeça para os lados e finalizou: — Ah, já estava me esquecendo. Infelizmente, por insistência de Teresa, fui obrigada a convidar a irmã do seu pai. Ela virá à festa.

— Que irmã? Nunca ouvi papai falar que tivesse uma irmã.

— Felisberto não é seu pai, mas seu padrasto — enfatizou.

— Falo da irmã de Eurico, Angelina. Vamos ter de engolir a criatura.

Bernarda saiu do quarto e Estelinha ficou a pensar. Nunca tivera contato com Angelina. Só a conhecia por foto, tirada durante o primeiro casamento da mãe, havia quase vinte e cinco anos. Por que será que Bernarda falara da tia daquela maneira?

Faltavam dois dias para a recepção quando Bernarda entrou no quarto de Estelinha, desta vez acompanhada de um senhor. Estelinha assustou-se.

— Então, doutor. Ela usa esses óculos pavorosos. Eu os odeio. Foi ideia do meu marido, sabe? Não tem coisa melhor para fazer?

Ele encarou Estelinha e segurou seu queixo com força.

— Ai — fez Estelinha.

— Calada. Não desconcentre o doutor Aguiar. Foi difícil conseguir consulta.

— Podemos usar os óculos que as moçoilas usam — disse Aguiar, espremendo os olhos.

— Eu queria algo mais suave. Embora desconfortáveis, não poderia usar lentes de contato? — sugeriu Estelinha.

Bernarda ia se pronunciar, mas Aguiar falou primeiro:

— Um ótico americano criou lentes mais confortáveis há alguns anos. Se quiser, poderei encomendá-las.

— Eu quero! — Estelinha animou-se.

Bernarda interveio:

— Um par de lentes demora para chegar?

— Sim — tornou Aguiar.

— Nada de lentes, por ora.

— Por enquanto, sugiro uma armação mais jovial.

— Perfeito, doutor — concordou Bernarda.

No dia seguinte, um par de óculos era entregue na residência. Bernarda correu para o quarto da filha.

— Vamos trocar de óculos já — ordenou Bernarda.

Estelinha colocou os óculos. O rosto ganhou aspecto mais jovial, ressaltando os olhos esverdeados. O resultado ficara além do esperado. Até Bernarda teve de concordar, mas não deu o braço a torcer.

— Joguei dinheiro fora. Essa armação deixou você mais feia.

— Como mais feia? Não me sinto feia. Adorei. É moderna, combina com a minha idade.

— Não importa o que você sente, mas como as pessoas a veem. Não conheço quem ache você bonita. Antonieta é bonita. Alfredo é bonito.

— Por que fala comigo desse jeito? — Estelinha choramingou. — Por que sempre me coloca para baixo?

— Porque essa é a realidade. E a realidade não é como esses álbuns de figurinhas que coleciona. O mundo é cruel. As pessoas são cruéis. Prefiro tratá-la dessa forma para que, ao viver em sociedade, saiba se portar como uma moça recatada, educada, mas, bonita, nunca. Bom, tentei melhorar sua aparência. No entanto, amanhã você terá de descer para a festa de sua irmã com esses óculos pavorosos — mentiu.

Bernarda agarrou o par de óculos antigos e saiu. Estelinha mirou-se no espelho e, mesmo percebendo-se mais bonita, sentiu-se uma das piores criaturas do mundo.

— Mamãe não gosta de mim. Ela nunca gostou de mim.

CAPÍTULO 7

O dia do aniversário de Antonieta chegou. A casa estava em polvorosa. Empregados corriam de um lado para o outro a fim de que o salão de festas e as mesas ao redor da piscina estivessem arrumados para receber os convidados.

Estelinha tivera novamente aquele sonho do convento. Acordara antes de o sol nascer. As olheiras estavam bem marcadas. Sua aparência não era das melhores. Desejava conversar com Felisberto, mas ele só chegaria de nova viagem no fim do dia. Aproximou-se da beirada da janela e ficou observando o vaivém das pessoas, entregas, flores, comidas...

Estava se afastando da janela quando viu um carro de aluguel aproximar-se e dele saltou uma mulher muito elegante.

Era alta, magra, usava um chapéu belíssimo. Carregava num braço uma bolsa e, no outro, um casaco de peles. O motorista retirou do bagageiro uma mala e uma frasqueira. Ambos entraram na residência.

Estelinha perguntou-se em voz alta:

— Quem será?

Abriu a porta do quarto de mansinho e pé ante pé desceu a escada. Ao parar no primeiro degrau, ouviu da mulher:

— Você deve ser a Estelinha.

— Sim — surpreendeu-se. — Só meu pai e meus irmãos me chamam assim.

— Eu sei. Espero não ter sido invasiva.

— De modo algum.

— Prazer. Sou sua tia Angelina.

Estelinha estendeu a mão e Angelina a abraçou.

— Não sabe como é bom finalmente conhecê-la. Você lembra muito seu pai.

Estelinha corou.

— Eu, parecida com meu pai?

— Você tem traços do Eurico. Tenho certeza de que ele, seja lá onde estiver, sente orgulho de você.

Ela não estava acostumada com elogios. Corou ainda mais.

— Minha mãe sempre disse que eu não me pareço com ninguém da família.

— Empreste seus óculos para sua mãe — Angelina falou mais baixo, sorrindo. — Aliás, lindos esses óculos.

— Obrigada.

Bernarda apareceu no *hall* e, ao ver Angelina, fingiu um sorriso.

— Como vai? — cumprimentou-a sem a tocar. Em seguida comentou: — Não poderei lhe dar muita atenção, mas um dos empregados vai levá-la até o quarto de hóspedes.

Bernarda fez sinal para Raimundo, um rapaz que trabalhava para ela havia alguns anos. Era obediente e prestativo. Ele veio correndo e subiu com a mala e a frasqueira de Angelina.

Bernarda começou a se afastar e disse:

— A recepção começa às dezenove e trinta. Em ponto.

— Vou descansar e, no horário marcado, descerei para o salão.

Estelinha notou que a tia falava de maneira jovial. Era sorridente, cordata, bonita. Muito bonita. Deveria ter em torno dos quarenta anos. Tinha traços finos e delicados. Havia algo em Angelina que a fazia se sentir bem.

Ela acompanhou Angelina até o quarto de hóspedes. Raimundo acabava de deixar os pertences sobre a cama e, ao sair, encarou Angelina.

— O seu chapéu é belíssimo.

— Obrigada. Você é muito gentil.

Raimundo abaixou a cabeça e saiu. Se a patroa o visse conversando com um convidado... ia sobrar para ele, pobrezinho. Bernarda não permitia que os empregados dirigissem a palavra a quem quer que fosse, somente a ela.

— Raimundo é tão quieto. Mas eu gosto dele. Fiquei espantada de falar com a senhora.

— Por quê? Acaso sou um bicho?

— Não — ela riu. — É que mamãe não gosta que os empregados se misturem.

Angelina fez que não com a cabeça.

— Pensei que os anos fariam bem a Bernarda. Parece que não. Enfim...

— Fez boa viagem, titia?

— Sim. Vim de avião.

— Nunca viajei de avião.

— Um dia, quando quiser me visitar, poderá ir de avião.

— Mamãe não permitiria. Imagina eu viajar para a capital...

— Por que não? — Estelinha não soube responder. Angelina indagou: — Quantos anos tem?

— Completo dezoito no mês que vem.

— Você será dona do próprio nariz. Poderá viajar, tomar as próprias decisões.

— Aqui em casa as coisas não funcionam dessa forma. Mamãe comentou dia desses que já estou na idade de me casar.

— Isso é uma grande bobagem. Não existe idade certa para casar.

— Não? — Estelinha surpreendeu-se novamente. Angelina falava o contrário do que a mãe lhe dizia.

— Claro que não. Veja eu, por exemplo. Estou chegando aos quarenta anos e nunca me casei. Tive pretendentes? Claro que tive. Mas meu espírito desejava aprender, estudar, trabalhar. E fui atrás de tudo isso e um pouco mais.

— Eu gostaria muito de estudar, aprender a fazer algo de útil, mas minha mãe diz que... — Ela parou de falar e ambas riram.

— Creio que minha vinda para cá poderá lhe ser benéfica. Sabe, Estelinha — ela falava enquanto desfazia a mala —, eu era muito parecida com você.

— Sério? Mas é tão bonita!

Angelina aproximou-se e tocou levemente seu queixo.

— Você também é muito bonita.

— Imagina!

— Sim. Tudo é uma questão de sentir-se bem.

— Eu não tenho muita vontade de fazer as coisas. Fico entediada.

— Porque nunca pensou em fazer o que gosta.

— Acha mesmo?

— Se mantiver esse pensamento, não vai mudar o comportamento. Você precisa ser dona do próprio nariz, ir atrás do que possa lhe trazer satisfação, prazer.

— É que mamãe...

— Exatamente! — cortou Angelina. — Sua mãe determina como você se penteia, as roupas que deve vestir, a maneira de se portar, se deve estudar ou casar. Você não tem vontades, desejos?

— Tenho. Claro que tenho. É que mam... — Ambas riram novamente. — Tem razão. Nunca escolhi nada na vida.

— Por isso que não gosta de nada. Sente-se podada. É horrível viver de acordo com a vontade alheia.

— Nossa! Nunca pensei assim.

— Comece a pensar dessa forma. Se vai se tornar maior de idade, poderá tomar atitudes que lhe façam bem.

Angelina ajeitou o vestido feito em crepe, com a saia em espiral, que iria usar no aniversário de Antonieta. Era lindo.

— Que vestido maravilhoso!

— Mandei confeccionar para uma festa. Eu o usei apenas uma vez. Gostou dele?

— Adorei. — Estelinha notava os cortes retos, a costura bem-feita, estava atenta aos detalhes.

Angelina notou o interesse dela e sondou:

— Gosta de costura?

— Sim. É interessante criar uma roupa ou mesmo transformá-la em outra peça.

— Está vendo?

— O quê?

— Você tem o dom para corte e costura.

— Mamãe ia me matricular numa escola, contudo, eu ficava tão cansada que perdi a vontade.

— Você precisa reagir, Estelinha. Tomar posse de si, ter as rédeas da própria vida.

Estelinha ficou pensativa. As palavras de Angelina lhe tocavam de maneira especial. A tia, observando a sobrinha de soslaio, retirou da mala dois livros que chamaram a atenção de Estelinha.

— São romances?

— Não, querida — respondeu Angelina. — Já ouviu falar em espiritismo?

Ela levou a mão à boca.

— Li uma matéria sobre o assunto! Felisberto, meu pai, quer dizer, meu padrasto, ficou de encontrar alguém que entendesse do assunto para esclarecer-me algumas dúvidas.

— Vou poupar Felisberto. Eu sou espírita há muitos anos e, se quiser entender a respeito, teremos a festa toda para conversar. O que acha?

— Genial! Não tem ideia de como fico feliz com isso. — Estelinha queria contar à tia sobre os sonhos, contudo, preferiu aguardar momento oportuno.

— Será um prazer explicar a você tudo sobre essa doutrina.

Bernarda bateu na porta e entrou.

— Maria Estela, a modista chegou. Venha provar seu vestido — disse e saiu em seguida.

Angelina sorriu para ela:

— Vá. Quero que fique mais linda do que já é.

— Obrigada, titia — ela corou.

— Você passa aqui lá pelas sete horas? Conversamos um pouco e descemos juntas para a festa.

— Combinado.

Estelinha saiu do quarto extremamente feliz. Encontrara uma pessoa que lhe fora simpática e a tratara bem. Com exceção de Felisberto e de Alfredo, que estava longe, não havia ninguém naquela casa, nem os empregados, que tivesse um olhar simpático para com ela. Quer dizer, ela precisou se corrigir. Raimundo era o único empregado que a tratava com cordialidade e simpatia. Ele sempre trocava as flores do vaso que ela mantinha sobre uma cômoda. Colhia-as no vasto jardim que cercava a casa. Costumava puxar assunto, mas Estelinha estava sempre entediada e não lhe dava atenção.

Ela refletiu por instantes.

Raimundo é um bom sujeito. Eu é que não lhe dou atenção. Vou ser mais simpática com ele.

Estelinha estava tão pensativa que nem percebeu quando Felisberto dava o último lance no degrau e virava para o corredor. Quase o derrubou.

— O que aconteceu? — Ao ver o sorriso estampado no rosto de Estelinha, quis saber: — Por que essa menina está tão sorridente? E esses óculos novos?

— Reparou?

— Claro! Está belíssima!

Ela o abraçou com ternura.

— Oh, papai! Estou tão feliz. Acabei de conhecer a tia Angelina.

Ele levou o dedo ao queixo.

— Não me lembro de tê-la conhecido.

— É irmã do meu pai Eurico. O Alfredo mora na casa dela.

— Ah, sim. A irmã de Eurico. Sua mãe mal falou-me dela nesses anos todos. Nunca tivemos relações. E os encontros com Alfredo sempre são em cafés, confeitarias. Nunca frequentei a casa dela.

— Ela é maravilhosa, papai. Um amor.

— Parece que ela lhe fez enorme bem.

— Fez, sim. Conversamos só um pouquinho, mas o suficiente para eu gostar muito dela.

— Fico feliz. Se ela lhe fez bem, é porque deve ser ótima pessoa. Quero muito conhecê-la.

— Está descansando. Mais tarde, vou descer com ela para a recepção. Tenho certeza de que vai adorá-la.

— Se ela lhe fez bem, também me fará bem.

— Pode crer. Agora preciso ir — ela beijou o rosto dele — porque mamãe me chamou para provar o vestido.

Ela correu até o quarto e, quando fechou a porta, Felisberto esboçou largo sorriso. Era tão raro ver a filha animada. E, se alguém despertara alegria em Estelinha, só podia mesmo ser uma boa pessoa.

CAPÍTULO 8

Às sete em ponto, Estelinha bateu levemente à porta e escutou uma delicada voz lá de dentro:

— Entre.

Estelinha abriu a porta e encontrou Angelina calçando os sapatos. Ao vê-la, seus olhos se arregalaram.

— Está lindíssima!

— Obrigada.

— Como conseguiu arrumar-se tão bela? Seu penteado está diferente.

— Estou acostumada. Desde jovenzinha, eu escolhia minhas roupas, me penteava, me maquiava. Mamãe sempre me deixou muito à vontade para fazer escolhas.

— Pena eu não conhecer ninguém mais do lado da família de meu pai Eurico.

— Infelizmente seus avós morreram num desastre de trem antes mesmo de Eurico se casar com sua mãe. Outros membros da família estão espalhados por aí. Tenho amizade com uma amiga muito querida, a Claudete. Trabalhamos juntas.

— Eu gostaria muito de conhecer o Rio de Janeiro. A capital do país. Deve ser um luxo.

Angelina riu com gosto.

— É uma bela cidade. Eu nasci e cresci lá, portanto, sou suspeita para falar algo inapropriado. Mas gosto muito de São Paulo. Vim muitas vezes para cá.

— Poderia ter vindo nos visitar.

— Serei sincera: nunca me dei bem com sua mãe. Eu a conheci no dia do casamento dela com Eurico. Não simpatizamos muito uma com a outra. Questão de afinidades.

— Ela nunca tocou no seu nome. Eu sabia de você por uma das fotos do casamento. E sei que mamãe ficou muito chateada quando Alfredo decidiu morar com a senhora.

— Alfredo me contou. Seu irmão é ótima pessoa. Está se formando, arrumou um bom emprego. Está namorando.

— Oh, tia Angelina! Fico tão feliz! Gosto muito de Alfredo. Sinto muito a falta dele.

Angelina retirou da bolsa uma carta e a entregou para Estelinha.

— Alfredo não tinha como vir. Mas não se esqueceu da irmãzinha. Ele pediu que eu lhe entregasse essa carta.

Estelinha pegou o envelope com franca emoção.

— Vou ler depois, senão vou estragar a maquiagem — ela falou e olhou-se no espelho. — Não consigo me arrumar como você.

— Questão de prática — asseverou Angelina. — Venha cá. Vou ajudá-la.

Com delicadeza e paciência, Angelina desfez o coque e improvisou um penteado para a sobrinha. Em seguida, apanhou o estojo de maquiagem e pôs-se a trabalhar no rosto de Estelinha.

— Diga-me — quis saber Angelina —, você precisa mesmo dos óculos o tempo todo?

— Por quê? Estou feia?

— De modo algum. Os óculos combinam com seu rosto. Mas seus olhos são tão expressivos!

Estelinha os tirou e enxergou o ambiente com leve embaçamento.

— Enxergo mais ou menos. Reconheço as pessoas, mas não vejo detalhes nem consigo ler letreiros à distância.

— Ótimo. — Ela delicadamente pegou os óculos de Estelinha. — Você tem olhos esverdeados. São bonitos e, como disse, expressivos.

Estelinha corou.

— Verdade? Mamãe sempre disse que...

— Vamos fazer um trato?

— Qual?

— Vamos deixar sua mãe de lado e pensar nas coisas que lhe fazem bem, que lhe causam bem-estar?

— De fato, nunca tive vontade; quer dizer, vontade de fazer coisas e escolher, eu sempre tive. Mamãe sempre disse que eu não sei escolher, que sou inadequada.

— E aposto que ela diz que Antonieta é uma princesinha.

— Como sabe?

— Dedução.

Enquanto retocava a maquiagem, Angelina notou as olheiras profundas.

— Não tem dormido direito?

— Não.

— O que acontece? Ansiedade, insônia, medo do escuro?

Estelinha mordiscou os lábios. Devia contar ou não à tia sobre os sonhos estranhos? Sentiu que podia confiar em Angelina.

— Eu tenho sonhos estranhos, quase pesadelos.

— Conte-me sobre eles.

Estelinha contou rapidamente sobre o sonho em que percebia ser jogada para o alto. Angelina mexia a cabeça para cima e para baixo. Em seguida, prosseguiu:

— O outro, que tive há pouco, se passa num convento, em uma época distante. Era como se eu fosse uma daquelas pessoas, embora as cenas se desenrolassem na minha frente.

Angelina fez novamente que sim com a cabeça. Percebeu uma presença espiritual e sorriu para si mesma.

— Tais inquietações devem ter-se iniciado por volta dos treze anos.

— Isso mesmo! — exclamou Estelinha. — Foi logo quando passei a usar toalhas higiênicas. Quando eu... — ela corou.

— Quando você menstruou pela primeira vez?

— Isso.

— Não precisa ficar inibida. Você passou por um processo pelo qual toda mocinha passa quando atinge essa idade. Às vezes as regras vêm antes, mas é natural. Sinal de que seu corpo entendeu que você não era mais criança.

— Eu sei. É que mamãe não me explicou muita coisa. Apenas me levou ao médico e depois me entregou uma caixa de toalhinhas higiênicas.

— E os sonhos persistem desde essa época?

— Sim. O sonho em que me sinto arremessada para o alto começou naquela época. Semanas atrás, mamãe chamou um padre e ele veio me benzer. Foi quando passei a sonhar com o convento.

— Isso pode ser recordação de uma vida passada.

— Vida passada? — Estelinha achou graça. — Será que tive outras vidas?

— Acredito que sim — disse Angelina enquanto terminava de maquiá-la. — Depois que meus pais morreram, uma amiga me levou à Federação Espírita do Rio. Fui bem acolhida, passei a me interessar pelos estudos espíritas e tive, aliás tenho, a certeza de que vivi muitas vidas e ainda vou viver outras mais.

— Isso é fascinante.

— E profundamente perturbador. Porque aciona a chave interior que nos permite entrar em contato com nossa verdadeira essência e nos tornarmos responsáveis por tudo o que acontece em nossa vida.

— Faz sentido. Mas como posso ser responsável por tudo o que me acontece se minha mãe decide tudo por mim?

— Boa pergunta. Ela decide por você porque você não decide por si mesma. Só você tem a capacidade de fazer escolhas que sejam mais assertivas em sua vida, afinal de contas, é você quem convive consigo mesma o dia todo, a vida toda. Os outros não têm como descobrir o que se passa nessa cabecinha e nesse coraçãozinho.

— Sinto que é tão difícil, tia...

— Imagino.

— O espiritismo é capaz de me ajudar?

— Ele pode ser um facilitador. Carregamos muitos conceitos errados acerca de nós mesmos, assim como entendemos que Deus seja uma figura paterna que fica além das estrelas nos vigiando o tempo todo.

— É o que ouço aqui em casa. Então, tudo o que aprendi no catolicismo está errado?

— Nem certo nem errado. É uma maneira de interpretar as forças que regem o universo e, por essa razão, determina como devemos nos enxergar e agir como indivíduos. Para os católicos e judeus, por exemplo, há um Deus único. Para os muçulmanos, há Maomé. E assim cada um vive de acordo com os ensinamentos e preceitos da religião que mais lhe apraz.

— E o espiritismo?

— Baseia-se no cristianismo. O Evangelho utilizado pelos espíritas é todo alicerçado no Novo Testamento.

— Interessante.

— Poderei lhe explicar mais a respeito durante a recepção.

— Bom mesmo, tia. Porque não tenho amigos próximos. Vai ser muito bom estar com você na festa.

Ouviram bater à porta. Estelinha levantou-se e abriu. Era Felisberto.

— Papai!

Ele estava deveras surpreso.

— Meu Deus, o que foi que fizeram com você?

A insegurança bateu forte e ela mordiscou os lábios, apreensiva.

— Tia Angelina me ajudou e...

Ele a cortou:

— Está lindíssima! Nunca tinha reparado nos seus olhos. São quase verdes! E esse penteado?

Estelinha ia falar, mas Angelina levantou-se e o cumprimentou.

— Como vai, Felisberto? Eu sou Angelina, irmã de Eurico.

— Muito prazer. Seja muito bem-vinda a nossa casa.

— Obrigada.

— Gostou, papai? — Ela pigarreou e encarou Angelina. — Sei que sou filha do Eurico, mas foi o Felisberto quem me criou.

— Ora — cortou Angelina com amabilidade —, seu pai morreu quando você tinha meses de vida. Natural que Felisberto seja, de fato, seu pai. Afinal, pai é aquele que cria, que educa, dá amor, carinho...

— Eu amo essa menina como minha própria filha — emocionou-se Felisberto. — Estelinha é um bálsamo na minha vida.

Os três se emocionaram, contudo, a voz alterada de Bernarda os trouxe à realidade.

— Felisberto! — chamou-o em tom de reclamação. — Os convidados já estão chegando. Você deveria estar pronto.

— Eu me arrumo rapidinho.

— E você? — encarou a filha. — Justo hoje inventou de mudar o penteado? Onde estão os óculos? Não aprovo.

Estelinha baixou os olhos, entristecida.

— Tia Angelina disse que ficou melhor assim.

Felisberto retrucou:

— Verdade. Ela está tão linda!

Bernarda fuzilou-os com o olhar e saiu sem falar nada. Emendou pelo corredor e bateu levemente à porta do quarto de Antonieta. Não diria que a caçula estava bonita. Isso ela nunca admitiria. Mas confessou para si mesma, em pensamento, que Estelinha estava diferente.

— O que foi, mamãe? Aposto que Estelinha ainda não terminou de se arrumar.

— Terminou, Antonieta. Está lá no quarto de hóspedes com aquela mulher.

— Cumprimentei a irmã do papai. Não gostei muito dela. Tem pose de arrogante.

— É que essas cariocas acham que somos provincianas. Eu, para ser sincera, nunca gostei da Angelina.

— A gente não deveria convidá-la.

Bernarda ia censurar a filha do mesmo modo que fizera com Estelinha. Pediria para Antonieta trocar "a gente" por "nós". Entretanto... a filha era sua princesa. Não que amasse Antonieta além da vida. Não. Bernarda simplesmente a achava linda e adorava o impacto positivo que sua presença jovem, elegante e discreta causava nas pessoas. Jamais repreenderia Antonieta. Além do mais, era dia do seu aniversário.

— Fui obrigada — respondeu Bernarda, de má vontade. — Seu irmão, infelizmente, mora com ela. Não quis morar sozinho. Encontrei um apartamento tão bonito em Copacabana.

— Nossa! Copacabana. Um sonho! A lua de mel da Isaurinha foi lá. Ficou hospedada no Copacabana Palace.

— Você vai para Buenos Aires. Chique do mesmo jeito.

— Isso é — concordou Antonieta. — Voltando ao meu irmão, bem, a senhora sempre cede quando o Alfredo lhe pede algo.

— Ele é meu primogênito, único filho homem. Não posso contrariá-lo.

— Nunca foi bom irmão. Sempre implicou comigo.

Na verdade, quem implicava com Alfredo era ela. Antonieta sempre fora mimadinha, chatinha, contudo, jurava que os outros é que eram chatos. Bernarda ficou quieta para não iniciar ali uma discussão. Desconversou e disse:

— Teresa falou que eu deveria convidar a irmã de seu pai. Mais por educação. Eu tinha certeza de que Angelina recusaria o convite.

— Se Teresa disse — Antonieta foi enfática —, então devemos acatar. Ela é uma dama e grande inspiração para mim e minhas amigas. É respeitadíssima e queridíssima na sociedade. Se ela achou de bom-tom convidar a irmã de papai...

— Provavelmente ela vai embora amanhã. Mal vamos notar sua presença na casa.

— Assim espero. Hoje vamos anunciar oficialmente a data do casamento. Daqui por diante será um corre-corre daqueles.

Bernarda emocionou-se.

— Minha princesinha vai se casar!

— Não se emocione, mamãe. Sua maquiagem está lindíssima.

Bernarda passou o dedo sob o olho e limpou uma lágrima. Recompôs-se. E mudou o assunto:

— Vou apresentar o Décio Nunes para sua irmã.

Antonieta fez um muxoxo.

— Ele flertava comigo no clube.

— Nunca me contou.

— Foi antes de eu conhecer o Rami. Décio é bem bonito, mas tão irresponsável. Parece que não cresceu.

— Teresa veio com a ideia de apresentá-lo à sua irmã.

— Pobrezinho. Tenho pena dele. Querer juntá-lo a uma menina tão estranha, tão sem atrativos? Estelinha sabe disso?

— Não. Disse-lhe que ela teria uma surpresa.

— Ela não vai querer nada com ele. Melhor, ele não vai querer nada com ela. Como disse, Estelinha não tem atrativos. É sem-sal.

— É uma das minhas últimas tentativas de consertá-la. Não sei mais o que fazer para que sua irmã se comporte como uma pessoa normal.

Antonieta ia dizer que o melhor seria internar a irmã num sanatório, contudo, sabia que o comentário iria entristecer a mãe. Apenas comentou:

— Tem razão. A senhora sabe o que faz.

— Além do mais, a noite será toda sua. Vamos mostrar a esta cidade que sabemos fazer uma bela festa e receber como ninguém.

CAPÍTULO 9

A brisa soprava leve e um cheiro agradável de damas-da--noite abraçava delicadamente o ambiente. As estrelas salpicavam o céu e dois espíritos observavam os convidados.

Deodato e Corina formavam belíssimo casal. O amor dos dois era tão profundo, tão harmonioso, que havia uma aura de coloração rosa que os envolvia. De mãos dadas, caminhavam por entre os convidados.

Aproximaram-se de Bernarda, e Corina comentou:

— Ela ainda está muito presa às ilusões do mundo terreno.

— Às vezes levamos um chacoalho para retornarmos à rota que decidimos abraçar antes do reencarne.

— Sim. Mas não viemos aqui somente para ver Bernarda.
— Corina apontou com delicadeza e os olhos de Deodato a acompanharam. Ele sorriu:

— Angelina está radiante. Veja como sua aura é clara!

Aproximaram-se de uma mesa e lá estavam Angelina e Estelinha. Corina passou delicadamente a mão sobre os cabelos de Estelinha.

— Ela está se tornando uma formosura — disse entristecida.

— Não fique assim, meu amor — tornou Deodato. — Planejamos que ela voltaria sozinha. Precisa aprender a apoiar-se em si mesma.

— Eu sei. Não gostaria que ela tivesse de enfrentar o que está por vir.

— Se Estelinha tivesse uma outra postura, outro comportamento, talvez pudesse passar pela experiência de outra forma. Não podemos esquecer que foi ela quem pediu para passar por isso.

— É verdade. Ninguém a obrigou a nada. Ela tem uma maneira um tanto distorcida de enxergar a si mesma.

— Não é à toa que ela usa óculos desde pequenina. Estelinha sempre teve dificuldade de lidar com a realidade. Nunca foi de encarar seus problemas. Agora chegou um momento em que seu espírito clama por mudança em seu padrão de comportamento.

— Ela sonhou com o convento... Será que precisava neste momento ter contato com o passado?

— Tudo segue no caminho certo. O passado se manifestou porque é chegada a hora de ela começar a limpar o coração de tudo o que lhe foi desagradável naquela vida. Estelinha não pode prosseguir sua jornada com o coração empedernido.

— Em todo caso, o espírito dela sabe que poderá contar conosco. Fico feliz que tenha reencontrado alguém que vai estar ao seu lado. Nossa querida Angelina.

Eles beijaram as duas e se foram. Angelina sentiu a presença espiritual. Fechou os olhos, respirou profundamente e, ao soltar o ar pela boca, comentou alegre:

— Que noite magnífica. Sente o aroma que as damas-da-noite exalam?

— Gosto muito. É um cheiro que se assemelha ao do jasmim. Traz suavidade à noite.

Felisberto aproximou-se com um copo de uísque na mão. Sentou-se ao lado da filha.

— E então, minha filha? Está gostando da festa?

— Está bem como Antonieta gosta. Cheia de mocinhas da sociedade, figuras importantes, um monte de empregados servindo as mesas.

— Está tudo indo muito bem — avaliou Angelina. — Também há festas assim no Rio. Eu não aprecio muito. Prefiro reuniões menores, com pouca gente.

Felisberto a encarou e indagou:

— Como está Alfredo? Faz um tempo que não nos falamos.

— Adaptou-se muito bem à cidade. Está se transformando em um carioca nato — asseverou Angelina.

— Isso eu já havia notado — relembrou Felisberto. — Na última vez que o vi, andava pela cidade como se nela tivesse nascido.

— Ele está namorando, papai — confidenciou Estelinha.

— É mesmo? — Angelina confirmou e ele prosseguiu: — Isso é novidade. Sua mãe sabe disso?

— Desculpe se fui indelicada — disse Angelina —, entretanto, Alfredo pediu para não comentar. Eu me animei e senti confiança em contar para Estelinha.

— Pode ter certeza de que daqui desta mesa não sairá uma nota sobre esse namoro. Se Bernarda souber disso, vai querer ir até o Rio, conhecer a moça, a família...

Bernarda apareceu de supetão e quis saber:

— Saber o quê?

Felisberto adiantou-se:

— Nada de mais. Estava conversando sobre o fato de Estelinha usar menos os óculos.

— Imagine! — ela suspirou e revirou os olhos. — Maria Estela não enxerga um palmo à frente do nariz. Agora só me faltava essa, começar a tropeçar.

— Enxergo bem. Só não consigo ler à distância.

— Doutor Aguiar já encomendou as lentes dos Estados Unidos. Paguei uma fortuna.

— Li numa revista que as lentes são duras. Eu não pedi pelas lentes.

— Não interessa. Eu já comprei e, quando chegarem, você vai usar. Aliás, levante-se.

— Por quê?

— A sua surpresa chegou.

Bernarda deu um passo para o lado e um lindo rapaz sorriu para eles.

— Oi, Estelinha. — Em seguida cumprimentou Felisberto. — Como vai, seu Felisberto?

Felisberto levantou-se de chofre e, a contragosto, apertou a mão do rapaz.

— Como vai, Décio?

— Muito bem.

— E seu pai?

Décio não gostava de falar do pai. Sorriu de forma forçada e respondeu:

— Viajou com o ministro para os Estados Unidos. Não sei quando volta.

Angelina também se levantou e, assim que apertou a mão do rapaz, sentiu algo estranho. Muito estranho. Ela fingiu um sorriso e nada disse.

Bernarda puxou Estelinha para sua direção.

— Venha. Décio quer falar com você.

Ela olhou para o pai implorando por socorro e Felisberto tornou:

— Estamos terminando um assunto. Daqui a pouco ela vai.

Décio ficou meio sem graça. Bernarda bufou e estugou o passo, enquanto puxava a filha.

— A filha é minha e eu decido se ela vai ou não conversar com Décio. Venha, Maria Estela. Agora!

O pouco de segurança que havia adquirido esvaiu-se. Estelinha baixou os olhos e seguiu com a mãe para dentro de casa. Felisberto ficou sem palavras. Angelina tocou em seu braço e disse, de forma amável:

— Não fique assim.

— Eu me sinto impotente na frente dela. Bernarda sempre arruma uma oportunidade de me atirar na cara que eu não sou pai de Estelinha.

— Nem de Antonieta ou de Alfredo.

— Não ligo. Quando nos casamos, Alfredo tinha nove anos e Antonieta estava para completar sete. Eles não me rejeitaram, mas nunca me chamaram de pai. Sempre fui o "Felisberto". O marido da mãe deles. Já com Estelinha foi diferente. Ela era uma menininha. Fui eu quem organizou a festinha de aniversário dela de dois anos. Ela sempre me chamou de pai — tornou, emocionado.

— Dá para perceber que vocês têm uma forte conexão.

— Sei que você é irmã do Eurico, no entanto...

Ela o cortou com amabilidade na voz:

— Uma coisa não tem nada a ver com a outra. Eurico mal teve tempo de carregar Estelinha nos braços. Você é o pai dela. Tinha de ser assim.

— Assim como?

— Dessa forma. A vida ajeita tudo para que possamos crescer, evoluir como pessoas melhores.

— Acha mesmo isso?

— Por qual motivo a vida uniria você a Estelinha? — Ele não soube responder e ela afirmou: — Por causa dos laços afetivos que ambos mantêm há muitas vidas.

— Interessante esse modo de interpretar a vida.

— Também acho. Estelinha me disse que leu uma matéria sobre o médium Chico Xavier e interessou-se pelo assunto.

— Ah, ela comentou, é? Fiquei de encontrar alguém que soubesse do assunto. Tenho um amigo no Rio que talvez possa me ajudar, contudo, faz um tempo que não viajo para lá.

— Estelinha me contou sobre a conversa de vocês. Por isso, perguntou-me se eu conhecia alguém que estuda a doutrina espírita.

— Você conhece? — ele quis saber.

— Sim — Angelina riu. — Já sei até dos sonhos.

— Estelinha abriu-se com você? — Ela fez sim com a cabeça. — Ela não é de se abrir com estranhos. Embora você seja da família, nunca tiveram contato.

— Foi bom termos nos conhecido. Eu estudo a doutrina espírita há anos. Talvez possa ajudar Estelinha a compreender o que se passa com ela.

— Fico muito feliz de você estar aqui. Obrigado.

Felisberto emocionou-se. Amava Estelinha como se fosse sua própria filha, quer dizer, como se ele a tivesse feito. Era algo que ele não sabia explicar. Apenas sentir.

CAPÍTULO 10

Bernarda conduziu a filha e o rapaz até a biblioteca.

— Vou pedir para lhe trazer um refresco.

— Pode ser uísque — Décio pediu. — É o que estou bebendo desde que cheguei à festa — levantou o copo.

— Está bem — Bernarda consentiu e saiu.

Ele voltou-se para Estelinha, olhos já avermelhados pelo excesso de etílicos. Acendeu um cigarro, fez uma brincadeira com a fumaça e esticou o copo.

— Beba comigo, broto. Vamos brindar.

— Não gosto de beber — tornou Estelinha.

— Assim que gosto. De mocinhas que não bebem. Fuma?

— Também não. Não gosto do cheiro de cigarro.

Ele deu uma tragada profunda, soltou o ar e aproximou-se dela.

— Vai ter de se acostumar.

— Acostumar-me? Com o quê?

Ele passou a língua pelos lábios e chegou tão próximo que Estelinha sentiu o hálito forte de bebida misturada a cigarro. Fez uma careta e afastou-se.

— Logo você vai ver. Não vê que nascemos um para o outro?

Estelinha riu.

— Francamente, Décio. Você nunca olhou para mim. As poucas vezes que nos vimos, você só tinha olhos para Antonieta.

— É claro. Eu e sua irmã praticamente crescemos juntos. Se não fosse esse turco do Rami, poderíamos ser cunhados e...

Ela o cortou com secura na voz:

— O pai de Rami não é turco, é libanês.

— A mesma coisa.

— É como acreditar que brasileiros e argentinos façam parte do mesmo país.

Décio deu de ombros.

— Nunca fui bom em geografia ou história.

— Mas um pouco de cultura não faz mal a ninguém.

— Eu sou bonito. E sou herdeiro de uma das maiores fortunas desta cidade, quiçá do país.

— Beleza e herança podem sumir com o passar do tempo.

Ele bateu três vezes no tampo da escrivaninha e disse, sorridente:

— Isso não! Você precisa torcer para que eu continue lindo e rico.

Estelinha exasperou-se sobremaneira.

— O que quer conversar comigo? — indagou, a voz irritada.

— Mamãe Bernarda não falou?

— O quê?

— Que eu e você, bem... você sabe. Nossas famílias querem que namoremos.

Estelinha horrorizou-se.

— Namorar você?

— É. Podemos juntar o dinheiro das famílias.

— Que horror!

— Além do mais, casando-se comigo, você só terá vantagens. Vai se casar com um dos homens mais desejados do país.

— Quanta prepotência, Décio.

Ele sorriu, tragou novamente o cigarro.

— Minha mãe e sua mãe já conversaram sobre a data, a igreja...

— Quem tem de decidir isso sou eu.

— Não é o que parece. Sabe — ele rodou pela sala, entornou o copo de uísque e o colocou sobre a escrivaninha, apagando o cigarro no cinzeiro —, eu sou meio doidivanas. Gosto de aventuras.

— Sei bem sobre você. Está sempre arrumando encrenca. Briga com todo mundo. Já ouvi dizerem que gosta de... — ela calou-se.

Décio sentiu o sangue subir.

— Que gosto de quê? Vamos, diga!

Ela enrubesceu. Ouvira a mãe e Teresa conversarem sobre as preferências sexuais de Décio. Entretanto, Estelinha não tinha nada a ver com a vida íntima dele. Cada um que cuidasse de si. Procurou contornar o assunto:

— De viver de forma livre. Não o imagino casado.

— Um homem casado é um homem de respeito.

— Além do mais, lembro-me de que vez ou outra age de forma violenta. Não gosto de pessoas violentas.

Ele aquietou-se e disse num tom alterado:

— Gosto que as coisas sejam feitas do meu jeito. Caso contrário, fico irritado. Entende? São os outros que me aborrecem. Não sou violento. Eu preciso me defender.

— Por meio de arruaça, briga, falta de educação? Não compactuo com isso, Décio. E tem mais: você despreza as pessoas que não fazem parte do seu círculo.

— Convenhamos, Estelinha. Nascemos brancos, belos e ricos. Somos pessoas mais inteligentes que a média.

— Como pode afirmar? Acredita que berço e dinheiro nos deem inteligência? Que maneira mais estreita de ver a vida.

— O que importa é que eu não me misturo com pessoas pobres, negras, nem de classe média. Não gosto dessa gente. Nós nascemos para sermos idolatrados, bem servidos, e essa laia veio ao mundo para nos atender.

Raimundo bateu na porta e entrou carregando uma bandeja. Décio pegou outro copo com uísque. Em seguida perguntou:

— Onde você mora?

O rapaz baixou os olhos e fez um gesto para sair. Se em casa eles não podiam conversar com os convidados, o protocolo criado por Bernarda para as festas exigia que nem encarassem os convidados. Os empregados deviam comportar-se como se não existissem. Estavam ali apenas e tão somente para servir. Mais nada.

Décio o segurou pelo braço com força e o rapaz quase derrubou a bandeja.

— É surdo?

O rapaz baixou os olhos novamente, encarando o chão. Timidamente, disse:

— Não, senhor.

— Eu perguntei onde você mora, insolente.

— Durante a semana, aqui. Nos fins de semana que tenho folga, vou para casa.

— Não me interessa a sua rotina. Quero saber em que lugar vive. Responda.

— No Canindé.

Ele soltou o braço do rapaz e riu com desdém.

— Mora na favela do Canindé. É isso?

— Sim, senhor.

— E como se chama?

— Raimundo.

Décio meneou a cabeça de forma negativa.

— Isso lá é nome? Não passa de um joão-ninguém. Pode ir.

O rapaz saiu envergonhado. Estelinha o repreendeu:

— Que maneira mais estúpida de tratar uma pessoa, Décio. O Raimundo é ótimo funcionário. Um amor de pessoa.

— Uma pessoa? Chama esse mulatinho favelado de pessoa? Não. Ele é um serviçal. Nasceu para servir. Só isso. Vai viver na miséria, casar-se com uma miserável e provavelmente seus filhos também vão nascer e viver na miséria. Dessa forma, vão perpetuando a espécie que nasceu para servir a nós, os belos.

— Você é patético.

Ela fez sinal para sair. Décio segurou o braço dela com força.

— Eu decido a hora que você vai sair.

— Você está me machucando. Solte-me.

— Não. Primeiro quero isso...

Ele puxou Estelinha para si e a beijou. Ela tentou se desvencilhar do beijo. Assim que conseguiu se soltar, deu-lhe um tapa na cara. Afastou-se furiosa.

— Você me dá nojo!

— Assim que gosto, das nervosinhas.

— Idiota! Cafajeste!

— Isso me excita.

Estelinha meneou a cabeça para os lados. Sem dizer mais nada, rodou nos calcanhares e bateu a porta com força.

Décio levou a mão à face avermelhada e, olhos injetados de fúria, murmurou:

— Estelinha, Estelinha. Ainda vou lhe dar o troco.

CAPÍTULO 11

Estelinha estugou o passo e quase derrubou a bandeja de Raimundo, o empregado que estivera na biblioteca um tempinho antes. Ele fez um malabarismo e ela disse, lágrimas nos olhos:

— Desculpe-me. Não tive a intenção.

— A senhorita está pálida. Deseja um copo de água com açúcar?

Ela sentou-se numa das poltroninhas do *hall* e pediu:

— Por favor, Raimundo. Eu gostaria muito.

Ele correu para a cozinha enquanto Angelina se aproximava, apreensiva.

— Eu a procurei em todos os cantos. Não gostei da maneira como sua mãe a conduziu até a biblioteca.

Estelinha, sentada, agarrou-se à cintura de Angelina.

— Oh, titia! Eu senti tanto medo!

— O que aconteceu?

— Aquele... imbecil me beijou à força.

— Que atrevido! Bem que seu pai comentou comigo... embora esse rapaz seja de família tradicional e respeitadíssima, é um pulha.

— Décio é horrível.

Bernarda apareceu e, ao ver a filha abraçada à tia, indagou:

— O que foi que você fez?

Estelinha limpou as lágrimas com as costas da mão. Estava aturdida.

— Eu? Como assim?

— Décio me procurou há pouco. Disse-me que você o tratou mal, que deu-lhe um tapa na cara.

— Bom, é que ele...

Bernarda a cortou seca:

— Isso são modos, Maria Estela? Onde já se viu destratar assim um convidado? Ora, Décio é filho da Yolanda, minha amiga. O que vão pensar de nós? Que somos um bando de selvagens?

Angelina desprendeu-se da sobrinha e deu um passo à frente.

— Ele agiu de forma leviana. Tentou beijar Estelinha à força.

— Claro! Eu e Yolanda desejamos muito que nossos filhos namorem. Décio é um partido excelente. As moças o disputam a tapa. E Maria Estela, completamente sem atrativos, cativou-o. Ela deveria levar as mãos aos céus por ele ter se interessado por ela.

— Mamãe, você está vendo tudo errado. Ele quis se aproveitar de mim.

Bernarda riu e a mirou com desprezo:

— Ou será que não foi o contrário? Você, sempre estranha...

Angelina interveio:

— Não acredito que, em vez de defender sua filha, esteja defendendo aquele tratante!

Bernarda aproximou-se dela e, dedo em riste, disse-lhe:

— Nunca fomos melhores amigas. Eu só a convidei para o aniversário de Antonieta por educação. Tinha certeza de que não viria.

— Mas enganou-se, Bernarda. Eu vim.

— E eu só não a convido a se retirar de minha casa agora porque meu filho, lamentavelmente, mora na sua casa. Saiba que nunca aprovei essa decisão de Alfredo morar com você. No entanto, como ele está se formando, provavelmente irá se mudar. Então, não teremos mais que nos aturar.

— Eu não tenho problemas com você. Não sou sua amiga e creio que jamais serei. Mas me importo com meus sobrinhos, especialmente com Alfredo e Estelinha. — Ela mirou a sobrinha e sorriu.

— Maria Estela é minha filha e vai viver acatando minhas ordens enquanto estiver morando aqui.

Estelinha interveio:

— Vou completar dezoito anos em breve. Serei maior de idade e dona de mim.

Bernarda meneou a cabeça para os lados.

— Você é tão ingênua. Vai viver do quê? Só se sair por aí vendendo seus álbuns de figurinhas. Você não tem preparo para a vida, Maria Estela. Por isso me preocupo com seu futuro e quero lhe assegurar um bom casamento antes que fique para titia. Isso seria a morte para mim. Uma filha... encalhada.

Bernarda rodou nos calcanhares e foi até Teresa, que vinha justamente ao seu encontro.

Assim que Bernarda saiu, Estelinha abraçou-se à tia.

— Viu como ela me trata? Nós nunca nos demos bem.

— Calma! Não fique assim, minha querida — redarguiu Angelina, enquanto alisava-lhe os cabelos.

— O que mais me machuca é o fato de ela acreditar nas mentiras do Décio e desacreditar da própria filha.

— Isso passa.

— Vamos subir e conversar?

— Sim, querida. Gostaria. Mas e sua irmã, e os convidados?

— Antonieta ficará feliz de eu não estar por perto. Os convidados estão se divertindo. Também não vão dar pela minha falta.

— Eu não conheço ninguém. Prefiro estar com você a aturar conversa fútil.

— Vamos, titia. — Estelinha abraçou-se à cintura de Angelina. — Mas, antes de subirmos, poderíamos passar na cozinha para fazermos um chá?

— Ótima ideia.

Assim que chegaram à porta do quarto, Estelinha girou a maçaneta e fez sinal para Angelina, que segurava a bandeja, entrar primeiro. Ela colocou a bandeja sobre uma mesinha e sentaram-se confortavelmente em duas poltronas próximas.

— Se não estivesse aqui em casa, não sei o que seria de mim.

— A relação entre você e sua mãe foi sempre assim, digamos, distante? — quis saber Angelina, enquanto servia o chá.

— Sim. Desde que nasci. Quando era pequenina, mamãe fazia questão de que eu ficasse aos cuidados de alguma babá. Tive inúmeras.

— E a relação com seu pai?

Estelinha bebericou o chá e suspirou, alegre:

— Felisberto é maravilhoso! Como você sabe, eu não tenho ideia de como era meu pai Eurico. Só o conheci através de fotos. Eu gostaria de saber mais a respeito dele. Mamãe nunca tocou em seu nome. De vez em quando ouço Antonieta falar algo, mas é raro. Pode me falar dele?

— Claro! — animou-se Angelina. — Eurico era dez anos mais velho que eu. Quando se casou com sua mãe, tinha acabado de completar vinte e quatro anos de idade. Um pouco antes do casamento, havíamos perdido nossos pais num acidente.

— Oh, que triste! E você ficou sozinha?

— Eu tinha acabado de completar catorze anos. Seu pai insistiu para que eu viesse morar com ele em São Paulo. Não quis. Ele iria se casar e começar uma nova vida. Eu decidi, portanto, morar com uma tia de que muito gostava. Continuei os estudos, concluí a faculdade de letras e arrumei emprego numa revista de grande circulação.

— E sua tia? Ainda vive?

— Infelizmente, ela faleceu há um bom tempo.

— Nunca se casou?

— Não — ela riu. — Pretendentes não faltaram, mas nunca senti-me atraída por um homem a ponto de desejar me casar com ele.

— Gostaria de ser como você, titia. Independente, que não precisa de ninguém para dizer o que deve ou não fazer.

— Você pode ser o que quiser.

— Como? — Ela terminou o chá e, após colocar a xícara sobre a bandeja, comentou: — Não viu o que mamãe disse? Que eu não tenho preparo para a vida.

— Foi ela quem disse. Não acredite em tudo o que sua mãe lhe diz. Logo você vai completar dezoito anos e estará livre para fazer o que bem entender da sua vida.

— Sem casa, sem dinheiro... e não tenho habilidades. Iria trabalhar em quê?

— Sempre há um jeito de começar. A primeira coisa que deve fazer é acreditar que pode fazer escolhas por si mesma.

— Pensando assim, fico animada. Mamãe poderá não aprovar e...

Angelina a silenciou com um gesto delicado.

— Está muito presa à sua mãe. Por que não experimenta decidir por si mesma?

— Não sei. Nunca fiz nada sozinha.

— Pois agora está na hora. Ou você assume sua vida ou vai deixar que os outros a dirijam. Pelo que tudo indica, se não for firme em suas decisões, quando voltarmos a nos ver, você estará casada com Décio.

— Isso nunca! — exclamou Estelinha. Ela levantou-se de supetão e disse, horrorizada: — Não gosto do Décio. Ele tem algo que me dá medo.

— Converse com seu pai. Diga a ele que não quer se envolver com esse rapaz. Tenho certeza de que Felisberto vai apoiá-la.

— Pode ser — ela replicou sem convicção. Em seguida, Estelinha caminhou pelo quarto, pensativa. Os olhos pousaram sobre um dos livros de Allan Kardec. Ela apanhou o exemplar e comentou: — O Livro dos Espíritos. Título instigante.

— É um dos pilares que dão sustento à doutrina espírita, codificada por Allan Kardec.

— Interessante — tornou Estelinha.

— Tem a ver com a matéria que você leu na revista.

— Algo em mim despertou-me o interesse pela doutrina.

— Sinal de que seu espírito está, de fato, clamando por mudanças.

— Será? — E, mudando de assunto, quis saber: — Conte-me mais sobre o rapaz da matéria, o Chico Xavier.

— Ele é de Minas Gerais. Realiza um lindíssimo trabalho de ajuda aos necessitados. Em paralelo, é autor de livros que enriquecem o espiritismo.

— Então isso é coisa boa?

— O quê? Não entendi.

— Isso de espiritismo. Certa vez mamãe comentou que quem evoca os mortos não bate bem da cabeça, não é de confiança.

— Lamentavelmente, sua mãe, assim como muitas pessoas, condenam o espiritismo sem nem mesmo terem frequentado um centro espírita ou terem lido um livro que fosse. Existe, sim, um preconceito enorme na sociedade.

— Você disse que uma amiga a levou até a... esqueci o nome.

— Federação Espírita. É a mais importante organização representativa do espiritismo. Nela são disponibilizadas reuniões mediúnicas e de estudo, palestras, passes, serviços de assistência e promoção social, e ainda conta com uma livraria.

Angelina contou a história de Kardec, o nascimento da codificação, falou sobre os passes, enfim, fez um resumo da doutrina. Estelinha animou-se:

— Quando eu for ao Rio, você me leva até lá para eu conhecer tudo isso?

— Sem dúvida.

— Será que... — ela baixou o tom de voz — eu poderia me comunicar com meu pai Eurico?

— Tudo é possível. Para que haja uma manifestação de Eurico, é necessário que tanto ele quanto você estejam bem emocionalmente. Quando há permissões para esses encontros, não podemos nos desarmonizar. Também é possível haver comunicação, um encontro, por assim dizer, por meio dos sonhos.

— Eu, que sempre tive sonhos estranhos, nunca sonhei com ele.

— Pode ter sonhado e não se recorda. Nosso inconsciente, embora devidamente estudado por Sigmund Freud, ainda é um mistério.

— Você é tão culta e fala de maneira tão natural!

— Estelinha, você também pode ser assim. Tem todas as qualidades para se tornar uma mulher culta.

— Obrigada. — Ela levou a mão à boca e comentou: — Estou um pouco cansada. Poderemos tomar café da manhã juntas?

— Sim.

— Amanhã poderemos dar uma volta na cidade. Posso levá-la para conhecer os ateliês de moda na Barão de Itapetininga e os magazines. As vitrines são de arrepiar. Cada vestido lindo!

— Adoraria. No entanto, pretendo voltar para casa após o café da manhã.

— Mal ficou um dia e já vai embora? — entristeceu-se Estelinha.

— Ficou claro que sua mãe não gosta de mim. — Estelinha ia dizer algo, mas Angelina a censurou com a mão. E prosseguiu: — Isso não me afeta em nada. É que estou na casa dela. Não me sinto bem perto de Bernarda. Mas me prometa que irá me visitar no Rio. Eu e Alfredo vamos adorar recebê-la.

— Irei com prazer. Se mamãe... — Ela calou-se, e as duas riram. — É força do hábito. — E, abraçando os exemplares de *O Evangelho segundo o Espiritismo* e *O Livro dos Espíritos*, pediu: — Posso levar esses livros para ler um pouquinho? Prometo que os devolverei amanhã.

Angelina levantou-se e pegou os livros das mãos de Estelinha. Sentou-se à mesinha e fez uma dedicatória em cada um deles. Em seguida, entregou-os à sobrinha.

— Quero que fique com esses livros, como um presente. Tenho certeza de que eles vão lhe ser muito úteis.

Estelinha abraçou-a com genuíno afeto.

— Obrigada, titia. Você é adorável.

— Digo o mesmo de você.

Despediram-se e, assim que a porta se fechou, Angelina sentiu leve mal-estar. Fez delicada prece, vestiu a camisola e deitou-se. Estelinha, por sua vez, entrou no quarto e colocou os livros sobre a cômoda. Trocou-se, vestiu a camisola e apanhou o Evangelho. Abriu-o ao acaso e deparou-se com o Capítulo 6, "O Cristo Consolador". Estelinha entreteve-se com a leitura.

— Gostei — disse para si.

Espreguiçou-se. Em seguida, fechou o livro com um suspiro e dormiu. Foi a primeira noite em anos que dormiu sem sonhos ou perturbações.

Próximo à cama dela um espírito a fitava emocionado. Apenas murmurou um "Eu te amo" e sumiu.

CAPÍTULO 12

Depois do café da manhã, Angelina despediu-se de Estelinha e marcaram de se ver em breve.

— Queria dizer que li um pedacinho do Evangelho ontem e, por incrível que possa parecer, dormi bem. Acordei sem ter tido sonho nem pesadelo.

— Gostaria muito de estar mais perto para ajudá-la a cuidar mais de si e compreender melhor o espiritismo. Peço que procure ler um trecho do Evangelho antes de dormir. Ele tem a capacidade de nos acalmar, de fazer nosso espírito aquietar-se diante dos problemas. Além do mais, quando fazemos uma leitura edificante, acabamos por criar condições para que espíritos amigos, benfeitores espirituais, possam se aproximar e nos garantir uma boa noite de sono. Em alguns casos, poderemos ser convidados a rever parentes que muito amamos.

— Verdade? Quer dizer que eu posso sonhar com meu pai Eurico?

— Sem dúvida. Aposto que ele tem muita vontade de comunicar-se com você. Ainda não encontrou uma forma de aproximação. No entanto, se mantiver o hábito da leitura saudável antes de dormir, quem sabe ele não apareça?

Estelinha foi tomada de forte emoção. Os olhos marejaram.

— Uma pena você ter de ir embora tão rápido. Não tem ideia de como fiquei feliz em conhecê-la.

— Eu também fiquei feliz. Saiba que sempre poderá contar comigo.

— Obrigada. — Estelinha apanhou sobre a mesa um envelope e o entregou a Angelina. — É para o Alfredo. Diga que adorei sua carta e que estou morrendo de saudades.

— Eu direi a ele.

Continuaram a conversar mais um pouquinho. Aproveitaram o bate-papo porque Bernarda tampouco Antonieta desceram para o desjejum ou para se despedirem.

Felisberto insistiu em levá-la até o aeroporto, mas Angelina já havia contratado um carro de aluguel.

— O chofer já está me esperando — respondeu ela.

— Seria um prazer levá-la. Você é da família.

— Eu sei. Agradeço. Está na minha hora. Adeus.

Despediram-se e Felisberto abraçou Estelinha. Entraram e, voltando à copa, pediram mais café. Ela comentou:

— Adorei a tia Angelina. Tão bonita e inteligente. Ela é espírita, papai.

— Ela comentou comigo na festa. E então, ela explicou-lhe como funciona essa doutrina ou religião?

— Ela comentou bem superficialmente. Deu-me de presente dois livros. Um deles é *O Evangelho segundo o Espiritismo*. Eu li um trecho antes de dormir e acredite: dormi muito bem. Sem sonhos ou pesadelos.

— Que notícia boa, minha filha. Bem se vê que acordou melhor, mais corada.

— Sim. Acordei muito bem. Li a carta de Alfredo e aproveitei para lhe responder. Na carta, ele disse que está namorando e está apaixonado.

— Melhor não contar à sua mãe.

— Ele pediu segredo. Não vou revelar nada.

Conversaram amenidades e Felisberto tomou a palavra:

— Aconteceu alguma outra coisa?

— O quê?

— Por que Angelina já partiu? — Estelinha abaixou a cabeça. Não queria falar sobre a conversa ríspida entre Bernarda e Angelina na noite anterior. E também não queria falar sobre o beijo forçado que Décio lhe dera. Sentia-se constrangida. Ele insistiu: — Conheço você, minha filha. O que aconteceu?

Estelinha ia abrir a boca, mas Bernarda entrou na copa e pôs-se a falar:

— Angelina foi convidada para o aniversário de Antonieta. Não veio passar temporada.

— Custava ser gentil e convidá-la a ficar mais alguns dias? — indagou Felisberto. — Ela e Estelinha se deram muito bem. Ademais, é a única parenta viva por parte de Eurico.

Bernarda deu de ombros.

— Estelinha estava nas fraldas quando o Eurico morreu. Angelina é como uma estranha. E depois, confesso: não gosto dela.

— Eu gosto — interveio Estelinha.

Bernarda a encarou com ironia.

— De que vale seu gosto, Maria Estela? Quem dá a voz nesta casa sou eu.

— E eu — protestou Felisberto.

— Não. Você mora na minha casa, na casa que meus pais me deram de presente quando me casei com Eurico. Você é apenas... — ela parou de falar.

— Apenas o quê? — indignou-se Felisberto.

Bernarda o encarou com olhos frios e, antes de deixar a copa, disse:

— É apenas um marido, mais nada.

Saiu ajeitando o penhoar. Estelinha pousou a mão na de Felisberto.

— Não fique triste, papai. Mamãe tem esse jeito...

— Se não fosse você, Estelinha...

Ele deixou a frase solta no ar. Levantou-se e caminhou até o jardim. Estelinha meneou a cabeça para os lados. Não gostava da maneira como a mãe destratava Felisberto. Ele era um homem bom, um pai amoroso, esforçava-se para ser um esposo atencioso. Por que será que Bernarda era tão fria com ele?

Ficou a pensar enquanto terminava de cortar uma fatia de bolo. Em seguida, Estelinha deu de ombros, terminou o café e voltou para o quarto.

CAPÍTULO 13

Angelina chegou ao Rio de Janeiro perto da hora do almoço. Tomou um táxi e deu o endereço. Dali a pouco, o automóvel a deixava diante de um charmoso edifício na Praia do Flamengo. O porteiro veio rápido ajudá-la a carregar as malas.

— A senhora mal saiu e já voltou! — tornou Jacinto, o porteiro.

— Era apenas um evento social, mais nada.

— Alfredo acabou de chegar com a namorada. Belíssima, por sinal.

Angelina sorriu e foram conversando amenidades. Assim que entrou no apartamento, Alfredo veio correndo até ela.

— Tia! Já voltou?

Ela o cumprimentou com um abraço e respondeu:

— Era apenas o aniversário de sua irmã.

— E anunciaram a data?

— Vão se casar daqui a seis meses. Seu futuro cunhado é um rapaz simpático.

— Eu gosto do Rami. Mas sinto pena dele.

— Por quê? — quis saber Angelina, enquanto tirava as luvas e as colocava sobre uma cômoda.

— Rami ama Antonieta. Já ela, não sei, não. Ela nunca mostrou entusiasmo quando estavam juntos.

— Não percebi nada. Fiquei conversando o tempo todo com Estelinha.

Os lábios de Alfredo se abriram em enorme sorriso. Nesse meio-tempo, Angelina deu a ele a carta que Estelinha lhe escrevera.

— Se tem alguém de quem sinto saudades lá de casa, esse alguém é a Estelinha — disse, enquanto recebia a carta da tia.

— Ela também o adora. Eu a convidei para vir nos visitar.

Alfredo fez um gesto com a mão.

— Se depender de minha mãe, Estelinha não põe os pés para fora de casa. Ela controla Estelinha como se minha irmãzinha fosse uma marionete.

— Bernarda exerce influência muito forte sobre sua irmã. Eu me preocupo com ela.

— Com quem? Com minha mãe ou com Estelinha?

— Com Estelinha. Sua mãe está forçando-a a namorar um rapaz que não me causou simpatia.

— Ah, é claro! Estelinha vai fazer dezoito anos. Aposto como mamãe deve estar louca para casar a caçula. Ainda mais Estelinha, pobrezinha.

— Percebi que elas não têm muitas afinidades.

— Mamãe sempre teve olhos só para mim e Antonieta. Eu me lembro de quando engravidou de Estelinha.

— É? Como foi?

— Eu já era grandinho, estava com quase sete anos. Lembro-me de um dia passar pelo corredor e ouvir uma discussão que vinha do quarto dos meus pais. A porta estava entreaberta e ouvi. — Alfredo parou de falar e mirou o infinito. Era como se estivesse tentando acessar memórias esquecidas havia muito tempo. Na sequência, confidenciou à tia: — Minha mãe gritava com meu pai. Dizia que estava possessa com ele e que só não tirava o bebê porque era católica.

— Bernarda disse isso?

— Foi o que ouvi. Nunca mais me esqueci. Depois que Estelinha nasceu, eu percebia o distanciamento. Minha mãe nunca tinha tempo para a filhinha. Estava sempre ocupada com alguma coisa que julgava ser mais importante.

— Um bom caso de espíritos que têm um bocado de acertos para fazer.

— Acha mesmo, tia?

Angelina balançou a cabeça com convicção.

— Geralmente, antes de reencarnar, escolhemos nossos pais. Eu disse "geralmente" porque nem todos temos plena consciência do que desejamos ao estabelecer uma nova vinda ao mundo. O caso de Bernarda e Estelinha se assemelha a histórias em que desafetos renascem como mãe e filha para que o amor filial transforme os sentimentos ruins que uma nutre pela outra em bons.

— Eu também acredito nisso — uma voz doce e feminina se fez ouvir.

Angelina sorriu e abraçou a moça com efusividade.

— Dirce! Como está?

— Bem, dona Angelina.

— Que cara é essa?

Ela baixou os olhos e Alfredo disse com rancor:

— Foi desrespeitada ao sair de um magazine.

— Como? — Angelina estava estupefata.

— Porque sou assim — fez Dirce com um gesto, apontando para si mesma.

— Tia, pararam Dirce na saída da loja porque ela é negra.

— Isso é um absurdo.

— Pois é, dona Angelina. É um absurdo, mas sabemos que há um preconceito velado em nossa sociedade. Afirmam que os brasileiros, de modo geral, são amáveis uns com os outros. Eu sinto na pele a discriminação.

— Já disse para ela, tia. Dirce tem um bom emprego como enfermeira, trabalha com uma médica brilhante, não pode ser tratada dessa forma hostil.

— Nem que eu fosse lavadeira. Não importa a profissão, importa que eu seja tratada e respeitada — esclareceu Dirce.

— Precisamos ir até esse magazine. — Angelina ainda estava chocada.

— Foi uma grã-fina — delatou Alfredo. — Uma infeliz que não aceita que Dirce frequente o mesmo lugar que ela. Já não chegam os olhares reprovadores que nos endereçam quando estamos juntos? A sociedade é preconceituosa e intolerante.

— Sei disso — concordou Angelina. — Vocês são corajosos e saibam que estarei sempre ao lado de vocês. Jamais permitirei que falem mal ou destratem Dirce.

— Obrigada, dona Angelina. Apenas não gostaria de ser maltratada ou ofendida por ser negra. Sou uma pessoa como outra qualquer.

— A cor da pele não pode ser um diferencial, não pode servir como termômetro para tratarmos alguém deste ou daquele modo. Um dos motivos que nos trazem de volta ao mundo é para que possamos aprender a lidar com as diferenças, a respeitar a nós e aos outros, olharmos para o próximo como um igual.

— Penso da mesma forma, tia. Eu amo a Dirce por ela ser... a Dirce.

— Obrigada, querido — ela respondeu com docilidade.

— Querem saber? — Angelina perguntou. — O que importa é o amor que sentimos uns pelos outros. Porque o amor anula o preconceito, a raiva, o ódio. O amor é capaz de curar o espírito mais empedernido que existir.

Alfredo e Dirce se emocionaram. Os três se abraçaram e uma luz diáfana se fez ao redor. Amigos espirituais ali estavam para ajudá-los a enfrentar essa erva-daninha chamada preconceito que, se não for podada logo que germina, poderá impregnar o espírito de crenças e atitudes que atrapalham seu desenvolvimento, espalhando discórdia e julgamento por onde passar.

CAPÍTULO 14

Dali a algumas semanas, a correria se instalara e fazia parte da rotina na casa de Estelinha. Os preparativos para o casamento de Antonieta corriam a toda brida. Ela e Bernarda mal paravam em casa, acertando cada detalhe do enlace.

A campainha tocou. Raimundo atendeu e Teresa irritou-se. Não gostava dele. Jamais contrataria um empregado negro, contudo, segundo ela mesma, era mão de obra barata.

Ao menos essa gente de cor serve para alguma coisa, pensou. Não disse nada. Abaixou a cabeça e, sem dizer palavra, passou por Raimundo feito um tufão e caminhou até o pátio ajardinado nos fundos da casa. Bernarda a esperava para um café. Após os cumprimentos, Bernarda perguntou:

— Que cara é essa?

— Esse seu empregadinho de cor, o Severino.

— Raimundo. Ele fez alguma coisa?

— Não. Ele não precisa fazer nada para me aborrecer. Sua presença e sua cor me irritam.

— Ele faz tudo o que eu mando. Não reclama. Gosto de empregado que não abre o bico.

— Ele tem um jeito... bom, não vim aqui para falarmos sobre essa gente. Colocou na lista de casamento os nomes das famílias que lhe indiquei?

— Coloquei. Antonieta ficou encantada e pediu que lhe agradecesse. Sinto que será o casamento do ano.

— Minhas amigas estão tão empolgadas com esse casamento que mal falam da televisão.

Bernarda meneou a cabeça para os lados.

— Isso foi uma bobagem. Fazer estardalhaço por causa de uma caixa que reproduz imagem e som? Cheia de chuviscos? Viu o tamanho e peso do aparelho? Essa moda logo passa.

— Se passa ou não — observou Teresa —, fiz meu marido importar um aparelho.

— Jura?

— É novidade. Novidade cara. Só os ricos podem adquirir um aparelho. Lá nos Estados Unidos, quase metade dos lares tem um televisor. Na sala de estar.

— Que horror, Teresa! A sala serve para recebermos pessoas, conversar, promover saraus. Não é local apropriado para tentar ver o que se passa dentro de uma caixinha de vidro, ainda por cima em preto e branco.

— Os tempos estão mudando. Você é a única amiga de sociedade que não tem um aparelho, sabia?

Aquilo foi demais para Bernarda. Era a única que não tinha um televisor? Era um disparate. Engoliu o orgulho e pediu:

— Quero falar com seu marido. Decidi que vou importar um aparelho. O melhor e mais caro.

— Isso mesmo. Pode deixar que vou conversar com Samir. Agora, mudando de assunto, quando vamos juntar de vez sua caçula e o Décio?

— O encontro deles não deu muito certo. Você bem conhece Maria Estela. Ela não é tão sociável.

— Uma pena — replicou Teresa de propósito. Ela abriu a cigarreira, dela tirou um cigarro e o acendeu. Após soltar a fumaça pela boca, comentou: — A filha da Esther está de olho nele. É o que dizem lá no clube.

— Não acredito. Décio não tem boa reputação entre as boas famílias.

— Já lhe disse que isso é inveja de moça que por ele foi rejeitada. Quer dizer, das mães que queriam a filha casada com um tipão, elegante, que fala francês e inglês fluentemente, que é herdeiro de uma das maiores fortunas do país.

Os olhos de Bernarda giraram nas órbitas.

— Como vou fazer com que Maria Estela o aceite para nova conversa?

— Você é a mãe dela. Tem de fazer com que ela a obedeça.

— Tem razão.

— De mais a mais, Felisberto está sempre viajando. Antonieta não para em casa, preocupada com os detalhes para não fazer feio à sociedade.

— Não entendi seu raciocínio.

— Ora, convide Décio para um jantar. Aproveite que Felisberto está sempre viajando e Antonieta só tem olhos para o casamento. Você manda preparar um belo jantar, utiliza as porcelanas inglesas, decora a mesa com gosto e os deixa a sós. Meu motorista vem apanhar você. Poderemos jantar em casa e, no fim da noite, ele a traz de volta para casa. Aposto que um jantar requintado e intimista despertará o desejo de Estelinha por Décio.

— Maria Estela, por favor, Teresa. Não gosto que a chamem de Estelinha. Soa infantil.

Teresa nada disse. Mirou Bernarda e em sua mente o passado se fez presente. Conhecia Bernarda desde os tempos em que estudavam no tradicional Des Oiseaux, colégio voltado para a educação de meninas pertencentes à elite. Teresa era apaixonada por Eurico e tinha certeza de que um dia se casaria com ele. Bernarda chegou na frente e tomou-o dela. Esse dissabor ainda estava entalado na garganta, não engolia o fato de ter sido preterida. Acreditava já ter se vingado de Bernarda, contudo, desejava ver a amiga — sei... amiga — passando todo tipo de vergonha que pudesse suportar. Encontrara em Estelinha a pessoa que envergonharia a família. Teresa queria ver Bernarda socialmente destruída, e agora via um jeito de conseguir seu intento.

Assim que pensou, ela disse:

— Eu aposto que, se você mandar servir um excelente jantar, Décio virá. Eu posso ligar para Yolanda e contar que você acha o filho dela um tesouro. Yolanda, embora seja uma mulher fria, ficará feliz.

— Isso é. Não sou de ter intimidades com a Yolanda. Se você disser que estou sempre elogiando o filho dela, tenho certeza de que valerá muito a pena.

— Claro que sim. Confie em mim.

Bernarda confiou. Confiava em Teresa sem pestanejar. Queria sempre agradá-la e, perdida em suas ilusões, não percebia que a outra queria apenas destruir sua vida, mais nada.

Desde a partida de Angelina, Estelinha conseguiu dormir melhor algumas noites. Nas noites em que lia o Evangelho, dormia relativamente bem. Quando esquecia de ler, voltava a sonhar. Não mantinha uma constância nos hábitos da leitura. Tanto que, passados quinze dias, o livro jazia inerte sobre a mesinha de cabeceira. Estelinha esquecera-se dele e d'*O Livro dos Espíritos*.

Ela estava se espreguiçando, depois de uma noite mal-dormida, quando Bernarda entrou no quarto, já falando:

— Hoje à noite você vai jantar com o Décio.

— Não vou. Ele foi deselegante e grosseiro. Não gosto dele.

— Você não tem de gostar ou deixar de gostar. Enquanto morar sob este teto, terá de fazer o que eu mandar. Entendeu?

Estelinha fez sim com a cabeça.

— Não tenho roupas para sair.

— Não será necessário. Vou escolher um vestidinho menos feio. — Abriu o armário enquanto falava e apanhou um. — Esse aqui veste bem. Ele lhe cai bem.

— Não gosto, é florido. E de algodão. Não gosto de estampas.

— Mas vai usar esse. — Jogou-o sobre a cama.

— O motorista vai me levar?

— Não. O jantar será aqui em casa.

— A senhora estará presente, claro.

— Claro que não. Preciso deixá-los à vontade.

— Ele não é de confiança, mamãe.

— O que ele poderá fazer? Beijá-la? Francamente, Maria Estela, o que é que há num simples beijo inocente?

— Beijo inocente? Ele me forçou...

Bernarda a cortou:

— Nem comece. Odeio quando se passa por vítima.

Estelinha suspirou, impotente.

— Ele fuma. A boca dele cheira a cigarro, parece um cinzeiro.

— Sem fricotes. Ele virá às oito em ponto.

Estelinha ia protestar mas sentiu-se vencida. Bernarda saiu do quarto e logo ela apanhou um de seus álbuns e começou a preencher com figurinhas. Esqueceu-se de tudo.

Foi só no meio da tarde que Bernarda abriu a porta do quarto acompanhada de uma cabeleireira.

— Faça um penteado decente — mandou.

A mulher concordou e Estelinha quis protestar:

— Eu gosto do meu cabelo assim, liso.

— Liso e engordurado. Tenha a santa paciência, Maria Estela. Parece uma pedinte. — Bernarda deu instruções à cabeleireira e finalizou: — Ela precisa estar pronta até as sete. Depois vai tomar um banho e vou ajudar a vesti-la.

— Não sou bebezinha. Posso fazer tudo sozinha.

Bernarda nem respondeu. Saiu do quarto e alcançou o corredor. Encontrou Antonieta.

— Mamãe, Rami quer me levar ao teatro hoje.

— Que surpresa! Rami só tem olhos para o trabalho!

— Reclamei que ele só trabalha. Ele telefonou há pouco e me disse que vai terminar o expediente mais cedo.

— Ele a ama de verdade.

— Eu sei — tornou, ar triunfante.

— Vão assistir a qual peça?

— *Entre quatro paredes*, do Jean-Paul Sartre.

— Claro que não! A igreja proibiu os católicos de assisti-la.

— Mamãe! O que é isso? Uma mulher de sociedade, moderna, que me levou à I Bienal de São Paulo, está me dizendo que não posso assistir a uma peça que faz sucesso há mais de um ano?

— Pode tudo, menos assistir a...

Antonieta refletiu rápido e lançou no ar:

— Deixe só a Teresa saber disso. Foi ela, lá no clube, que me indicou a peça.

— Teresa indicou, é?

— Não só indicou como já foi assistir.

— Ela não me disse nada.

— Porque você é muito apegada às coisas da igreja. Eu quero ver o Sérgio Cardoso, a Cacilda Becker e a Nidia Lícia atuarem. E, depois, vamos ao TBC, o teatro da moda.

Bernarda deu-se por vencida. Se insistisse em proibir a filha de ir ao teatro, talvez o plano do jantar pudesse não dar certo. Considerou:

— Está certo. Que o cardeal Mota não saiba disso.

— Só se você contar. — Antonieta beijou-lhe a face e completou: — Ele virá me apanhar às sete da noite.

— Pode voltar tarde, se quiser.

— Como assim?

— Já disse que pode voltar tarde, afinal, já está noiva, o casamento está prestes a acontecer. Deve aproveitar esse momento.

— Oh, mamãe! Obrigada. — Antonieta a beijou novamente no rosto, com efusividade. — Então, depois do espetáculo, vou sugerir ao Rami de irmos a uma boate.

Elas se despediram e Bernarda subiu para o quarto. Deitou-se e dormiu um pouco. Sonhou que vivia num convento...

CAPÍTULO 15

Antonieta entrou no elegante Buick de Rami e logo o carrão sensação do momento sumiu na curva. Na sequência, o motorista de Teresa apanhou Bernarda e saíram. Às oito em ponto, Décio chegou. Estava elegantemente vestido e perfumado. Os cabelos alourados estavam devidamente penteados para trás; a barba estava recém-feita. Raimundo estava de folga e uma das empregadas atendeu a porta. Ela admirou-se com tamanha e rara beleza. Com um sorriso bobo no rosto, encaminhou o rapaz até a sala de estar.

Estelinha desceu e o encontrou admirando os quadros na galeria.

— Já vi que gosta de bisbilhotar — disse ela em tom jocoso.

— Minha nobre e bela Estelinha. — Ele aproximou-se dela e beijou-lhe a mão. — Satisfação em vê-la de novo.

Ela forçou um sorriso. Ele prosseguiu:

— Está com novo penteado. Ficou mais bonitinha.

— Bonitinha? Isso é jeito de falar?

Décio riu.

— Está uma graça. Uma linda mocinha. Ou um lindo broto.

— Aceita uma bebida?

— Um uísque, por favor.

Estelinha foi até o bar, apanhou uma garrafa de bico de jaca e despejou um pouco do conteúdo num copo. Entregou-o a Décio. Logo uma das empregadas veio avisar que o jantar estava servido.

A mesa estava impecavelmente bem-arrumada. Bernarda mandara usar o jogo de toalhas da Ilha da Madeira que ganhara no casamento. Usou louças inglesas e talheres de prata. Numa cômoda ao lado, um lindo buquê de rosas perfumava delicadamente o ambiente. Décio não poderia reclamar: ele adorava ambientes sofisticados.

— Caprichou. Gostei do cenário.

— Coisas de minha mãe.

— Mamãe Bernarda tem excelente gosto.

— Por que sempre se refere a minha mãe como *mamãe Bernarda*? Que intimidade é essa?

— Ora, nenhuma, benzinho. Eu gosto de chamá-la assim. Da mesma forma que gosto de chamar você de brotinho.

— Que mau gosto!

— Sabe que gosto de você nervosinha? Adoro as nervosinhas, de pavio curto.

— Não sou nervosinha. É que você às vezes fala coisas sem sentido.

— Podem não ter sentido para você, mas têm para mim.

Comeram em silêncio. Até que a empregada entrou para tirar os pratos. Décio apanhou o guardanapo, limpou os lábios e discretamente o guardou no bolso da calça.

— Estelinha, não quero tomar seu tempo. Apenas gostaria de ir à biblioteca pegar um livro emprestado.

— Agora se tornou um homem culto?

— Você mal me conhece. Por que me julga assim?

— Desculpe. É que você não tem cara de quem lê.

Décio gargalhou.

— Ora, ora. É preciso ter uma cara específica?

— Não, bem... eu quis dizer... — ela se atrapalhou toda.

Ele prosseguiu:

— Vamos. Acompanhe-me até a biblioteca, ajude-me a encontrar um bom romance e prometo que vou-me embora em seguida. Parece que não a estou agradando.

— Não é isso. É que nosso encontro no aniversário de Antonieta não terminou bem.

— Desculpe-me. Eu me excedi.

— Tentou me beijar à força. Isso não são modos de um rapaz sério.

Ele quis rir. Não se achava nem um pouco sério. Segurou o riso e concordou:

— Tem toda razão. Prometo me comportar. Vamos?

— Está bem — ela concordou.

Levantaram-se e foram em direção à biblioteca. Chegando ali, Estelinha foi direto à estante dos romances. Enquanto isso, sem perceber, Décio trancava a porta da biblioteca e colocava a chave no bolso.

Estelinha apanhou um livro qualquer e, ao virar-se, deu de cara com Décio. Ele a encarava com olhos de cobiça.

— Escolhi esse exemplar do Machado de Assis... — ela falou e afastou-se.

Décio a encarou novamente:

— Temos todo o tempo do mundo. Nossas famílias querem que casemos.

— Você já me disse isso. É uma loucura. Eu farei dezoito anos depois de amanhã. Vou ser maior de idade. E poderei decidir se quero ou não me casar.

— Quando as famílias desejam o casamento, não importam idades ou vontades.

— Não me sinto preparada para casar. — Ela colocou o livro sobre a escrivaninha e afastou-se, indo na direção da porta.

— Estelinha, não enxerga o bem que nossas famílias desejam para nós?

— Não. Que bem é esse?

— Ora. Eu sou encrenqueiro, sempre me metendo em confusão. É da minha natureza. Sou esquentadinho, sim. E daí? Meu dinheiro compra tudo. Ele compra o silêncio da polícia, daquelas pessoas que passam por mim e se julgam vítimas, enfim, meu dinheiro cobre meus rastros. Você, por outro lado, é a peça estranha, rara.

— Não entendi.

— Você é uma moça até que bonita, mas muito sem graça. Isso é só para começar.

— Se não tenho atrativos, por que me deseja?

Ele gargalhou.

— Eu?! Desejá-la? Está louca, Estelinha? Quem, em sã consciência, poderia gostar de uma menina esquelética e sem cor como você? Além de tudo é sem sal, não sabe manter uma conversa. Acho que nem aquele empregadinho, o Romualdo, sente atração por você.

— O nome dele é Raimundo.

— Que seja! Estou aqui porque, se casarmos, nossas famílias vão ficar livres de dois estorvos, ou seja, de mim e de você.

— Não sou um estorvo.

— Claro que é. Pensa que é fácil ter uma irmã estranha, esquisitinha, que não dorme direito, da qual todos caçoam pelas costas? Eu sou o arruaceiro que, depois de casado, tomou jeito na vida. Olha que bacana. Vamos juntar o útil ao agradável.

— Não sou estranha e não estou à venda.

— Quem falou em comprar?

Estelinha tomou coragem:

— Já ouvi dizerem que você gosta de...

Ele ruborizou.

— Gosto de quê? Pode falar. Vamos ser sinceros um com o outro.

— Que você gosta de meninas e meninos.

— É verdade. Gosto. E daí?

Ela o admirou por um breve instante.

— E daí, nada. Cada um que cuide de sua vida.

— E por que se incomoda?

Ela pensou rápido.

— Bom, se eu me casar com você...

Décio riu.

— Esse é o ponto.

— Não entendi.

— Nossas famílias querem que casemos para acabarmos com os boatos que nos cercam. Se eu e você subirmos ao altar, deixaremos de ser o invertido e a louquinha. Acharão que somos normais como os outros casais. Poderemos representar. Depois de casados, você continua com suas esquisitices e eu poderei sair com quem quiser. Afinal de contas, serei um homem casado. E homem casado é visto como um homem de respeito, mesmo casado com uma mulher estranha.

— Não quero uma vida de mentiras.

— Creio que não tenha muita opção. Se não casar comigo, vai ficar encalhada.

— Não. Posso estudar, ser independente. Não preciso do casamento para construir minha vida.

— Que vida? Acaso viveu até agora? Presa num quarto, sem amigos, sem atrativos... Sua mãe confessou à minha que, se não casarmos, ela pensa em trancar você num sanatório.

— Não vou deixar.

— Não me convenceu. Você não é tão forte para encarar sua mãe. Pense, casar-se comigo será seu prêmio, seu passaporte para ser o que quiser. Prometo, de verdade, que, casada comigo, poderá ser dona do seu nariz. Não vou me importar com o que você vai fazer. Já imaginou ficar livre de sua mãe?

Estelinha refletiu. A ideia não era má. Embora bonito, Estelinha não simpatizava com Décio. Era algo que não conseguia definir. Ele lhe causava insegurança, medo...

Ele aproximou-se e tentou beijá-la. Ela o afastou com força. Disse irritada:

— Não me caso com você nem amarrada. Odeio você.

Correu até a porta e girou a maçaneta. Ao perceber que a porta estava trancada, sentiu um frio na barriga. Virou-se para Décio. Ele puxou-a com força e a empurrou na direção do sofá. Estelinha assustou-se, mas, antes de ter a chance de refletir, sentiu um peso enorme no rosto e desfaleceu.

Décio já tinha coberto a mão com o guardanapo e dera-lhe um murro. Sorriu de maneira enigmática.

— Idiota. Acha que eu sinto atração por você? Eu gosto das boazudas e dos grandões. Sua maluca de araque. Não me esqueci do tapa que levei aqui mesmo. Agora vou lhe dar o troco. Eu vim para um jantar e não vou embora sem a sobremesa, no caso, você.

Ele aproveitou que Estelinha desmaiara e, com jeito, subiu a saia dela. Em seguida, tirou-lhe a calcinha. Abaixou a própria calça e a penetrou sem dó nem piedade.

Terminado o ato abjeto, Décio apanhou um lenço no bolso da calça e limpou o sangue que escorria por entre as pernas de Estelinha.

— Uma virgem a menos no mundo — ele zombou.

Vestiu-a novamente e a ajeitou no sofá, como se estivesse placidamente dormindo. Na sequência, subiu a calça, tirou a camisa, a camiseta e arranhou-se. Passou as unhas pelo peito, pelos braços, deu-se um tapa no rosto, bateu a cabeça na parede e mordeu os lábios com força. Deixou que um pouco de sangue escorresse pelo canto do lábio. Abriu a porta da biblioteca de forma desvairada e correu pela casa, fazendo alarde. Avistou uma das empregadas, agarrou-a com força.

— Chame a dona Bernarda. Algo horrível aconteceu.

CAPÍTULO 16

Aos poucos, Estelinha foi recobrando a memória. Abriu lentamente os olhos e, depois de acostumar-se à claridade, viu Bernarda. Tentou falar algo mas a garganta lhe doía.

— Não diga nada, por ora. Sente-se melhor? — indagou, a voz fria.

Ela meneou a cabeça negativamente.

— Eu disse que ela é uma fingida — exasperou-se Antonieta. — Veja a vergonha que ela nos fez passar.

— Só sei que Teresa levou Décio daqui. Se você visse o estado dele... todo arranhado, a camisa com pingos de sangue. Um horror.

Antonieta emendou, nervosa:

— Eu sempre achei que ela deveria ser internada. Ninguém nunca me ouviu. Está vendo a vergonha, mãe? Essa daí — apontou para Estelinha — tinha de aprontar, não? Estava demorando. Ela só se faz de sonsa. Mas de sonsa não tem nada, né, Estelinha?

— Esperemos que ela acorde de fato. Maria Estela vai ter de esclarecer.

— Esclarecer o quê? — gritou Antonieta. — Que Estelinha não sabe se controlar e, quando surge uma oportunidade, atira-se sobre os homens feito uma cadela no cio?

Estelinha nada entendia. Tentou falar:

— Ele... me... ba... teu...

— Francamente — Bernarda tentava manter o tom —, você perdeu o juízo? Como pôde fazer o que fez com o Décio? O rapaz saiu daqui chorando, envergonhado, sem entender por que o agrediu daquela forma.

— Não entendo. Ele me bateu.

— Porque você o atacou! — explodiu Antonieta. — Sempre achei que você fosse quietinha porque tinha problemas. Nunca foi uma menina normal. Mas atirar-se sobre um rapaz, oferecer-se a ele? Tentar seduzi-lo à força? Quer nos envergonhar? Quer atirar o nome da nossa família na lama?

As lágrimas escorriam e Estelinha estava tão atordoada, tão dolorida — no corpo e no espírito —, que não conseguia articular as palavras.

Bernarda a encarou e levantou-se.

— Precisamos levá-la para o quarto. Ela não está bem. Acho melhor chamar um médico.

— Só se for para interná-la — tornou Antonieta. — Ela não bate bem da cabeça.

Mesmo a contragosto, Antonieta ajudou a mãe a carregar Estelinha até o quarto. Deitaram-na na cama. Em seguida Bernarda disse:

— Ligue para o doutor Aguiar.

— A especialidade dele...

— Antonieta, não quero que esse fato horrível se espalhe. Doutor Aguiar é de minha confiança. Desça e ligue.

Antonieta concordou. Saiu cabisbaixa, endereçando um olhar mortal para a irmã.

Desgraçada! Vou engolir essa, mas Estelinha não vai ao meu casamento. Não quero. Não gosto dela, pensou, enquanto descia até o corredor. Vibrou de alegria quando o médico informou que estava atendendo a uma emergência e que só poderia visitar Estelinha no dia seguinte.

Nesse meio-tempo, Bernarda passou a mão sobre a testa da menina. Estava ligeiramente quente.

— Aguardemos o médico.

— Mamãe... eu preciso contar...

— Nada por ora, Maria Estela. Estou muito abalada com seu comportamento. Amanhã conversaremos. Eu quero saber tudo o que aconteceu. Eu disse *tudo*, entendeu?

Assim que falou, Bernarda girou nos calcanhares e saiu. Estelinha ficou ali, deitada, sentindo-se a pior das criaturas. Fora violentada no corpo e na alma. Sentia-se destruída por fora e por dentro. Décio fora extremamente violento. Se houvesse leis de proteção à mulher naqueles tempos, seria denunciado e, com certeza, preso. Infelizmente, nem à Justiça Estelinha poderia recorrer. E não se importava se fosse ou não dormir, se teria ou não pesadelos. Naquele momento sentiu vontade de morrer.

No dia seguinte, logo cedo, Yolanda e Teresa bateram à porta. Bernarda tomou um susto assim que as recepcionou.

— Teresa! Por que não me ligou?

— Eu ia ligar, mas fiquei um bom tempo à espera de que Décio se acalmasse. O rapaz estava uma pilha de nervos. Pobrezinho. Nunca antes fora atacado daquela forma.

Yolanda estava possessa.

— Como sua filha foi venal. Seduzir meu filho e, na hora da negativa, arranhá-lo todo? Sua filha é o quê? Uma selvagem?

— Calma — ponderou Bernarda —, vamos conversar.

— Não há o que conversar. Apenas quero que sua filha fique bem longe do Decinho. Bem longe!

— Eu garanto a você — tornou Bernarda — que Maria Estela não vai criar problemas.

— Ele está abaladíssimo. Pediu-me até uma viagem para se refazer desse ataque.

— É o melhor a fazer por agora — ajuntou Teresa. — Essa situação tem de ficar apenas entre nós. Ninguém poderá saber sobre isso.

— Acho bom — concordou Yolanda. — Não quero que fiquem fofocando sobre meu filho e sua... filha — finalizou com desdém. — Já disse o que tinha para dizer.

Yolanda arrumou a bolsa sobre o braço e saiu. Teresa foi logo atrás.

— Vou acalmá-la, Bernarda. Assim que possível, voltarei.

Elas saíram e Bernarda ficou sem ação. O que fazer? Parecia que o mundo estava contra ela. Providenciara um jantar inocente — na cabeça dela — e a filha a obrigara a passar por uma saia-justa daquelas. Era demais. Estava possessa. Subiu e entrou no quarto de Estelinha.

— Agora que os ânimos arrefeceram, posso saber o que aconteceu?

Estelinha começou a chorar. Estava se sentindo mal. Muito mal.

— Não me sinto bem.

— E eu? Não quer saber como me sinto? Yolanda acabou de sair daqui. Disse que o filho está abaladíssimo. — Levou as mãos ao rosto e o cobriu, num pranto sentido. — Não sei mais o que fazer com você, Maria Estela. Juro.

Estelinha sentiu o corpo estremecer e um vazio enorme apossou-se dela. A mãe e a irmã estavam contra ela. Respirou fundo e tentou ser franca:

— Décio me levou até a biblioteca, pretextando pegar um livro emprestado. Não sei o que aconteceu. Só lembro de ele me dar um murro...

— Seu rosto está machucado, sim. Mas Décio disse que foi porque você estava agindo de maneira tão insana que ele precisou empurrá-la. Você caiu e se machucou. Sozinha.

— Não lembro. Eu apaguei. Acordei com a senhora me dando tapinhas no rosto.

— Pois bem. Décio ligou para a casa de Teresa. Estava choramingando, nervoso, petrificado com o que ocorrera.

— Ele abusou de mim.

— Ou foi você que abusou dele?

— Não... não... — Estelinha não conseguia concatenar as ideias.

Tudo estava deveras confuso. Ela tinha certeza de que fora violentada por aquele animal do Décio, mas ninguém queria sequer ouvir o lado dela da história. Só o dele. Como se defender?

— Veja — ela afastou o lençol. Sua camisola tinha sangue. — Ele fez coisas comigo.

— Que coisas? Você não sabe. Disse que passou o tempo todo desmaiada. Quem garante que não esteja mentindo?

— Mas, e isso? — apontou para o sangue. — Não conta?

— Você não tem hábitos de higiene saudáveis. As regras chegaram e nem se deu o trabalho de usar as toalhinhas higiênicas.

— Não é...

Bernarda a cortou de forma seca.

— Você não se emenda mesmo, não, Maria Estela? Eu a proíbo de sair deste quarto. Só vai sair para o banho. A comida, bem, vou mandar servir aqui mesmo.

Bernarda saiu e bateu a porta. Estelinha virou para o lado e abraçou-se ao travesseiro. Sentia-se impotente. As lágrimas escorriam insopitáveis. Ninguém acreditava nela. Enfim, como provar que Décio era o algoz e ela, a vítima?

CAPÍTULO 17

Os dias passaram e, temendo que a notícia se espalhasse, Bernarda achou por bem cancelar a visita de doutor Aguiar.

— Melhor interná-la num hospício — bradou Antonieta.

— Não sei. Aguardemos.

— Aguardemos o quê? Ela já mostrou que não bate bem da cabeça e tenta se passar por vítima. Não a quero no meu casamento, mãe.

— É sua irmã. Não fica bem.

— Não me interessa. Nem que Teresa implore. Não vou permitir que essa vadia estrague o dia mais feliz da minha vida.

— Não fale assim de sua irmã. Tenha modos.

— Modos? Como lidar com uma menina louca e venal, mamãe? Diga-me.

Bernarda nada disse. Concordava com Antonieta. No casamento, inventaria uma boa desculpa para justificar a ausência de Estelinha. Talvez nem notassem a falta dela.

No tempo que se seguiu, Estelinha continuou sendo julgada pela mãe e pela irmã. Logo Antonieta esqueceu-se da irmã e concentrou-se nos preparativos do casamento. Bernarda, por sua vez, tinha Teresa como amiga e confidente. Após o episódio, evitava ir ao clube, não queria encontrar-se com Yolanda.

— Ela me detesta — choramingou para Teresa.

— Não. Ela não a odeia. Sabe que Este... Maria Estela não é normalzinha. Ela a perdoou. Yolanda pode parecer uma mulher fria, mas tem bom coração.

— Estão falando da minha filha como se ela fosse uma meretriz. Dizem que esse jeito bobo dela é só cortina de fumaça para as pessoas não verem a devassa que é.

— Imagine! Quem diria uma barbaridade dessas? Ninguém poderia saber o que aconteceu. Você até proibiu o médico de vê-la para evitar fofocas.

Teresa era ótima em dissimular. É claro que ela espalhara a notícia, contara em detalhes, isto é, de acordo com os próprios detalhes inventados, tudo o que acontecera naquela noite. Distorceu a história e fabricou uma versão em que Estelinha permanecia no quarto trancada não porque era louquinha, mas porque não se segurava quando estava a sós diante de um homem.

Foi um horror. Bernarda fora comprar tecido para aumentar a altura de uma saia. A modista, famosa, tratou-a de forma gélida e, quando foi pagar pelo tecido, percebeu os cochichos e sorrisinhos das atendentes. Saiu dali roxa de vergonha.

— Se não fosse você — tornou, entrelaçando as mãos dela nas de Teresa —, eu estaria no fundo do poço.

— Calma. A fofoca passa. Amanhã surgirá novo escândalo. Logo esquecem esse mau passo da sua filha.

— Ela afirma, categoricamente, que ele fez coisas com ela.

— Como provar? É a palavra dela contra a de Décio. Viu o rosto dele?

— Eu vi. Ficou bem machucado.

— Então. A sorte dele é que o pai tem influência, é benquisto. Arrumou um médico ótimo no exterior. Parece que Décio viajou para tratar o machucado.

— Ainda bem que não vieram mais atrás de mim. Eu estava me sentindo muito mal por tudo o que minha filha causou de desagradável a essa família. Onde já se viu?

Felisberto voltara de viagem uns dias antes desse encontro entre Bernarda e Teresa. Percebera que Estelinha estava bem mais apática do que de costume. Tentou de todas as formas saber o que havia acontecido. Mas era doloroso para ela contar ao pai sobre a fatídica noite. Sentia-se envergonhada. Acima de tudo, a mãe, a irmã e Teresa foram tão categóricas em atirar sobre ela os desastres daquela noite, que Estelinha duvidava da própria sanidade. Será que tudo acontecera como ela sentira ou como os outros atestavam? Quem estava falando a verdade? Era Décio ou era ela? Sua cabecinha andava bem confusa. Por conta disso, decidiu que não se abriria com Felisberto.

Ainda assim, não demorou muito para os sintomas aparecerem. Primeiro foram os enjoos. Em seguida, os seios intumesceram, a barriga deu leve sinal de crescimento. Estelinha podia ser uma mocinha apática, mas não era burra. As transformações em seu corpo só indicavam uma coisa: ela estava grávida.

Como saber ao certo? A quem recorrer? Não podia se abrir com Felisberto. Ele era homem e talvez não entendesse o que com ela se passava. Consultar a mãe sobre aquela situação em particular? Estava fora de questão.

Não demorou muito para Bernarda perceber o que se passava. Foi um susto. Apalpou a barriga de Estelinha, observou o corpo da filha com atenção.

— Vamos ao médico. Imediatamente.

A confirmação da gravidez foi um choque. Ao mesmo tempo, Bernarda teve um lampejo de lucidez. Se a filha estava grávida, era porque Décio tinha mantido relações íntimas com ela. Assim que entraram em casa, Bernarda correu com ela até a sala.

— Por Jesus! — Bernarda estava sem saber o que fazer. — Conte-me tudo, mas absolutamente tudo o que aconteceu naquela noite. Prometo que não vou interferir. Diga apenas a verdade.

Estelinha fechou os olhos e logo as lágrimas desceram. Tentou segurar o choro e falou pausadamente:

— Terminado o jantar, fomos à biblioteca. Ele pediu um romance qualquer. Fui até a prateleira e, quando percebi, ele estava atrás de mim. Disse que íamos casar e... — ela gaguejou.

— E? E o quê?

— Tentei sair. A porta estava trancada. Ele me agarrou e... tudo ficou confuso. Senti uma dor forte no rosto e apaguei. Quando acordei, era a senhora e Antonieta que eu via. Não tenho recordação de mais nada.

— Não pode ser. Você não bebe. Ele não a embebedou. Como pode não ter consciência do que aconteceu?

— Mas não tenho. — Estelinha voltou a choramingar.

— Tão logo Felisberto regresse de viagem, vamos os três marcar uma reunião com a família do Décio.

— Marcar reunião para quê?

— Para acertarmos o casamento. Acha que eu vou manter uma filha nesse estado? Perdeu o juízo de vez?

— Eu não quero me casar com ele.

— É a solução. Se você se recorda ou não do que fez, não me interessa. Agora, manchar o nome de nossa família? Nunca. Eu caso você na marra, nem que seja à força.

Estelinha deitou-se na cama e abraçou-se ao travesseiro. Sentiu-se a criatura mais infeliz da face da Terra. A seu lado, um espírito falava num tom emotivo:

— Pobrezinha. Queria tanto estar no mundo dela e consolá-la, dizer-lhe que tudo vai se resolver. Que em breve ela terá boas pessoas ao seu lado, que realmente se importarão com ela.

— Entendo o que você sente — concordou Deodato. — Veja o lado bom. Está aqui tão somente para enviar a ela energias de equilíbrio e paz.

— Fui muito duro com ela em outras épocas. Em última existência, virei-lhe as costas. Contribuí para seu infortúnio.

— Entretanto, não foi responsável pela morte dela. Você não a matou, simplesmente fez o que sua consciência lhe permitia fazer naquela época. Entendemos que sentiu-se mal depois que desencarnou. E, em nova existência, prometeu dar-lhe a vida.

— Tal resolução fez meu espírito sentir alívio. Ter dado a vida a Estelinha foi gratificante.

— Um dos motivos que o trouxe aqui foi para revê-la e ajudá-la com boas vibrações. Nada de transmitir a Estelinha sensações de aflição.

— Tem razão, Deodato. Ela precisa da minha energia de amor, de paz e tranquilidade. É isso que me propus a fazer.

— Isso mesmo, Eurico — tornou Deodato. — Fechemos os olhos e vamos mentalizar luz no coração de Estelinha. Passemos a ela eflúvios de amor e paz.

Assim fizeram. Os dois espíritos deram-se as mãos e fecharam os olhos. Visualizaram o coração de Estelinha e para ele enviaram as vibrações. Estelinha as sentiu de imediato. Aos poucos, o choro cessou, ela sentiu cansaço e adormeceu.

Deodato solicitou:

— Aproveitemos que ela repousa. Vamos enviar boas vibrações para o espírito que já está ligado a Estelinha.

— Bem pensado, Deodato. Sei da ligação deles e...

Deodato o cortou com amabilidade na voz.

— Nada de pensamentos que possam gerar perturbação.

— Desculpe.

— Vamos vibrar para o espírito que foi agraciado com nova chance de reencarnação.

— Por certo.

Ambos se voltaram para Estelinha. Ela dormia de costas. Deodato esfregou as mãos e delas saíram faíscas de luz que foram absorvidas pelo corpo de Estelinha. Eurico fez o mesmo e logo uma coloração rosada, bem clarinha, cheia de amor, envolvia Estelinha e o bebê. Depois que terminaram de emanar as vibrações, Deodato considerou:

— Pode se aproximar e beijá-la.

— Obrigado.

Eurico aproximou-se de Estelinha e a beijou na testa.

— Confie, porque tudo vai terminar bem, minha querida. Fique com Deus.

Os dois espíritos sorriram e sumiram, deixando no ambiente uma sensação de calma e bem-estar.

CAPÍTULO 18

Felisberto chegou de viagem e Bernarda o esperava na sala. Ele a cumprimentou e, na hora de dar-lhe um beijo no rosto, Bernarda levantou-se impaciente.

— O assunto é grave. Gravíssimo.

— O que foi? — ele logo quis saber. Colocou a maleta sobre o sofá, tirou o paletó. — É algo com Estelinha?

— Só podia ser. Antonieta por acaso me dá trabalho? De modo algum. Já Maria Estela...

— O que aconteceu?

Estelinha apareceu na sala, cumprimentou-o apática. Sentou-se e Bernarda prosseguiu:

— Não nota a diferença?

— Não entendi — ele disse. — Diferença? Onde?

— As transformações no corpo dela.

Felisberto continuou não entendendo. Bernarda explodiu:

— Ela está grávida! Grávida!

— Como?!

— Preciso explicar? — a voz de Bernarda soou irônica. — Quem precisa explicar alguma coisa é essa devassa.

Estelinha levantou-se e abraçou-se a Felisberto.

— Estou com medo, papai. Não sei o que fazer.

Felisberto a abraçou e passou delicadamente a mão sobre os cabelos dela.

— Calma, meu bem. Sente-se. — Ele a trouxe de volta ao sofá. — Conte-me o que aconteceu.

Bernarda começou a falar e ele a interrompeu:

— Pode deixar Estelinha falar? Por favor!

Ela se calou, irritada. Sentou-se, cruzou as pernas e batia o salto no chão, tentando conter o nervosismo. Estelinha limpou as lágrimas e, em seguida, tornou:

— Foi no jantar que mamãe promoveu para recepcionarmos o Décio.

— Que jantar? — Ele mirou Bernarda e ela virou o rosto. — O que aconteceu?

— Ele... ele... — Estelinha estava deveras emotiva. Não queria se lembrar daquela noite. O pouco que vinha à mente a desestabilizava emocionalmente. Agarrou-se a Felisberto. — Ele me violentou.

Felisberto sentiu o sangue subir. Os olhos estavam injetados de fúria.

— Isso não pode ficar assim. Por que não tentou me localizar e me chamar, Bernarda? O assunto é gravíssimo!

— Eu bem disse quando você chegou. Que o assunto era grave.

— Temos de conversar com a família desse... desse pulha! Ele tem de assumir a responsabilidade pelo que fez.

— Não sei. — A voz de Bernarda mantinha um tom glacial.

— Eu precisaria contar toda a história. Sua filhinha tem culpa no cartório. Ao que tudo indica, ela seduziu o rapaz.

— Isso é um absurdo! Como ousa pensar isso de nossa filha?

Bernarda ia dizer "minha filha", mas contemporizou. Não queria arrumar mais confusão.

— Resumindo a história, foi Estelinha quem seduziu o Décio. Não satisfeita, arranhou o rosto, o peito do rapaz. Ela ficou fora de si. Entendo que o melhor seria conversarmos com Yolanda e o marido dela.

— Então vamos conversar.

— Teresa me orientou a...

Felisberto gritou colérico:

— Não quero mais ouvir o nome dessa mulher. Tudo que de ruim nos acontece envolve o nome de Teresa.

Bernarda assustou-se. Felisberto nunca agira daquela forma com ela. Achou melhor manter a calma, mesmo que aparente.

— Vou ligar para a Yolanda. Marcaremos uma reunião.

— Pa... pai — Estelinha balbuciou.

— O que foi, meu bem?

— Eu não quero me casar com Décio. Não gosto dele. Por favor, não faça eu me casar com ele. Prefiro ser mãe solteira e enfrentar a sociedade a me casar com aquele monstro, cafajeste.

Felisberto a abraçou mais forte.

— Vamos resolver da melhor maneira, meu bem. Não se preocupe por ora.

— Acha que isso é possível? — Bernarda não conseguiu se conter. — Quer ser mãe solteira. Mãe solteira! Eu mereço esse desgosto? A sociedade inteira nos achincalhando? Já não basta o que falam do comportamento dela? Agora vão me coroar a pior mãe do mundo. Não posso admitir.

— Pensando apenas na sua reputação, não é mesmo? — Felisberto mal podia acreditar no que ouvira.

— É o que conta. Em sociedade, a reputação é tudo. Não vou ficar falada ou ter a reputação manchada por conta desse mau passo. Maria Estela não tem vontades, tem deveres. Ela vai se casar, sim. Nem que eu a arraste igreja adentro.

Felisberto meneou a cabeça para os lados. Não adiantava discutir com Bernarda. Quando ela punha uma ideia na cabeça, ninguém a tirava. Ele enlaçou Estelinha pela cintura.

— Vamos subir. Papai lhe trouxe um monte de pacotinhos de figurinhas. E também um presente pelo seu aniversário, atrasado.

— Não teve festa, não teve nada — sentenciou Bernarda. — Maria Estela ganhou um belo presente de aniversário — apontou para a barriga da filha. — Chega de desgosto.

No quarto, Felisberto pediu para a filha lhe contar tudo o que acontecera. Estelinha fez força e, mesmo chorando de vez em quando, contou tudinho. Terminada a conversa, Felisberto não se conteve:

— Esse rapaz merece ir para a cadeia.

— Mamãe e Antonieta não acreditam em mim. Dizem que minto quando afirmo que não me lembro de como tudo ocorreu. Antonieta não fala mais comigo e disse que não vai permitir que eu vá ao casamento. Disse que sou a vergonha da família.

— Não, querida. Você não é nenhuma vergonha. — Ele a abraçou novamente e confidenciou: — Concordo que você não pode se casar com esse patife.

— Ele é mau. Não gosto dele.

— Sabe que vai ter de enfrentar muitos dedos acusadores. Vão tachá-la de tudo o que for nome.

— Eu sei. Mas, com você ao meu lado, eu me sinto forte para enfrentar a situação.

Ele a beijou na testa.

— Agora descanse. Precisa repousar.

— Sim. Tenho conseguido dormir melhor. Faz um tempo que não tenho sonhos ou pesadelos.

— Que bom.

Ele se despediu e desceu. Encontrou Bernarda sentada na poltrona, batendo o salto.

— E então? — ela quis saber. — Convenceu a filhinha amada a ter juízo e aceitar o casamento?

— Não é bem assim. De acordo com o que Estelinha me relatou, o rapaz é um crápula. Merece a prisão, no mínimo.

Ela riu alto.

— Mais um que caiu na conversa fiada dela. Maria Estela inventa. Sempre foi de contar mentiras.

— Não me recordo disso. Não me lembro de ela ser mentirosa.

— O fato é que marquei de ir à casa de Yolanda para tratarmos do casamento. Se quiser vir, esteja à vontade.

— Não. Eu confio e acredito na minha Estelinha. Se ela não quer casamento, não haverá casamento. Ponto final.

— Quem dá a palavra final sou eu, a mãe dela. Você é apenas o padrasto. Quantas vezes tenho de repetir?

— Você me desaponta a cada dia que passa, Bernarda.

— Você já gastou toda a minha cota de desapontamento. Estou por aqui com você — ela fez um sinal passando a mão na testa. — Sou eu ainda quem decide o melhor para minha filha.

Bernarda levantou-se de maneira rápida e esbarrou no braço de Felisberto de propósito. Ele mexeu a cabeça para os lados. Se não fosse Estelinha, ele já teria pedido o desquite. Há muito tempo.

CAPÍTULO 19

Bernarda não queria ir sozinha à casa de Yolanda. Chamou Teresa, que prontificou-se, obviamente, a acompanhá-la. A conversa foi fria e Yolanda não teve um pingo de compaixão.

— Sabemos como Decinho ficou. Teve de consultar um dos melhores especialistas da Inglaterra para não ficar com o rosto cheio de cicatrizes.

— Não vamos exagerar, Yolanda. Foram alguns arranhões.

— Graças à sua filha. Mas qual o assunto? O que é tão urgente?

Bernarda sentia-se desconfortável, mas sentiu forças para falar:

— Maria Estela está grávida.

Yolanda mantinha o tom glacial na voz.

— E eu com isso?

— Ela e Décio, bem...

Yolanda não se conteve:

— Meu filho pode ter um comportamento estouvado, disso eu sei. Às vezes beira a irresponsabilidade, mas é jovem. Os jovens têm direito a cometer algumas inconsequências. Agora, vir até minha casa e afirmar que sua filha está grávida do meu Decinho? Isso beira a insensatez.

— Eu só queria que você soubesse. Além do mais, gostaria de conversar com Décio.

— Impossível. Ele viajou para, justamente, cuidar do estrago que sua filha fez no rosto dele. Não tem data de retorno.

— E se meu marido e o seu conversassem...

Yolanda a cortou com extrema secura.

— Não tenho nada contra você, Bernarda. Nossas famílias são conhecidas de muito tempo. Mas não vou permitir que meu filho estrague o futuro dele casando-se com uma doidivanas feito sua filha. Décio merece coisa melhor. Infelizmente, sou franca e essa é a mais pura verdade. O melhor que podemos fazer é pensar, por exemplo, num aborto.

A ideia já tinha passado pela cabeça de Bernarda. O seu lado católico era bem mais resistente à ideia. Ela não podia permitir que isso acontecesse, muito mais pela religião. Se dependesse única e exclusivamente dela, já teria feito a filha arrancar o feto.

Teresa tomou a palavra:

— Pensamos nessa possibilidade, Yolanda. No entanto, a família de Bernarda tem ligações com o cardeal Mota. Enfim, é assunto muito delicado.

— Isso não é problema meu. Além do mais, quem garante que o filho seja de Decinho? Pelo que escuto por aí, parece que sua filha tem grande apetite sexual.

Bernarda corou. Depois ficou branca como cera. Nunca fora humilhada assim. Saiu dali cabisbaixa, uma lágrima teimando em descer pelo canto do olho.

Cabe salientar que Yolanda bem sabia que Décio, com certeza, engravidara Estelinha. Não era nenhuma novidade. Ela e o marido já haviam acobertado inúmeras estripulias e loucuras do filho. Duas moças já haviam abortado — claro que receberam boa quantia para ficarem de bico calado. Ela jamais permitiria que Décio se casasse justamente com a doidinha da sociedade, alcunha que alguns creditavam a Estelinha.

Quando Décio tinha chegado a casa com o rosto todo arranhado, ela desconfiou:

— Quem foi dessa vez?

— Não foi nada, mamãe.

— Eu o gerei, Decinho. Pode confiar na mamãe. Com quem se envolveu dessa vez?

Ele abaixou a cabeça e disse baixinho:

— Estelinha.

Yolanda arregalou os olhos.

— Deitou-se com a filha louca da Bernarda? Não posso crer.

— Desculpe, mãe. Foi mais forte que eu.

— Precisa controlar melhor seus impulsos! Onde já se viu?

— Eu sei. Mas, na festa da Antonieta, ela me deu um tapa na cara, assim, de repente — ele mentiu.

— Essa menina não tem freio. Aposto que de louca não tem nada.

— Não, mãe. Ela é danadinha. Jogou-se sobre mim, seduziu-me. Eu sou homem. Não resisti.

Ela o observou. Conhecia o filho e sabia que ele havia feito besteira. Comentou:

— Bom, melhor seu pai nem ter conhecimento disso. Sabe como ele fica quando acontecem essas coisas.

— Não quero que papai saiba de nada. — Ele odiava quando o pai ficava a par das suas estripulias. As feições de Evaristo apenas lhe demonstravam repulsa. Sentia-se mal na presença do pai. Mordiscou os lábios e quis saber: — Acha que devo viajar, de novo?

Yolanda fez sim com a cabeça.

— Para o seu bem. E para o meu. Não quero mães desesperadas e filhas arrasadas batendo à minha porta. Sabe que não tolero cenas.

— Posso ir para...

Ela o cortou, com secura na voz:

— Eu decido para onde você vai. O dinheiro é meu.

— Não precisa atirar na minha cara. E, de mais a mais, a minha avó me deixou uma boa quantia no banco. E imóveis.

— Só vai pôr as mãos no dinheiro depois dos trinta anos. Ainda falta um bom tempo. Quanto aos imóveis, só poderá deles se beneficiar quando eu morrer. Esqueceu-se do usufruto?

— Podemos repensar o valor da mesada.

— Vou pensar no seu caso — Yolanda tornou, sem muita vontade. Em seguida sentenciou: — Poderá ir para Londres. Ficará na casa de sua prima. Poderá passar uma temporada, melhorar seu inglês.

— Não gosto dela.

— Problema seu. Goste ou não goste, vai para Londres e vai se hospedar na casa de sua prima. Vou enviar um telegrama avisando.

— Pode ser.

— Por favor, Décio, coloque um pouco de juízo nessa cabeça oca. Por que eu tenho sempre de acobertar seus erros? Estou farta.

Ele sentiu-se humilhado. Yolanda o tratava como se fosse um estorvo.

— E se a família dela aparecer aqui para nos confrontar? — quis saber.

— Será a sua palavra contra a dela. Por isso, a fim de evitarmos dissabores, é melhor você partir o quanto antes.

— Está bem, mãe. Pode avisar a prima e providenciar a passagem. Pegarei o primeiro vapor que partir para a Europa.

Ele afastou-se para se limpar. Os cortes eram bem superficiais, já que ele próprio havia se cortado. Quando dirigia-se para a escada, Yolanda indagou:

— Acha que ela... bem...

— Grávida? — Ela assentiu. — Não sei, mãe. Juro que não sei. Mas, se isso vier a ocorrer, já sabe o que tem de fazer.

Yolanda fez sim com a cabeça. Era capaz de tudo para manter o bom nome da família. Tudo.

Sentadas na Confeitaria Vienense, enquanto esperavam pelo chá, Bernarda revelou:

— Se não fosse você a meu lado, não sei como suportaria tanta vergonha.

— Não deve sentir vergonha, Bernarda. A culpada disso tudo é Maria Estela. Ela desgraçou o nome da família.

— Tem razão. Mas eu sou a mãe dela. Sou responsável...

— Por uma menina que sempre viveu no mundo da lua? Ora, Bernarda, você é excelente mãe. Veja como educou muito bem Alfredo e Antonieta. Não deve se queixar.

— Mas Estelinha...

— Ela foi um acidente com cujo prejuízo você teve de arcar. Paciência. Toda família carrega um fardo. O seu tem nome e sobrenome.

Bernarda concordou com a cabeça. Teresa emendou:

— Muito boa a ideia de impedir Maria Estela de ir ao casamento. Seria outro escândalo. Maria Estela tiraria a atenção da noiva.

— Acha mesmo?

— Claro! Imagine uma filha nesse estado? E ainda por cima solteira?

— Uma vergonha imensa.

— Não acredito que a família de Décio vá tomar atitude favorável ao enlace. Você não tem como exigir nada.

— Eu sei. Sinto-me impotente. Até pensei numa loucura.

— Conheço um médico muito bom. Ele resolve esses problemas.

— Minha religião não permite, Teresa. Estaria cometendo pecado mortal.

Bernarda não percebeu Teresa revirar os olhos. Ela desejava, de fato, que Estelinha levasse a gravidez a termo. Fazia cenas para Bernarda confiar cada vez mais nela.

— Apenas lhe fiz uma sugestão. Quero dizer que pode contar comigo para o que precisar. No caso de Estelinha levar a gravidez adiante, como vai ser? O que pretende?

— Em casa ela não pode ficar. Não vou permitir que a barriga dela cresça diante dos meus olhos e dos empregados. Eles vão comentar, o assunto da gravidez vai se espalhar. Já carrego a pecha de ter uma filha doidinha e devassa, não posso carregar o peso de ter uma filha grávida e solteira.

— Podemos enviá-la para algum lugar distante.

— Como assim?

— Podemos enviar Estelinha para um convento, por exemplo. Ela poderá ter a criança bem longe de nossos olhos e retornar como se tivesse passado uma temporada estudando fora.

— Não é má ideia. Só que Felisberto não vai concordar.

— Ele não é o pai dela — enfatizou Teresa. — Quantas vezes tenho de lhe dizer que é você quem toma as rédeas da vida dela? Felisberto é somente um... companheiro.

— Gostava dele quando o conheci. Aliás, foi ideia sua que eu me casasse com ele.

— Foi. Você andava fragilizada com a morte do Eurico. Achei que Felisberto fosse um bom partido. Infelizmente, o tempo mostrou que eu errei.

— Ele não me ouve. Só tem ouvidos para Estelinha.

— Mais um motivo para mantê-la longe de casa durante essa fase.

Bernarda nada disse. Deixou-se servir pelo garçom enquanto em sua cabeça passava um monte de coisas. A ideia de levar a filha para longe não era ruim. Poderia, na verdade, ser a solução para os seus problemas.

CAPÍTULO 20

A ideia de ir para um convento aterrorizou Estelinha.

— Não gosto de padres! A senhora bem sabe.

— Não se trata de padres. São freiras. E madres.

— Também não gosto. — Estelinha sentiu um frio na barriga. — Não vou para um convento. Pode me enviar para qualquer lugar, menos para um lugar desses.

— Você não tem querer.

— Fiz dezoito anos. Sou dona de mim.

Bernarda bateu palmas e gargalhou:

— É mesmo? Dona de si? Se eu a expulsar de casa, vai viver de quê?

— Eu me viro.

— E essa barriga? Quando ela crescer, vai trabalhar onde? Quem vai querer uma menina grávida? Acorda, Maria Estela. Você não tem saída.

— Posso ir para outro lugar. Podemos conversar com tia Angelina. Tenho certeza de que ela poderá me ajudar.

— Mal conhece Angelina. Eu não tenho afeição por ela. E jamais iria me rebaixar para lhe pedir um favor. Onde já se viu? Pedir abrigo para alguém que não faz parte do nosso convívio?

— Alfredo mora na casa dela. Ele poderá me ajudar.

— Nem pense nisso! Não coloque seu irmão no meio de sua confusão.

— Eu apenas quero ter meu filho. — Estelinha passou instintivamente a mão na barriga. — É um direito que tenho.

— Negativo. Vai ter essa criança num convento. Depois vai deixá-la para adoção.

— Nunca!

— Eu decido. E está decidido. Ou sou capaz de interná-la num sanatório.

Estelinha arregalou os olhos.

— Não seria capaz de uma atrocidade dessas.

— Não? Pois me desafie, garota. Você não sabe do que sou capaz.

Estelinha virou com rapidez e correu para o quarto. Trancou-se lá e deixou que as lágrimas escorressem livremente, lavando seu rosto.

— Não quero ir para um convento — disse para si, enquanto imagens do sonho vinham fortes à mente. — Não vou.

Naquela mesma hora, numa das salas da Federação, no Rio, Angelina ouvia interessante palestra. O convidado falava sobre os acertos previamente feitos antes do reencarne. Afirmava que, por necessidade, nosso inconsciente absorve muitas das questões a que nos submetemos passar, até porque o esquecimento, de fato, acaba por se tornar uma bênção para o espírito. Imagine um filho saber que seu pai lhe tirara a vida numa encarnação passada? Tendo consciência plena disso, será que o convívio entre ambos seria bom? Haveria ali alguma chance para o perdão? O assunto era bastante instigante, a ponto de levar o auditório à reflexão.

Terminada a palestra, as pessoas foram convidadas a tomar passe. Angelina levantou-se e caminhou ao lado de Claudete, amiga e colega de trabalho.

Em silêncio, ambas se dirigiram a uma salinha, sentaram em cadeiras dispostas uma atrás da outra. Logo os trabalhadores da casa começaram a fazer movimentos delicados com as mãos a certa distância da cabeça e dos braços de quem estava sentado. Terminavam o passe com a mão levemente apontada para a região cardíaca. Muitos saíam de lá sentindo enorme bem-estar. Claro que havia, nesse trabalho, a ajuda dos amigos espirituais. Eram eles que irradiavam as energias revigorantes que passavam pelas mãos dos médiuns ali presentes.

Angelina foi à livraria à procura de romances. Comprou um, pagou e, assim que saiu do Centro, Claudete perguntou:

— Tem notícias de sua sobrinha?

Angelina foi tomada pela surpresa.

— Quando estava na sala de passes, Estelinha me veio à mente. Pensei nela com tanto amor.

— Ela precisa.

— Por que diz isso?

— Intuição.

Claudete tinha ótima sensibilidade. Médium desde adolescente, abraçara a doutrina espírita e por meio dela aprendera que as visões e sensações que tinha nada mais eram do que manifestações espirituais, que nada de errado havia com ela, como a família, certa feita, supusera. Desde muito cedo, Claudete percebia os espíritos ao redor. Aprendera a lidar com a mediunidade. Educara-a para relacionar-se bem com as intercorrências entre o mundo espiritual e físico. Quando notava a presença de algum espírito perturbado, procurava mentalmente conversar com ele e encaminhá-lo para tratamento. Era assessorada por nobres espíritos cujo objetivo era promover o bem-estar das pessoas.

Angelina foi categórica:

— Se eu pensei e você acabou de perguntar por ela, é sinal de que algo não está bem.

— É. Eu a sinto muito triste, desesperançosa da vida.

Nesse momento, Deodato surgiu e tocou levemente a testa de Claudete. Ela ponderou:

— Há uma presença espiritual entre nós. Afirma que precisamos ajudar Estelinha.

— Como fazer? Eu e Bernarda, mãe dela, não temos amizade. Aliás, quando estive na festa de Antonieta, fui convidada a me retirar. Tirando o fato de ter conhecido Estelinha, a permanência naquela casa não foi das mais agradáveis.

Deodato continuava intuindo Claudete. Ela tornou:

— Isso pouco importa. A mãe está insegura e não sabe o que fazer. Trata-se de questão delicada. O espírito que aqui se apresenta apenas sinaliza que devemos ir ao encontro de Estelinha.

Angelina mordiscou os lábios, pensativa. Em seguida, disse:

— Podemos conversar com Alfredo. Ele tem abertura para esses assuntos espirituais. Poderá nos ajudar.

— Sim — concordou Claudete. — Vamos conversar com seu sobrinho. Ele nos será de grande utilidade para ajudarmos sua sobrinha.

CAPÍTULO 21

Assim que entrou em casa, Angelina encontrou o sobrinho e Dirce na cozinha. Dirce abriu largo sorriso:

— Chegou bem na hora do cafezinho. Acabei de coar.

— Ela também fez um bolo delicioso, tia. De fubá. Do jeito que você gosta.

Angelina sentiu a boca salivar.

— Que bom! Adoro bolo de fubá. Estava mesmo pensando em fazer um lanchinho. Olha quem eu trouxe a tiracolo.

Claudete apareceu e Alfredo foi cumprimentá-la.

— É um prazer revê-la, tia Claudete — brincou.

Antes de ela se pronunciar, Angelina fez beicinho:

— Falando assim, eu fico com ciúmes.

— Vocês são a minha grande família. Na verdade, tia Angelina, embora não tenha idade para tanto, eu a considero uma mãe.

Ela emocionou-se.

— Também o considero um filho querido. Você, Dirce, Estelinha...

Enquanto Claudete ajudava Dirce a preparar a mesa para o lanche, Alfredo indagou:

— Estão com aspecto bem jovial. Acabaram de tomar um passe, aposto.

— Sim — respondeu Claudete. — Estivemos na Federação, assistimos a uma palestra interessante que nos levou à reflexão. Tomamos um passe; precisamos conversar com você sobre sua irmã.

Angelina interveio:

— É sobre Estelinha. Sentimos uma presença espiritual, uma presença amiga, claro. A entidade pediu que entrássemos em contato com sua irmã.

— Podemos ligar — sugeriu Alfredo.

— Não. Ela precisa de nossa ajuda. Não sei ao certo o porquê desse pedido, mas eu e Claudete acreditamos que Estelinha esteja precisando de uma mão amiga.

Alfredo sentiu leve aperto no peito.

— Será que ela está doente? Sempre foi fraquinha, tem insônia desde os treze anos, pobrezinha.

— Não acredito que seja isso — ajuntou Claudete. — Parece-me que é outra coisa. O espírito nada me revelou, até porque há sempre respeito e ética sobre as questões que fragilizam as pessoas. Apenas recebemos a sugestão, se assim posso dizer, de que precisamos ir ao encontro de sua irmã.

— Mamãe já se indispôs com tia Angelina.

— Você pode ir com ela a São Paulo — sugeriu Dirce.

— Não haverá um feriado na sexta-feira?

— É. Queria programar um passeio com a Dirce, no entanto...

Ela o cortou com doçura na voz:

— Meu amor, adoraria passar o dia todo a seu lado, irmos à praia, contudo, precisamos ajudar sua irmã. E vamos trazê-la para cá.

Angelina e Claudete se entreolharam. Dirce tinha excelente conhecimento espiritual, porquanto tinha ligações ancestrais com correntes religiosas afrodescendentes. Como crescera em Neves, bairro de São Gonçalo, frequentava vez ou outra a Tenda Espírita Nossa Senhora da Piedade, presidida por Zelio Fernandino de Moraes, o fundador da umbanda. Ela não era propriamente uma umbandista, visto que frequentava a Federação e, vez ou outra, ligava-se a espíritos pertencentes a outras congregações religiosas. Sua família, na verdade um tio, irmão de seu pai, fundara um terreiro com a finalidade de ajudar quem necessitasse de auxílio espiritual. Os médiuns podiam manifestar livremente a espiritualidade e orientar as pessoas que ali chegassem a uma vida menos sofrida, trazendo ânimo e força para enfrentarem os desafios relativos à jornada terrena.

Os três permaneceram silenciosos. Sabiam que Dirce estava intuída. Os olhos dela ficavam mais vivos, brilhantes e ela sempre mirava um ponto indefinido. Na sequência, ela esclareceu:

— Estelinha tem sofrido assédio de espíritos menos esclarecidos desde os treze anos de idade. Houve um trabalho de magia fortíssimo endereçado a ela naquela época. A bem da verdade, ela sofre de assédio espiritual desde bebezinha, entretanto, foi protegida para que nada de mal pudesse lhe acontecer. Quando deixou de ser criança e passou a ser mocinha, a proteção foi diminuída porque, nessa idade, geralmente, o espírito começa a lidar com as questões mal resolvidas de outras existências. É a hora em que os desafios se fazem presentes. Quem fez o trabalho, sabendo dessas modificações da idade, intensificou-o a ponto de atrapalhar seu sono.

O silêncio era absoluto. Os três a escutavam com atenção. Dirce prosseguiu:

— Há ajuda espiritual, entretanto, ela está bastante fragilizada e precisa do apoio de amigos encarnados, no caso vocês, para ajudá-la a enfrentar com dignidade e força essa nova fase. Eu e meus amigos caboclos vamos tentar acabar com esse, digamos, feitiço que sobre ela recaiu. No mais, a paz esteja convosco. Continuemos firmes no propósito do bem. Salve!

Dirce suspirou e perguntou:

— Querem manteiga para acompanhar o bolo?

Alfredo tomou a palavra:

— Você incorporou! Trouxe-nos uma mensagem.

— É? Eu percebo quando uma entidade pede passagem, mas eu não me recordo bem o que falam através de mim. Pouca coisa fica registrada. Enquanto falava, Estelinha aparecia em minha mente. Embora não a conheça, sinto-a perdida e triste, muito triste.

— Eu vi o espírito — interveio Claudete. — Era um homem alto, forte. Simpático.

— Eu apenas sinto o ambiente leve e sereno — disse Angelina.

— Os amigos espirituais têm a capacidade de limpar e higienizar o ambiente. Fico feliz que tenham nos proporcionado tamanho bem-estar. Isso também se deve ao fato de que devemos agir com calma. Sem atropelos. Creio que o melhor é que você e sua tia viajem até São Paulo e tragam Estelinha para cá — pediu Dirce.

— Mamãe não vai deixar — tornou Alfredo. — Ela dirige a vida da Estelinha.

— Ela é maior de idade — lembrou Angelina. — Algo me diz que Felisberto vai nos ajudar.

— Ele se preocupa com Estelinha. Poderá ser um aliado.

Assim que se serviu de bolo e café, Angelina sentenciou:

— Vamos viajar na sexta-feira. Eu e você, Alfredo.

— Sim, titia.

— Eu e Claudete podemos permanecer juntas e orar para que tudo corra da melhor forma possível.

— Isso mesmo — ajuntou Claudete. — Vamos formar um grande círculo de orações para que tudo se resolva a contento.

Bernarda andava de um lado a outro da sala. Sentia-se insegura e sem saber o que fazer.

— Já conversei com uma conhecida que tem parentes em Botucatu. O convento poderá aceitar Estelinha — disse Teresa.

— Fico com medo. Ela tem comportamento estranho. Receio deixá-la sozinha num lugar que não lhe é familiar. Vale lembrar que ela não gosta de padres. Ou freiras.

— Estelinha não tem condições de achar que gosta disso ou daquilo. Já não batia bem da cabeça, agora, neste estado, então, não sei...

— Não gosto quando fala de Maria Estela nesse tom.

— Que tom? Só quero ajudar, Bernarda.

— Preciso ter uma conversa séria com Felisberto. Não posso tomar uma atitude dessas sem o consentimento dele.

— Isso é que não! — protestou Teresa. Bernarda percebeu o tom agressivo, mas Teresa logo aquiesceu, mudando o jeito de falar: — Desculpe-me. É que me preocupo com o seu bem-estar. Está a ponto de sofrer um ataque de nervos. É muita responsabilidade ter de lidar com assunto tão delicado. Além disso, há os boatos, o que as pessoas têm falado sobre você, enfim, eu só gostaria que você resolvesse logo a questão. E sobre Felisberto, bem, ele não é o pai dela. Não tem autoridade sobre ela.

Felisberto havia chegado de viagem naquele momento. Escutou o fim da conversa. Sem cumprimentar a esposa, dirigiu-se colérico até Teresa:

— Estou farto de você se intrometer nos assuntos da nossa família. Eu disse *nossa*, ouviu bem? — Teresa recuou e ele prosseguiu: — Eu sou o pai dela, sim. Agora, por favor, retire-se. Não preciso lhe mostrar a saída, preciso?

Teresa engoliu em seco. Queria avançar sobre Felisberto e arranhar-lhe as faces. Estava possessa. Como ele ousara falar com ela daquele modo tão grosseiro? Ela queria ajudar e ele a chutava para fora da casa. Respirou fundo e, conforme se dirigia à porta, bufou:

— Sabe onde me encontrar, Bernarda. Mesmo sendo destratada de forma tão acintosa, eu continuo sendo sua amiga. Perdoo o Felisberto. Afinal, imagino o que seja carregar o peso de ter uma filha histérica e grávida.

Felisberto ia abrir a boca para revidar, porém Bernarda puxou o braço dele.

— Não crie mais confusão, Felisberto. Precisamos resolver o que faremos com Maria Estela.

Depois que Teresa se foi, ele desfez o nó da gravata e sentou-se, aturdido.

— Como pode manter amizade com uma mulher tão asquerosa?

— Meça suas palavras.

— Que outra palavra posso usar para descrever essa criatura? Essa mulher não é de confiança.

— É uma amiga de infância. Acompanhou-me por toda a vida. Ela me conhece até melhor que você.

— Disso não tenho a menor dúvida. Teresa está sempre metida na sua vida, nas suas coisas. Só falta ela dormir conosco!

Bernarda levou a mão à boca.

— Que horror! Como pode ter um pensamento tão aviltante?

— Está vendo? Estamos discutindo por causa dela.

— Não era para chegar de viagem. O que aconteceu?

— Amanhã será feriado. Resolvi chegar um dia antes para ficar mais tempo com Estelinha. Aliás, precisamos decidir como ela vai levar a gravidez.

— Como assim?

— Penso no bem-estar dela. E da criança. Meu amigo Jorge tem uma casa de campo em Petrópolis. É para lá que pretendo levar Estelinha. Se ela concordar, é claro.

— Você falou do problema dela para seu amigo?

— Fique tranquila porque ele não vai sair por aí falando da gravidez de Estelinha. Coisa que sua amiga já deve ter feito.

— Imagine! Teresa pode ser muita coisa, mas não é fofoqueira.

— Pois bem. Se quer continuar cega, pois que fique. Vou conversar com Estelinha.

— Espere. Eu tenho uma solução melhor do que Petrópolis.

— Qual é?

— Bem... — Bernarda baixou os olhos e passou a revirar as mãos. — Há um convento na região de Botucatu que recebe meninas nesse estado. Creio que um convento seja um bom local para Maria Estela repousar.

— E depois?

— Depois o quê?

— Ora, Bernarda. Você pode ser tudo, mas burra é que não é.

— Felisberto!

— Isso mesmo. Vai levar Estelinha para um convento, e depois? Ela sairá de lá com a criança? Claro que não.

— Não temos condições de cuidar de uma criança sem pai. Isso eu não vou permitir.

— Perguntou a Estelinha o que ela deseja?

— Ela não tem condições de responder.

— Como não? Você sempre acha que sua filha não tem juízo. Mas ela tem. Estelinha é uma pessoa, é humana, tem sentimentos. Pode estar se sentindo fragilizada, pode ter lá um jeito diferente de viver, mas é uma pessoa. Precisa de nosso respeito e apoio. Somos pais dela, ora! — Bernarda ia falar que ele não era o pai. Felisberto levantou o dedo e quase o encostou no nariz dela: — Nem se atreva a dizer o que tem jogado na minha cara a vida toda. Ela é e sempre será minha filha, você concordando, ou não.

Ele rodou nos calcanhares e subiu a escada. Queria encontrar sua filha. Sua filha!

CAPÍTULO 22

Ao entrar no quarto, Felisberto encontrou Estelinha colando figurinhas num álbum. Ela o viu e levantou-se rapidamente:

— Oh, papai! Estava morrendo de saudades.

— Como você está, minha pequena? — quis saber, enquanto a abraçava e beijava.

— Meio enjoada. Tem dias que fico bem, outros nem tanto.

— E o sono?

— Tenho dormido melhor. Tive um sonho diferente.

— É mesmo? Conte-me.

— Não lembro direito. Era um homem alto, forte. Ele sorriu para mim e disse que eu não teria mais problemas com o sono.

— Verdade? — Ela fez sim com a cabeça. — O que mais ele disse?

— Acho que foi algo como... tudo vai se resolver. Que eu precisava ser forte.

— Que mais?

— Mais nada. Acordei tão bem. Fazia muito, mas muito tempo que não acordava tão bem.

— Fico feliz em saber.

— Eu também, papai.

Felisberto caminhou com ela até a cama. Sentaram-se. Enquanto alisava seus cabelos, perguntou:

— Preciso que seja sincera.

— Pois certo. O que é?

— Sobre a criança. O que você quer?

Ela corou e levou as mãos ao rosto.

— Desculpe, papai. Eu o envergonhei. Não queria. Nem sei como tudo aconteceu. Perdoe-me.

— Imagina! Não tem que pedir perdão a ninguém, tampouco a mim. Sou seu pai e a amo. Sabe que, se pudesse, teria ido à delegacia, teria obrigado aquele infeliz a casar-se com você.

— Não! Isso é que não! Não quero saber de Décio. Nunca, papai.

— Eu sei, meu bem. Por isso preciso saber: o que pretende?

— Andei pensando bastante. Eu quero ter essa criança.

— Fico feliz com sua resposta. Eu também gostaria muito de ter um netinho. — Eles se abraçaram emocionados e ele continuou: — Vou ajudá-la.

— Creio que mamãe não pense assim. Outro dia ouvi ela conversando com Teresa sobre me levar a um convento. Confesso que suei frio. Faço qualquer coisa, papai, mas nunca iria para um convento.

— Não precisa. Conversei com um amigo meu, o Jorge.

— Que mora no Rio?

— Esse mesmo. Falei sobre você e ele me ofereceu a casa de campo dele, em Petrópolis. O que acha?

— Ir para o campo?

— Sim. Eu poderia contratar uma empregada e uma enfermeira para acompanhá-la na gravidez.

— Você iria me visitar?

— Claro!

Ela entristeceu-se.

— Não sei. A ideia é agradável, mas ficar longe de você...

— Não é nada definitivo. Pense.

— Prometo que vou pensar com carinho.

Assim que o navio aportou no porto de Londres, Décio sentiu tremendo alívio.

— Agora, sim. Estou livre daquela encrenca.

Sérgio, um amigo que viajara junto com Décio, bateu de leve em seu ombro e Décio comentou:

— Bem-vindo à verdadeira civilização.

— Fazia anos que não vinha para cá. A última vez foi antes da guerra. A cidade ainda não se recuperou dos estragos.

— É verdade. Só que a guerra acabou há mais de cinco anos. São novos tempos. Não sou de ficar preso ao passado.

— Você sumiu lá do clube. O que aconteceu? Qual foi a encrenca desta vez? Passou a viagem toda paquerando...

Décio riu.

— Você não me conhece direito, Sérgio. Eu arrumo as encrencas e depois me livro delas assim — fez um estalo com os dedos.

— Sempre ouvi comentários a seu respeito. Não eram os melhores.

— E por que virou meu amigo?

— Porque você, no fundo, é um bom rapaz. Seu pai sempre quis que você fosse como ele, um funcionário do alto escalão do governo. Você é mais solto. Para provar a seu pai que pode ser diferente do que ele sempre desejou, pratica essas ações. Ninguém é rebelde por acaso.

Décio afastou-se, balançando a cabeça:

— Não. Não é nada disso.

— Como não? Por que atormenta mocinhas indefesas? Para mostrar que você é o forte, que você é quem manda. É o que dá a última palavra. — Décio estava boquiaberto. Sérgio desnudava sua intimidade. Ele continuou: — Infelizmente, ou felizmente, toda ação gera uma reação. Se você pratica atos desagradáveis, que possam ferir física ou emocionalmente uma pessoa, eles voltarão a você da mesma forma. Ou seja: se praticar uma boa ação, retornará a você algo de bom; caso pratique um ato desprezível, retornará a você algo desagradável.

— Acho tudo isso uma grande bobagem. Eu sempre fiz o que fiz e nunca nada me aconteceu. De ruim, por exemplo. Eu sempre me dei bem.

— Acha que livrar-se de encrencas seja o suficiente? Não tem consciência de que às vezes se comporta como uma pessoa agressiva?

Décio deu de ombros.

— Não estou nem aí para nada disso. Aliás, se for para me dar lições de moral, melhor ficar afastado. Não preciso de um sabe-tudo colado em mim.

— Sou seu amigo — disse Sérgio com benevolência. — Apenas um amigo que quer o seu bem. Entretanto, se é o que deseja, eu não falarei mais nada.

Quietos, tomaram um táxi com destino ao hotel. Dali a alguns dias, Décio iria hospedar-se na casa de uma prima de seu pai. Sérgio ficaria hospedado no hotel, por ora. Viera a Londres para um curso de línguas promovido pela empresa na qual trabalhava. Era um bom sujeito. De família religiosa, sua vida era permeada pelos ensinamentos cristãos. Afeiçoara-se a Décio, até porque só ouvia comentários negativos a respeito dele. Achava que Décio precisava de boas amizades, mais nada. Os amigos, a bem da verdade, grudavam em Décio porque ele sempre assumia a culpa, até mesmo quando ele próprio não havia iniciado a confusão.

Ao chegarem ao hotel, preencheram as fichas e foram encaminhados para os respectivos quartos. Sérgio entrou, observou o cômodo, colocou a mala sobre uma mesinha. Sentou-se numa cadeira, fechou os olhos e orou. Por ele e por Décio.

CAPÍTULO 23

Fazia frio na manhã em que Angelina e Alfredo chegaram a São Paulo. Tomaram um táxi. O motorista, simpático, após colocar as malas no bagageiro, perguntou:

— Vão para onde?

Alfredo explicou e ele sorriu:

— É continuação da Avenida Paulista. Sei onde fica.

Assim que desceram do táxi, Alfredo pegou as malas e pagou o motorista. Abriram o portão de ferro e, no jardim, Alfredo observou:

— A casa é linda, não, tia?

— Sim. Um primor.

— Foi presente de casamento do meu avô materno. Aqui era uma várzea. Lotearam e vovô comprou alguns lotes. Acreditava que aqui nasceria um ótimo bairro.

— Seu avô tinha faro para os negócios. Hoje essa área toda é valorizada.

— Não sei ao certo. Se morássemos na rua de trás, creio que a casa valeria mais. Veja — ele apontou para a avenida —, a Rebouças está se transformando numa via com muitos carros. Está perdendo seu charme.

— Tenho de concordar. O barulho do trânsito chega até nós com facilidade.

— Eu me habituei tanto ao Rio! Não quero mais viver em outro lugar, tia. Quero me casar com Dirce e morar perto de você.

— Muito me alegra seu comentário. Sabe quanto prezo sua amizade e seu relacionamento. Dirce é um encanto de pessoa.

— Mamãe talvez não concorde.

— Já imaginei a reação. Bernarda leva muito em conta os ditames sociais. Não vai ser fácil convencê-la.

Alfredo deu de ombros.

— Ela pode fazer cenas, ter ataques, não me importo. Meu amor por Dirce é maior que tudo isso. Se ela não aprovar nossa união, pior será para ela.

— Ela tem um ótimo emprego, é dedicada. Um amor de pessoa.

Um dos empregados os recepcionou e Alfredo, muito à vontade, abraçou o rapaz:

— Raimundo, meu velho! Como está?

O rapaz, meio sem jeito, sorriu:

— Estou bem, seu Alfredo.

— Que seu, que nada. Eu sou o Alfredo. E essa é minha tia Angelina.

Ele estendeu a mão.

— Prazer. A senhora esteve aqui na festa de dona Antonieta, não? A que usava um chapéu lindíssimo.

— Sim. Eu mesma! Você se lembrou do chapéu! De mais a mais, sua aura é brilhante. Bom sinal.

Raimundo nada entendeu, mas compreendeu ser um elogio. Apanhou as malas e subiu com elas para os quartos de hóspedes. Alfredo e Angelina sentaram-se na sala e ele assoviou quando os olhos pousaram sobre o televisor:

— Ora, ora! Já temos uma das grandes novidades tecnológicas da década! Um televisor.

Angelina emendou:

— Fui convidada para a inauguração da emissora carioca. Eles a instalaram no prédio do Cassino da Urca.

— Logo teremos um aparelho como esse.

— Creio que sim.

Estavam conversando sobre as novas tecnologias da época quando Bernarda entrou na sala. Ela viu Angelina e fez um muxoxo, no entanto, assim que seus olhos miraram o filho, tudo se transformou. Ela correu até Alfredo e o abraçou de forma radiante.

— Meu príncipe! — Ela o beijava sem parar. — Quanta saudade!

Alfredo a abraçou mais uma vez e, ao se desvencilhar dela, disse:

— Está linda, mamãe. Sempre impecável.

— São seus olhos. — Ela fitou Angelina e a cumprimentou sem beijá-la: — Como vai, Angelina?

— Estou bem, Bernarda. Obrigada por perguntar.

— O que o traz aqui, meu filho?

— Aproveitei o feriado para visitar você, Antonieta, o noivo dela, Felisberto e Estelinha.

Ela sorriu meio sem jeito.

— Não sei se será possível realizar tantos encontros em tão pouco tempo. Estamos passando por problemas graves. — Ela baixou o tom de voz: — Ainda bem que veio.

Ele ia perguntar, mas Antonieta entrou na sala e o abraçou com força.

— Não posso acreditar! Pensei que fosse vê-lo no dia do meu casamento! Você virá, não?

— Farei o possível.

— Como assim, Alfredo? É meu irmão.

— Pensei que seria de bom-tom você conduzi-la até o altar.

— Ora, esse papel pertence a Felisberto.

Antonieta mexeu os lábios, um tanto contrafeita.

— Teresa... quer dizer, mamãe e eu achamos que você deveria entrar comigo. O Felisberto não é meu pai.

— Ele a criou desde que era pequena, não? — inquiriu Angelina. — Quantos anos tinha quando ele se casou com sua mãe? Sete, oito anos?

— Isso não vem ao caso — respondeu Antonieta, de forma ríspida.

— Você não faz parte de nosso convívio — interveio Bernarda, seca. — Não é elegante, de sua parte, intrometer-se nos assuntos de nossa família.

Alfredo interferiu:

— Mamãe. Antonieta. Que modos são esses? Tia Angelina é nossa convidada. Veio comigo. Por favor!

— Desculpe-me — tornou Antonieta. — Vou deixá-los. Tenho um monte de coisas para fazer. O casamento se aproxima. — Antes de sair, comentou com o irmão: — Decidi que Estelinha não vai ao casamento.

Ela retirou-se bruscamente da sala. Alfredo nada entendeu.

— Onde está Estelinha?

— Onde? Ela está sempre no quarto, meu filho. Onde mais poderia estar?

— Vou vê-la.

— Não. Antes, precisamos conversar — ela mirou Angelina — a sós.

— Não. Tia Angelina veio comigo para tratarmos justamente de Estelinha.

Bernarda apavorou-se:

— Já estão sabendo?

— Sabendo o quê? — Ele nada entendeu.

— Se vieram até aqui para falar de Estelinha, é porque sabem.

Angelina ia fazer uma pergunta mas preferiu calar-se. Não queria arrumar confusão. Alfredo foi direto:

— Vamos, mãe. Saber o quê? O que é que está acontecendo com minha irmã?

Com lágrimas nos olhos e vencida pela emoção, Bernarda deixou os braços caírem e, voz entrecortada por soluços, murmurou:

— Sua irmã está grávida.

CAPÍTULO 24

Na casa de Claudete, ela e Dirce estavam sentadas confortavelmente no sofá, conversando sobre assuntos espirituais. Claudete serviu-se de café e, após bebericar e pousar a xícara sobre a mesinha, comentou:

— Fico feliz que pudemos nos ver hoje.

— Ainda bem que é feriado. Você só voltará à revista na segunda-feira?

— Sim. E quanto a você?

— O que tem eu?

— Como anda o trabalho?

— É um desafio diário. É como matar um leão por dia. Lidar com pessoas que perderam a noção da realidade, ou loucos, como dizem, requer paciência e carinho. Essas pessoas são carentes de afeto. Infelizmente há enfermeiros brutos, médicos que mal se importam com os pacientes. Tratam-nos como seres animalescos. Sei que alguns têm um temperamento violento, mas, mesmo esses, com o coração empedernido, precisam apenas ser bem tratados.

— A loucura ainda é um grande tabu. A sociedade não sabe lidar com as diferenças de comportamentos.

— Na história, sempre foram tratados à revelia. Precisamos ter gratidão por almas nobres que aqui estiveram para transformar positivamente o tratamento dado a esses pacientes. Pinel, Charcot, Freud, houve tantas almas caridosas que lançaram novo olhar sobre a loucura. Eu quero fazer diferença, sabe? Tenho conversado muito com uma médica que trabalha na mesma instituição que eu.

— Está falando da doutora Nise da Silveira, que batalha contra as técnicas psiquiátricas agressivas impostas aos pacientes, certo?

— Ela mesma. Que mulher fantástica!

— Já fizemos matéria sobre ela. É uma pioneira, uma mulher de rara sensibilidade.

— Quero fazer o possível para que os doentes tenham o mínimo de dignidade.

A conversa delas era assistida por Deodato e Corina. Ela emocionou-se ao ver Dirce.

— Como ela está diferente!

— Continua sendo uma alma nobre. Percebe-se pelas suas palavras quanto ainda se mantém firme nos seus propósitos de fazer o bem e combater preconceitos, esteja ela encarnada no corpo de uma índia, de uma cigana ou agora, como negra, vivendo numa sociedade que discrimina as pessoas pelo tom de cor da pele.

— Minha querida Dirce. Uma cigana vidente em última vida.

— Ela tem os objetivos dela e nós, os nossos. Decidimos ficar do lado de cá da vida a fim de ajudá-los a viverem melhor no planeta. Foi escolha nossa. Além do mais, há boas amizades antigas que estão ao lado dela, por ora. Como Claudete, por exemplo.

— Tem razão. — Corina aproximou-se e beijou o rosto de Dirce. Depois fez o mesmo em Claudete. Ao aproximar-se dela, Corina levou um susto.

Deodato levou a mão à testa de Claudete. Corina estava assustada:

— Ela não pode nutrir esse tipo de pensamento!

— Não é a primeira vez que ela pensa dessa forma — esclareceu Deodato. — Infelizmente, Claudete precisa vencer os próprios preconceitos para harmonizar seu espírito.

Corina emocionou-se.

— Não gostaria que...

— Calma, meu amor. Não pense em nada. Apenas junte-se a mim e vamos enviar a ela energias revigorantes.

Corina concordou com a cabeça. Recompôs rapidamente suas energias, entrou logo num estado contemplativo. Juntou as mãos com as de Deodato. Fizeram uma prece. Em seguida, ele disse:

— Outros amigos do astral estão chegando. É nossa hora de partir.

Em seguida, os dois espíritos deram-se novamente as mãos e encheram o ambiente de energias de paz e equilíbrio. Despediram-se e, tão logo desvaneceram no ar, Dirce comentou:

— Senti espíritos amigos aqui presentes.

— Eu também. Até me emocionei — tornou Claudete. — Sinto que um deles me é muito querido. Estamos sendo bem amparadas.

— De fato, um deles gosta muito de você. Percebi que preocupou-se ao se aproximar. Você está bem?

Claudete estremeceu e respondeu, desconversando:

— Bom, se espíritos amigos aqui estiveram, é sinal de que precisamos nos concentrar em Alfredo, Angelina e Estelinha.

Dirce percebeu a contrariedade e concordou com a cabeça. Apanhou um retrato sobre a mesa e disse:

— É a única foto que Alfredo tem da irmã. Embora nela Estelinha esteja com pouca idade, podemos nos concentrar nessa imagem para que as boas energias cheguem até eles.

As duas se ajeitaram no sofá e fecharam os olhos. Claudete, um tanto mexida porque parte de seus pensamentos foram revelados aos espíritos, procurou se concentrar e fez uma sentida prece; na sequência, Dirce percebeu outra presença espiritual. Era conhecida sua. Deu passagem.

— Claudete, querida. Aqui é Magda. Somos conhecidas de outras épocas. Eu sinto muita afeição por Estelinha. Gostaria de estar mais perto dela, contudo, forças espirituais densas e negativas me impediram de atuar a seu favor. Só pude atuar a certa distância.

— Por que não pôde ajudá-la? — Claudete quis saber. — Sei que somos espíritos que passam por muitas vidas, mas há desgraças que afetam crianças e isso muito me dói.

— Quando atingimos determinada idade, tornamo-nos responsáveis por tudo o que nos acontece. Uma criança tem proteção espiritual? Sim, com certeza. Todavia, muitos espíritos reencarnam já sabendo que vão viver muito pouco tempo no planeta. Irão desencarnar por conta de uma doença, de um acidente, às vezes há os tremendamente corajosos que aceitam passar por situações extremamente dolorosas. Como o espírito reconhece que a vida é eterna, ao passar por essas situações tristes, ele é acolhido com amor. Logo que desencarna, recebe tratamento adequado e retoma o corpo adulto de outrora, que é menos denso, sentindo-se livre de situações mal resolvidas, de ódios, de intrigas. Acaba por ter melhor compreensão sobre o verdadeiro significado do perdão, do amor. Torna-se espírito mais maduro, porém terno e amoroso.

— No caso de Estelinha, por que não afastaram os espíritos perturbados que a cercavam?

— Porque, como disse, depois que atinge a maioridade psíquica, o indivíduo precisa saber lidar com as questões que o envolvem. Elas podem ser de cunho moral, emocional, financeiro, às vezes todas as questões ao mesmo tempo. Estelinha tem uma mente calcada na culpa. Encontrava-se muito mal no astral. Atormentada pelas culpas, decidiu reencarnar para amadurecer as ideias, reformular a forma de enxergar os fatos, aprender a perdoar e perdoar-se. Os espíritos que a rondavam eram energeticamente afinizados com a maneira de ela pensar. Se ela tivesse outro comportamento, outras atitudes, poderia evitar os encontros desagradáveis.

— Soube, por meio de outra entidade espiritual, que Estelinha recebera forte trabalho de magia. Como ela poderia ser responsável por isso? — Claudete estava interessada no assunto.

— Ela não foi e não é responsável por isso. Esse tipo de trabalho sempre cobrará, mais dia, menos dia, a conta de quem o praticou e de quem pediu para ele ser feito. Estelinha é responsável pelo que pensa e sente. Foi o conjunto de suas emoções e pensamentos que atraiu essas entidades. Tanto que os amigos caboclos conseguiram afastá-las, mas, se Estelinha voltar a pensar e agir como antes, o próprio magnetismo dela vai atrair novamente os mesmos espíritos perturbados ou outros do mesmo quilate. Não leem nos livros de Kardec que é preciso que tratemos de nossa reforma íntima?

— É disso que falam? Quer dizer, se eu me reformar intimamente, não vou atrair essas entidades perturbadas?

— Sim. Prefiro que evite a palavra *reforma*. Embora tenha sido traduzida assim, ela nada mais é do que um exercício diário que necessitamos praticar com afinco, isto é, olharmos para dentro de nós mesmos e perceber quais as emoções e sentimentos negativos que nos abraçam. Por que tais sentimentos nos incomodam? O que podemos fazer para sermos mais brandos, justos, pacientes, honestos conosco e com o próximo?

— É como olhar para o que o outro tem de desagradável e perceber o que temos parecido? Não sei se me fiz entender.

— Entendi. Às vezes sentimos raiva de alguém. Por que a raiva? Pode ser por algo indigno que nos fizeram, pode ser por causa de uma agressão verbal, até física. Por que aquela pessoa me atingiu? Como posso fazer para não responder da mesma forma? Por exemplo: fulana me xingou. Você precisa ter clareza de mente para compreender o porquê dessa atitude dela. Você a provocou? Se sim, preciso modificar meu jeito de falar com os outros; se não, o que há em mim que atrai pessoas que agem assim comigo? Sou agressiva comigo? Eu me xingo sempre que faço algo errado? Eu me culpo? Bom, se eu passar a me olhar de forma amorosa, perdoando minhas falhas e desejando mudar meu jeito de ser, querendo me tornar minha amiga, minha aliada e não minha inimiga, então, estou no caminho da reforma interior.

— Quer dizer que eu preciso aprender a ser minha amiga para evitar o assédio de espíritos perturbados e de pessoas agressivas, por exemplo?

— Exatamente. Você vai atrair pessoas que pensam como você. Se você acredita que seja inferior, que seja uma pessoa cheia de negatividade em relação a si mesma, o que poderá atrair?

— É verdade. Às vezes eu me pego me chamando de burra.

— Se você, que convive o dia todo consigo mesma, costuma se xingar por qualquer coisa, imagine seu pensamento em relação a uma pessoa que não conhece. Importante também se atentarem aos julgamentos diários, julgamentos que fazem sobre si mesmos e sobre os outros. É preciso que aprendam a ser mais condescendentes consigo mesmos e com os outros. Só assim o mundo vai evoluir rumo a um planeta em que, efetivamente, apenas haja paz e harmonia entre seus habitantes.

— Acho que começo a entender melhor o que significa essa reforma. Obrigada.

— Estelinha precisa estar rodeada de pessoas que a querem bem. Quando ela sair de casa e iniciar nova fase, vai ter todas as ferramentas para compreender melhor por que vive assim. Espero poder aproximar-me dela mais amiúde. Conto com vocês. A paz esteja convosco. Salve!

Magda se despediu e Dirce bocejou um pouco.

— Senti uma força admirável vinda dessa entidade.

— Foi uma conversa bem interessante — comentou Claudete. — Ela disse se chamar Magda. Que tem muita afinidade com Estelinha.

— Deve ser a mentora espiritual dela.

— Será? — Claudete perguntou e seu pensamento voou longe. O que Magda falara mexeu com ela. Ultimamente, vinha alimentando pensamentos depreciativos sobre si mesma e mórbidos acerca da vida.

Dirce percebeu o conflito interior e procurou afastá-la desses pensamentos. Sugeriu:

— Vamos nos concentrar na foto? Estelinha precisa de boas vibrações.

Claudete concordou. Afastou os pensamentos com a mão. As duas fecharam os olhos e de seus corações saíam partículas em tons de branco e dourado, que fizeram ponte com o coração de Estelinha.

CAPÍTULO 25

No quarto, tão logo vira Alfredo e Angelina, Estelinha não cabia em si tamanha a felicidade.

— Não posso crer! — ela disse enquanto os abraçava, emocionada. — Tia Angelina, que bons ventos a trazem?

— Saudades de você.

— Eu também, irmãzinha. Estava morrendo de saudades.

— Que bom revê-los.

Felisberto entrou no quarto. Tinha chegado de viagem havia pouco tempo. Cumprimentou-os e todos se acomodaram. Estelinha grudou-se a Alfredo e sentaram-se na cama. Angelina e Felisberto sentaram-se em poltronas dispostas em frente à cama.

— Mamãe contou o que aconteceu?

— Sim, irmãzinha. Contou.

— Eu me sinto tão envergonhada, Alfredo.

— Não deve. Não fez nada que pudesse envergonhá-la.

— Quem precisa se envergonhar é o rapaz que fez isso com você — tornou Felisberto. — Eu teria tomado outras providências, mas Estelinha não quer nada com ele.

— Não me lembro dele — ajuntou Alfredo. — É da turma da Antonieta.

— É um almofadinha, sem juízo — completou Felisberto. — É tão covarde que fugiu para o exterior. E tudo com o aval dos pais. Um absurdo.

— Melhor assim — comentou Alfredo. — Estelinha não quer ver esse sujeito nem pintado de ouro na frente dela. Mesmo que ele quisesse, ela não o aceitaria. Já resolvemos um problema.

— Concordo — interveio Angelina. — Se você quer criar o filho sozinha, tem todo nosso apoio.

— A sociedade...

— Dane-se a sociedade — bradou Alfredo. — Tenho aprendido a ser mais forte. Eu dou mais importância ao que sinto. Não me interessa o que a sociedade pensa.

— Alfredo sente na pele quanto precisa enfrentar a sociedade — emendou Angelina. — Seu irmão sabe o que diz.

Estelinha e Felisberto entreolharam-se sem nada entender. Alfredo tomou a palavra:

— Depois eu explico melhor, maninha. Viemos aqui porque temos uma proposta.

— Uma proposta? — ela indagou esperançosa.

— Sim — Angelina disse. — Queremos que venha morar comigo no Rio.

Os olhos de Estelinha vibraram de emoção. Ela mal conseguia falar.

— Mo... morar no Rio? Com vocês?

— É, maninha. Por enquanto. Logo também vou me casar e você vai ter a deliciosa companhia de tia Angelina.

— Você vai se casar?

— Vou. Você vai amar a Dirce.

— Parabéns — tornou Felisberto. — Pela maneira como fala, deve amar essa mulher.

— E como! Dirce é a luz da minha vida.

— Uma mulher admirável — finalizou Angelina.

— Por que não a trouxe consigo?

— Porque viemos para resgatá-la — Alfredo brincou, apontando para Estelinha.

— Mamãe não vai gostar. Ela quer me levar para Botucatu, me enfurnar num convento. Você sabe como detesto esse tipo de ambiente.

— Sei. Claro que sei. Lembro o sufoco que foi quando teve de fazer a primeira comunhão. Quase desmaiou, para horror de mamãe.

Riram e Felisberto completou:

— Mal chegou em casa e arrancou o vestidinho branco, o véu. Foi tão engraçado.

— Que história é essa de mamãe querer que vá para um convento?

— Ideia de Teresa — observou Felisberto.

— Ah! — Alfredo fez um gesto com a mão. — Aquela mulher! Mamãe ainda tem amizade com ela?

— Não só tem, como acata tudo o que ela diz.

—Teresa não gosta de mim — comentou Estelinha.

— Não sei se é isso — foi Alfredo quem falou. — Mas ela sempre se meteu em questões que não lhe competem.

— Discuti com sua mãe por causa dela — ajuntou Felisberto. — Na verdade, exerce péssima influência sobre Bernarda.

Bernarda entrou no quarto e todos permaneceram quietos. Felisberto quis quebrar o clima tenso que ali se instaurou.

— Alfredo, há um amigo meu lá no Rio que ofereceu a casa de campo em Petrópolis para levarmos Estelinha.

— A nossa ideia não é melhor? — indagou Alfredo.

Estelinha respondeu de pronto:

— Claro que é. Eu me sinto muito bem só de saber que estarei pertinho de você.

Alfredo a abraçou com ternura e Bernarda quis saber:

— Qual é a ideia? Posso saber?

— Algo que eu e... — ele ia citar Angelina, mas preferiu contemporizar — ... que eu acho que seja o melhor para todos. Inclusive para a senhora.

— O que seria bom, inclusive para mim?

— Levar Estelinha para morar conosco.

Bernarda sentiu o sangue subir às faces.

— Morar com quem? Com Angelina?

— Sim — respondeu Angelina. — Eu moro num apartamento confortável. Estelinha terá um quarto só para ela. Eu posso contratar uma empregada que venha todos os dias e contratar uma enfermeira.

— Se bem que Dirce vai querer participar — interveio Alfredo.

Bernarda sentiu-se atrapalhada com as ideias.

— Não estou entendendo. Querem levar Estelinha, nesse estado, para morar no Rio?

— Sim, mãe. Lá, ninguém a conhece. A senhora não se importa com os comentários dos outros? Pois bem, estamos resolvendo não só a questão para Estelinha, mas também para você.

— Eu prefiro que ela vá para um convento.

— Eu não vou — Estelinha disse de pronto.

— Como ousa? Você fez a burrada, agora quem tem de consertar isso sou eu. E eu decido como será daqui para frente.

— Negativo — observou Felisberto. — Estelinha é maior de idade. Aliás, neste quarto, todos somos maiores de idade. Ela tem o direito de escolher o que vai fazer, não é mais uma garotinha que serve a seus propósitos.

Bernarda sentiu-se embaraçada. Queria tomar as rédeas da situação, mas, ao mesmo tempo, lá no fundo, tinha uma vontade enorme de livrar-se da filha e daquela situação embaraçosa. Ponderou as palavras:

— Se vocês acreditam que o melhor seja ela partir para o Rio, pois que o façam. Só digo uma coisa: a partir de agora, eu não quero mais saber o que vai acontecer... Eu me desobrigo das minhas responsabilidades de mãe. Eu lavo as minhas mãos.

— Melhor assim — concordou Felisberto. — Estelinha será bem cuidada. É a chance de ela ter uma nova vida.

— Nova vida? Mãe solteira? Que homem vai se interessar por ela?

— Isso não vem ao caso, mamãe. Eu cuidarei da minha irmãzinha. O que importa, por ora, é que ela repouse e tenha uma gestação tranquila.

— Falam como se fosse algo natural!

— Esperar nove meses para ter uma criança é algo natural — observou Angelina. — Estelinha vai se preparar para ser mãe. Quantas no lugar dela gostariam de ser mãe e não podem, por algum motivo específico?

— Ela não é casada! — as palavras de Bernarda saíram num grito.

— Eu não me importo — confessou Estelinha. — Estou cansada de viver presa neste quarto, de ser tratada como uma pessoa doente. Eu quero viver! Viver! — ela falou e abraçou-se a Alfredo. As lágrimas corriam livremente.

— Calma, irmãzinha. Eu e tia Angelina viemos aqui para ajudá-la. Tenho certeza de que está para nascer uma nova Estelinha. Quer dizer, a verdadeira Estelinha, escondida sob várias camadas de rejeição, medo e culpa.

— O que Alfredo diz faz sentido — admitiu Angelina. — Estelinha precisa fazer as pazes com o passado. E a vida arranjou uma maneira de ela começar seu processo de amadurecimento: sendo mãe.

— Que passado? Ela mal completou dezoito anos — bradou Bernarda.

— Estamos falando de vidas passadas, mãe. Nunca ouviu falar em espiritismo? Tia Angelina é espírita e eu concordo com essa maravilhosa filosofia de vida. Quer dizer, uns tratam como religião, outros como doutrina, mas para mim é uma filosofia. O importante é que o espiritismo esclarece muitas dúvidas que temos acerca de processos de vida, que muitas vezes não conseguimos compreender.

— Compreender o quê?

— Entender por que uns nascem sadios e outros doentes, por que alguns morrem cedo e outros morrem bem velhinhos, por que morremos de uma forma ou de outra.

— Você se deixou enfeitiçar por essa daí — apontou para Angelina. — Bem que Eurico dizia. Você sempre foi a espevitada da família, desde garotinha. Ainda bem que não veio morar conosco. Olha no que se transformou: numa mulher que distorce a cabeça dos outros. Está desviando meu Alfredo do bom caminho.

— Mamãe — ele protestou —, tia Angelina não me desviou em nada. Esqueceu-se de que sou homem feito? Simplesmente me encantei por essa doutrina. Nada mais.

— Se o cardeal Mota souber que você anda metido com essas esquisitices, não sei o que ele será capaz de fazer.

— O que poderia fazer, mãe? Impedir-me de entrar na igreja? Eu entro em outra que não esteja sob a jurisdição dele.

— Como disse — o tom da voz dela era glacial —, eu lavo as minhas mãos. Se querem levar Maria Estela daqui, que levem. Não me responsabilizo por ela e por nada que aconteça a ela ou a essa... criança. — Ela fez menção de sair, mas antes declarou: — Não tem volta, ouviu, Maria Estela?

— Como, mamãe?

— Se sair desta casa, não tem volta. Se algo der errado no Rio, nem pense em me procurar. Entrego você nas mãos de Deus!

Bernarda girou nos calcanhares e bateu a porta com força. Angelina aproximou-se e disse, voz terna:

— Querida, sabe que sempre poderá contar conosco, certo?

— Sim, titia. Estou com um pouco de medo. Afinal, nunca saí de casa.

— Não vou deixar que nada lhe falte — assegurou Felisberto. — Sabe que, sempre que puder, irei visitá-la.

— Também tem a mim, maninha. Você vai conhecer a Dirce e vai adorá-la. Ela é enfermeira e vai estar a seu lado durante esse período. Tudo vai dar certo. Confie em nós.

— Eu confio. Confio em vocês! Obrigada.

Eles se abraçaram e gotículas de luz se esparramaram pelo ambiente, aquecendo o coração dos três, quer dizer, dos quatro, porque um coraçãozinho já batia ali. Bem fraquinho ainda, mas batia, mostrando que em breve Estelinha teria mais alguém em quem poderia confiar.

CAPÍTULO 26

Bernarda entrou no quarto e, a princípio, sentiu raiva. Não propriamente de Estelinha, mas raiva de tudo, principalmente da vida.

— Eu bem que desejei não ter essa menina. Olha o resultado — bradava enquanto caminhava pelo cômodo. Ia e vinha numa mesma direção. — Há cinco anos que ela só me dá trabalho. Foi um estorvo, um erro que cometi. Se não fosse a igreja... eu teria acabado com esse pesadelo lá atrás. Foi ideia de Teresa. Eu devia ter abortado. Minha amiga tinha razão.

Ela lembrou-se de Teresa. Desceu até o corredor, apanhou o gancho do telefone e discou. Uma empregada atendeu e, sabendo tratar-se de Bernarda, correu chamar a patroa. Teresa atendeu com alegria na voz:

— Estava pensando em você, Bernarda! Tudo bem?

— Tudo péssimo.

Bernarda contou sobre a chegada do filho e da ex-cunhada. Teresa riu com satisfação:

— Você deveria agradecer aos céus. Livrou-se dela sem fazer esforço algum.

— Disse que ela não é mais bem-vinda nesta casa.

— Está certa. Se quer saber, eu acho que sua filha nunca teve problemas psicológicos.

— Acha mesmo? Mas você sempre disse...

Teresa a cortou:

— Sempre disse, eu sei. Mas agora, depois de tudo o que aconteceu, creio que estava enganada. Ela não é a bobinha que sempre aparentou ser. É esperta. Arrumou um jeito de sair de casa para ter a vida devassa que sempre sonhou.

— Ela está grávida, Teresa. Como pode pensar em ter uma vida devassa?

— Com essa tia a tiracolo? Uma doidivanas? Lembra o que Eurico falava sobre a irmã? — Teresa, obviamente, estava inventando e Bernarda nem percebeu.

— Não me recordo...

— Como não? — Teresa enfatizava para dar mais veracidade às suas palavras.

— Eurico mal falava dela. Era uma mocinha de catorze, quinze anos. Quando falava dela, fazia até elogios.

— Uma vez ele se abriu para mim, sabia?

— Nunca me falou isso, Teresa. Que história é essa?

— Foi pouco antes do casamento. Você estava atrapalhada com os preparativos. Um dia, ele se abriu comigo. Disse que a irmã era meio doida da cabeça, muito moderna para a idade. Usava saia quase na altura dos joelhos, cortava o cabelo curtinho. Tudo isso para afrontar a sociedade. Sempre inconsequente. Disse até que ela foi a responsável pela morte dos pais.

— Isso já é demais, Teresa. Os pais de Eurico morreram num acidente.

— Pois é. Eurico achava que eles tinham ido viajar pela vergonha que sentiam da filha. Se ela não fosse essa doida varrida que era, os pais não teriam viajado. Logo, ela foi a responsável.

— Pensando dessa forma...

Pensando dessa forma torta, quero dizer, esse foi o pensamento de Teresa; contudo, ela disse:

— Ela se faz passar por mulher honesta. Viu como andava de forma arrogante e petulante na festa? E o decote do vestido? Um acinte!

— Estava preocupada com os convidados, não prestei muita atenção.

— Mas eu prestei. Fiquei de olho nela. Chegou até a mandar em um dos empregados. Muito metida — mentiu.

— O fato é que eles venceram. Vão levar Maria Estela para longe. Ao menos, isso me conforta, sabe?

— Um problema a menos.

— Vamos almoçar juntas amanhã?

— Podemos, sim. Venha em casa. Afinal, logo nossas famílias vão se unir.

— O seu enteado é um amor.

— Também gosto do Rami. E de Samir. Ele não me deixa faltar nada.

— Sorte sua. Eu ainda tenho os aluguéis dos imóveis que papai me deixou. Se não fosse isso...

— Infelizmente casou-se com um pobretão.

— Felisberto não é pobretão. Ganha um bom salário, tem duas casas alugadas.

— Isso lá é ser rico?

— Você insistiu para eu me casar com ele!

Era verdade. Mas Teresa, sempre ardilosa, mentiu:

— Ele estava para receber uma herança, lembra? Como iríamos adivinhar que a família fosse falir logo depois do casamento? Não sou vidente.

— Tem razão.

— Não sei por que ainda está casada com ele. Juro que não entendo...

Nem mesmo Bernarda sabia por que ainda se mantinha casada com Felisberto. Achara-o atraente. Era um homem bonito, alto, corpo bem-feito. Fora um dos atletas do time de remo do clube. Logo depois que ficara viúva, durante um torneio nas águas do Rio Tietê, Teresa comentou que ele era sobrinho de uma fazendeira riquíssima. Bernarda achou-o interessante. Felisberto era jovem, educado, viril e herdeiro... Ao ser apresentados, ela segurava Estelinha no colo. Na verdade, ele apaixonara-se pela bebezinha. Algo nela o atraíra sobremaneira. Um amor fraternal, obviamente. Felisberto não saberia ou não conseguiria explicar, mas muito da decisão de unir-se a Bernarda fora por conta do amor que sentira pela menina.

Se pudesse ter acesso a suas vidas passadas, Felisberto não ficaria surpreso em saber que fora pai de Estelinha em última vida. Ele a amava muito, a ponto de entregá-la nas mãos de freiras que saberiam cuidar melhor dela e lhe dar uma vida digna. Pobre e sem recursos, ele e a esposa não viam outra maneira de proporcionar um futuro digno para a filhinha.

Bernarda tivera outro tipo de relacionamento com a menina, cuja ligação será esclarecida mais adiante. No entanto, terminada a ligação telefônica, Bernarda ficou a pensar sobre a sua vida nos últimos anos. Criara três filhos, sendo que um já abandonara o ninho. Alfredo tornara-se homem e dirigia a própria vida. Antonieta estava prestes a se casar e seguiria, também, o próprio caminho. Havia Estelinha — Maria Estela para ela, sempre —, que tornara-se seu peso. Agora ela estava livre desse fardo. O casamento com Felisberto seguia de maneira arrastada e monótona. Ele estava cada vez mais ausente, viajando bastante. Ela divertia-se com as amigas da sociedade, principalmente com Teresa, amiga de longa data. Ela pensou, pensou e, num instante, afastou os pensamentos com a mão.

— Não quero pensar em nada — disse alto. — Vou reformar a casa, trocar os móveis. É disso que preciso.

CAPÍTULO 27

A chegada de Estelinha à capital do país foi marcada por momentos de muita emoção. Ao deixar o aeroporto e tomar o carro de aluguel até o Flamengo, apaixonou-se pela vista maravilhosa que o caminho apresentava a ela. Encantou-se com o Pão de Açúcar e com o mar. Como gostava do mar! Nem mais se recordava de como ele fizera parte de uma época longínqua, quando Felisberto a levava para passeios no Guarujá. Isso fora quando ela era pequenina. Agora, vendo o marzão à sua frente, lembrou-se daqueles tempos. Sorriu.

— Está gostando? — indagou Angelina.

— Apaixonada. Já conhecia a capital pelas revistas e cartões-postais. Mas ao vivo é muito melhor!

— Vai se adaptar muito bem à cidade. O verão é bem quente. Às vezes, no inverno, faz um friozinho gostoso. Não garoa como em São Paulo, mas tenho certeza de que vai se dar muito bem aqui.

— Eu também acredito. Fiquei presa tanto tempo naquele quarto, triste, sem saber ao certo o que fazer.

— E agora a vida se descortina, mostrando a você que pode e deve ser feliz.

— Será? — ela fez a pergunta enquanto passava a mão pela barriga.

— Não se preocupe com o que vão dizer. Você é dona da própria vida.

— Sei. Mas os comentários maledicentes das pessoas nos atingem.

— Atingem se você se deixar atingir — explicou Angelina. — Veja, quando construímos uma boa autoestima, ou seja, quando permanecemos do nosso lado em qualquer situação, não há por que as pessoas terem mais força do que você. Quanto mais forte você for por dentro, quanto mais se amar e se aceitar como é, mais fácil será lidar com os comentários dos outros. Olhe o meu caso, por exemplo.

— O que tem? Você é tão bonita, tão elegante. O que poderiam falar da senhora?

— Que sou solteirona, que não me casei porque tenho algum problema. Às vezes sinto alguns dedos acusadores voltados contra mim. Claudete, uma amiga que você vai conhecer, também passa pela mesma situação. Somos alvos fáceis de pessoas que acreditam que existe tão somente uma forma de viver, uma forma de agir, como se todos vivêssemos dentro de uma caixinha com um rótulo. Há uma forte necessidade de as pessoas nos rotularem. Eu sou a solteirona, encalhada, mal-amada.

— Isso não a atinge?

— Para ser sincera, houve um tempo em que eu me incomodava com os comentários dos outros. Até que passei a me aceitar como sou, com todos os meus defeitos e qualidades. Parei de me xingar, de me corrigir. Eu me trato com amor e, agindo assim comigo mesma, também ajo de forma amorosa com as pessoas ao meu redor. Essa energia, de amor, se espalha por onde eu passar. Os comentários perdem força e, quando ocorrem, não me afetam.

— Gostaria de ser forte como a senhora!

— Poderá ser o que quiser. Eu já lhe disse isso quando nos conhecemos. Todos nós podemos nos tornar pessoas melhores para nós mesmos e, consequentemente, para o mundo. Isso é o que vale: ser bom, atrair o bem e espalhar o bem.

Estelinha abraçou-se a Angelina.

— Oh, titia! Como é bom ouvir essas palavras. Você me estimula a querer mudar e cuidar mais de mim.

— Conte comigo com o que precisar.

Estavam se aproximando do prédio quando Estelinha comentou:

— Queria muito que Alfredo estivesse aqui. Pena que ele tinha compromisso.

— Ele precisava ir ao escritório. Fica lá no centro da cidade.

— Mas hoje é domingo!

— Seu irmão é correto, muito profissional. Ele acabou de se graduar, está estagiando. No momento, está se esforçando para ser efetivado. Ele quer se casar logo.

— Estou curiosa para conhecer a namorada dele.

— Vai conhecer e tenho certeza de que vai adorá-la.

— Dirce é o nome, certo?

— Sim. Ela é enfermeira. Vai ajudá-la durante a gestação.

— Fico feliz em saber. Já estou gostando dela. Dirce.

O carro estacionou e logo Jacinto, o porteiro, veio recepcioná-las.

— Dona Angelina! Outra viagem rápida.

— Bom dia, Jacinto. Esta é minha sobrinha, Maria Estela. Todos a chamam carinhosamente de Estelinha.

Ela estendeu a mão e cumprimentou Jacinto.

— Como vai, senhor?

— Além de bonitinha é educada. Muito prazer.

Apanhou as malas. Estelinha levara pouca coisa. Angelina decidira que, assim que chegassem à cidade, comprariam tecidos e depois iriam a um ateliê de conhecida modista para lhe fazer vestidos e conjuntos.

Ao entrarem no apartamento, Claudete e Dirce as esperavam. Claudete veio cumprimentá-las.

— Olá, Estelinha. Eu sou Claudete.

— A amiga de tia Angelina que trabalha na mesma revista que ela.

— Isso. Já me conhece. Que bom.

Dirce aproximou-se e se apresentou:

— Olá. Eu sou a Dirce.

Estelinha surpreendeu-se ao vê-la. Era uma época em que o relacionamento entre pessoas de etnias diferentes não era tão comum. Infelizmente, ainda nos tempos atuais, passados mais de setenta anos de quando relatamos esta história, a chaga do preconceito insiste em se manifestar. Estelinha, talvez porque estivesse emocionada com tanto carinho, de repente abraçou-se a Dirce.

— É um grande prazer conhecê-la. Estou muito feliz porque você faz o coração de meu irmão vibrar. Alfredo a ama. Então, eu só posso mesmo me encantar por você.

— Obrigada, Estelinha. É muito gentil de sua parte. As pessoas se chocam ao me verem com Alfredo, infelizmente. É uma luta constante, diária, que travamos contra o preconceito. Aprendi com Angelina e com meus amigos espirituais que devemos combater todo e qualquer tipo de discriminação com amor. Os que nos acusam são os infelizes que ainda têm muito a aprender sobre fraternidade e solidariedade.

— Somos todos seres humanos. Alguns altos, outros baixos, alguns nascem homem, outros mulher; há os que têm preferências bem distintas das nossas, assim como há os brancos, negros, pardos, asiáticos, magros, gordos... Mas repito: somos humanos. E, como tais, devemos nos respeitar, nos admirar, nos amar. Isso é o mais importante. O resto é... resto — ajuntou Claudete, mais falando para si do que para elas.

— Será que vou conseguir conviver com vocês? São tão inteligentes, cultas. Quero que me ensinem a lidar melhor comigo mesma.

— Encontrou o trio que vai ajudar você a dar novo estímulo à sua vida — comentou Angelina.

— Não só à sua vida — emendou Dirce —, mas a esta vida que pulsa aqui — ela passou delicadamente a mão na barriga de Estelinha. — Vai nascer um menino forte e saudável.

— Como sabe? — espantou-se Estelinha.

— Depois contamos — sorriu Angelina. — Você deve estar com fome.

— A comida está pronta — disse Claudete. — Vamos para a cozinha. Dirce fez pratos maravilhosos para a ocasião.

— Você precisa comer bem e engordar, para o seu bem e do bebê — comentou Dirce. — Portanto, venha. Vamos tratar de você com todo amor e carinho. Seja muito bem-vinda.

— Venha, querida — Angelina enlaçou-a pela cintura. — Sinta-se em casa. Aliás, esta será sua casa a partir de agora. Espero que goste.

Ela olhou ao redor e adorou a decoração minimalista, os poucos móveis dispostos de maneira elegante. Virou-se para a janela e a vista era deslumbrante.

— Obrigada, tia. Muito obrigada — ela falou e começou a chorar.

As três a abraçaram com muito carinho. Estelinha emocionou-se de verdade. Sempre fora tratada com frieza pela mãe e pela irmã. Tinha o amor de Alfredo, mas ele já vivia fora de casa havia alguns anos. Felisberto, que ela considerava seu verdadeiro pai, precisava viajar bastante. Ela se sentia só. Além do mais, havia os pesadelos, os sonhos estranhos. Fora um período difícil, contudo, parecia que agora tudo voltava a clarear. Estelinha sentia que uma boa e nova vida se descortinava à sua frente. Sentiu-se amada e acolhida.

CAPÍTULO 28

Bernarda arrumou-se com aprumo. Fazia três meses que Estelinha tinha saído de casa. O casamento de Antonieta seria dali a dois dias. Estava eufórica. Tinha certeza de que seria o casamento do ano. Teresa tinha influência sobre as *socialites* da época e jornais e revistas iriam cobrir o evento. A emissora tencionou registrar a ocasião, entretanto, os equipamentos pesadíssimos impediram que o casamento fosse filmado. Mesmo assim, Bernarda tinha certeza de que seria um acontecimento.

O motorista a deixou na casa de Teresa, que morava num casarão situado na elegante Avenida Paulista. Assim que desceu e dirigiu-se ao portão, avistou um dos Matarazzo. Ela cumprimentou, foi cumprimentada e ouviu:

— Estaremos no casamento de sua filha.

Ouvir aquilo foi como flutuar em direção ao céu. A família Matarazzo iria ao casamento de sua filha. Era muita emoção.

Teresa veio buscá-la no jardim.

— Que cara é essa?

— Acabei de encontrar um dos Matarazzo. Ele confirmou que vão ao casamento de nossos filhos!

— Claro! Eu sou casada com um dos homens mais ricos desta cidade. Queria o quê? Dinheiro atrai dinheiro.

— Sorte sua ter um filho como Rami.

— Alto lá. Rami não é meu filho. É enteado.

— É a mesma coisa. Você o trata como filho. Está casada com Samir — ela fez as contas —, hum, interessante.

— O que é interessante? — quis saber Teresa.

— Eu nunca havia me dado conta.

— De quê?

— De que você se casou com Samir logo depois que eu fiquei viúva. Foi no mesmo ano.

— E daí?

— Nada, Teresa. Foi apenas um comentário.

— Não entendi a correlação entre uma coisa e outra.

— Deixe para lá. Confirmou com a modista? Está tudo acertado? O motorista vai apanhar Antonieta no horário combinado?

— Está muito eufórica, Bernarda. Vai dar tudo certo. Esqueceu-se de que eu estou cuidando de tudo?

— É verdade. Você está cuidando de todos os preparativos.

— Apenas cuide de sua aparência. E trate de fazer Felisberto vestir um bom costume. Ele se veste muito mal.

— Você implica com ele, não? Ele até que se veste bem.

— Espero que tenha contratado o alfaiate que lhe recomendei.

— Claro. Felisberto chega de viagem hoje à noite. Já sabe que amanhã fará a prova do fraque e os ajustes, caso necessário.

— Ele vai entrar com a Antonieta — Teresa fez um muxoxo.

— Precisa estar vestido de maneira impecável.

— Pois estará. Pode acreditar. Não vou decepcioná-la.

Teresa fez que sim com a cabeça e mudou o assunto:

— Venha. Vamos para nossas conversinhas. Soube que a filha da Yvone está de caso com um dos Crespi...

E assim Teresa foi colocando Bernarda a par dos fuxicos da sociedade.

Nesse ínterim, Alfredo tentava acalmar Dirce.

— É apenas um casamento. Vamos de manhã, assistimos à cerimônia. Depois vamos à festa. Dormimos na casa de mamãe. Você poderá usar um dos quartos de hóspedes ou até o quarto de Estelinha. No dia seguinte, voltaremos ao Rio.

— Não sei. Já fui intuída de que minha presença não será do agrado de sua mãe.

— Dirce — Angelina tinha tom firme na voz —, fazemos exercícios diários de autoestima. É na prática que deve aplicar o que aprende. Você já lidou com tantos problemas, enfrentou situações bem piores.

— É verdade — ajuntou Alfredo. — Já foi confundida com empregada, com lavadeira, parada em porta de loja...

— Eu sei. Não me importo de ser confundida com essas trabalhadoras. São pessoas honestas, que trabalham duro.

— Eu sei, meu amor. A sociedade é preconceituosa. Quando digo que você é confundida com uma empregada, é porque a sociedade vê negros somente em empregos simples. Dizem que não são preconceituosos, mas não se conformam com uma professora negra, com uma médica negra.

— Fui a única negra do curso de enfermagem. Certa vez, um professor pediu-me que limpasse a sala dele. Até eu explicar que era aluna do curso, foi um tormento.

— Por esse motivo deve se impor. Você é uma mulher digna, de respeito. Eu a amo muito e serei sempre seu aliado para lutarmos juntos contra todo e qualquer tipo de preconceito.

Ela o beijou e assentiu.

— Está certo. Vamos enfrentar dona Bernarda e a sociedade paulistana.

— Isso mesmo — emendou Estelinha. — Você tem me ensinado tanto a respeito de tanta coisa!

— É verdade — comentou Angelina. — Estelinha tem mudado bastante. Está mais corada...

— E mais feliz — disse ela. — Estar com vocês é algo que muito me agrada.

— Você não quer vir com a gente? — indagou Dirce.

— Até gostaria, mas mamãe me proibiu. Antonieta também disse que não sou bem-vinda. Não quero dissabores. Além do mais — ela passou a mão pela barriga que começava a se avolumar —, mamãe e Antonieta ficariam possessas se eu aparecesse assim.

— É sua irmã que vai se casar.

— Eu sei, Dirce. Se quer saber, nunca tivemos boa amizade. Antonieta e eu nunca nos demos bem. Não quero me relacionar com quem não gosta de mim.

— Está aprendendo a se valorizar — disse Angelina, alegre.

— O pouco convívio com vocês, a mudança de ares, enfim, há uma série de fatores que me fizeram refletir sobre mim mesma. Estava muito apagada, sem vida, sem vontade de fazer nada. Ao mesmo tempo, o fato de estar esperando um filho me mostra quanto devo lutar para que a gestação siga tranquila e que ele possa nascer forte e saudável. É isso que desejo, por ora.

— Há também de se pensar em outros aspectos da vida, por exemplo, o que pensa em fazer daqui para frente? Pretende estudar, trabalhar, o que deseja de fato, além de, obviamente, ser mãe?

— Dirce, confesso que ainda não refleti sobre tais aspectos.

— Vamos esperar pelo nascimento do bebê — propôs Angelina. — Depois, tenho certeza de que Estelinha vai pensar no que fazer.

— Também não quero dar trabalho. Não tenho dinheiro, por ora. Sei que eu e meu bebezinho vamos gerar despesas.

— Isso é comigo — interveio Alfredo. — Enquanto estiver grávida, poderá sempre contar comigo. Não vou lhe deixar faltar nada. Felisberto também tem colaborado com as despesas.

— Eu também vou ajudar — ajuntou Angelina. — Eu a convidei para morar comigo. Pensei nessa questão, a financeira, e prometo que de minha parte não vou deixar que nada lhe falte.

— Vocês são muito gentis — suspirou Estelinha. — Não tenho palavras para agradecer tamanha generosidade.

— Você merece, maninha. Tem direito a recomeçar sua vida, do jeito que lhe for mais conveniente. Conte conosco.

— Obrigada — ela finalizou, deixando uma lágrima escapar pelo canto do olho.

CAPÍTULO 29

Chegou o dia do casamento de Antonieta e Rami. O sol estava a pino quando Alfredo e Dirce desembarcaram no aeroporto. Assim que pegaram as valises, Alfredo comentou:

— Enfim, você vai conhecer um pouco de São Paulo.

— Pena ficar só um pouquinho. Adoraria conhecer o centro da cidade, ir aos ateliês da Barão de Itapetininga... ah, também tem o Largo da Sé, a Praça da República...

— Lugar para conhecer é que não falta. Também podemos ir ao Masp, o museu de arte que fica na Rua Sete de Abril. É pertinho da Barão de Itapetininga.

Apanharam as valises. Alfredo caminhava um pouco à frente para logo pegar um táxi. Dirce, um pouco atrás, apreciava os passantes, a movimentação de aeronaves. De repente, uma senhora se aproximou e solicitou:

— Por gentileza, poderia carregar aquelas duas malas para mim?

Dirce não entendeu.

— Perdão, o que deseja?

— Aquelas malas — a senhora apontou. — Leve-as para mim até o motorista.

Ela gaguejou. Ficou sem ação. Alfredo surgiu e indagou:

— Qual o problema, meu amor?

A senhora arregalou os olhos.

— Ah! Você não trabalha aqui...

— Não, minha senhora. Ela não trabalha aqui. É minha noiva. Venha, meu amor. O táxi nos espera.

Ele puxou delicadamente a mão de Dirce. A senhora ficou sem graça, mas logo deu de ombros e foi atrás de outra pessoa para carregar suas malas.

— Eu fiquei sem saber o que dizer — tornou Dirce, assim que entraram no táxi.

O motorista os olhou de forma séria. Alfredo deu o endereço e logo estavam parados na porta do casarão.

Raimundo veio atender e, ao ver Alfredo, novamente sorriu, contente.

— Alfredo! Como é bom revê-lo. Fez boa viagem?

— Sim, Raimundo. Muito boa.

Ele inclinou-se para o lado e Raimundo mirou Dirce. A princípio, também nada entendera. Muito comedido, apenas sorriu e a cumprimentou.

— Bom dia, senhorita...

— Dirce — emendou Alfredo. — Senhorita Dirce, ainda. É minha noiva, Raimundo. Trate-a muito bem, ouviu?

Raimundo meneou a cabeça.

— Seja muito bem-vinda.

— Obrigada.

— Onde está mamãe? E Antonieta?

— Alfredo, houve pequena mudança de planos. O noivo vai sair da casa de um tio e dona Teresa achou por bem que Antonieta, dona Bernarda e seu Felisberto deveriam sair para a igreja lá da casa dela.

— Então somos apenas eu e Dirce na casa?

— Sim. Se me der alguns minutos, poderei providenciar o almoço.

— Ótima ideia, Raimundo. Peça que nos preparem um prato simples. Vou levar Dirce para um passeio rápido. Logo voltaremos para nos arrumar para a cerimônia.

— Sim, senhor.

Raimundo saiu para providenciar o almoço e Alfredo mostrou a casa para Dirce.

— Realmente, é muito linda. Sua mãe tem excelente gosto.

— Mamãe redecorou a casa. Só ela!

— São lindos esses móveis, os objetos, os quadros.

— Coisas de dona Bernarda. Ela gosta de cuidar da casa.

— Não prefere descansar, querido?

— Chegamos cedo. Temos bastante tempo até o casamento. Você já fez o cabelo, trouxe a roupa. Eu também trouxe a roupa. Vou levar para passarem para nós. Podemos aproveitar para eu levá-la até o centro da cidade.

— Ótimo. Quero muito dar uma volta.

Os dois almoçaram e Alfredo pegou um dos carros da garagem. Levou Dirce para conhecer alguns pontos turísticos da cidade, dentre eles, a Avenida São João, conhecida na época como a Broadway brasileira, pela grande quantidade de cinemas e teatros, e o Museu do Ipiranga, cujos jardins encantaram Dirce. Retornaram no finalzinho da tarde. Alfredo havia dado de presente para Dirce um vestido verde-água, de corte impecável, adquirido da Maison Dior. Quando ela desceu, Alfredo assoviou:

— Está lindíssima. Uma deusa!

— Não exagere.

Raimundo trazia uma bandeja com água e Alfredo quis saber:

— Minha noiva não está linda?

Raimundo concordou, animado:

— Muito bonita. Linda!

— Tem certeza? — Dirce estava insegura. — Acho que falta alguma coisa...

Alfredo mexeu os ombros.

— Não sei o que falta. O vestido lhe caiu muito bem.

Ela percebeu que Raimundo a fitava de maneira não muito usual.

— O que foi, Raimundo? Você também acha que falta alguma coisa?

Ele pigarreou e disse, num tom baixo de voz:

— Se me permite...

— O quê? Claro que você pode opinar — incentivou Alfredo.

— Um momento.

Raimundo saiu, levando a bandeja consigo. Alfredo e Dirce se entreolharam.

— O que será que aconteceu? — Alfredo nada entendeu.

Raimundo chegou em seguida, ofegante. Trazia um chapéu delicado, em tons parecidos aos do vestido. Ele aproximou-se de Dirce e pediu:

— Com licença — e encaixou o pequeno chapéu na cabeça dela.

Alfredo não se conteve:

— Mas o que é isso? Você conseguiu deixá-la mais linda!

Dirce correu até o *hall* e fitou sua imagem diante do espelho.

— Raimundo! Onde você conseguiu esse chapéu? Eu amei!

Ele enrubesceu.

— Fui eu que fiz.

— Você? — ela indagou, curiosíssima.

— Nas horas vagas, eu vou até a cidade à cata de retalhos. Alguns comerciantes me conhecem e me dão tiras, pedaços de tecidos. Meu avô, ex-escravo, fazia chapéus em casa. Aprendi com ele e, com o tempo, passei a me dedicar aos chapéus femininos.

— Você é genial! — parabenizou Alfredo. — É um chapéu digno de uma bela vitrine.

— É, sim, Raimundo — concordou Dirce. — Lindo. Parabéns.

— Você deveria investir nessa carreira — estimulou Alfredo.

Ele riu sem graça.

— Eu? Preto e pobre? Trabalhando com moda? Só se for para ser servente do ateliê.

— Não se menospreze, Raimundo. Você tem talento.

— Eu sei, mas...

— Veja. Eu incentivo Dirce a valorizar-se. Não será a cor da pele que vai limitá-la na vida.

— Ela tem você para apoiá-la. Eu não tenho ninguém.

— Como não? — protestou Dirce. — Tem a mim. A partir de agora serei sua amiga e cliente. E vou lhe dar uma sugestão.

— Pois não.

— Quero que me faça dois chapéus parecidos com esse.

— A senhorita mora longe.

— Não tem problema — comentou Alfredo. — Vou lhe dar meu endereço no Rio. E fique tranquilo. Após o casamento de Antonieta, vou lhe pagar antecipado para comprar o material necessário. Quando estiverem prontos, é só me ligar. Eu vou providenciar uma maneira de você nos enviar os chapéus.

Os olhos de Raimundo brilharam emocionados.

— Sério? Posso confeccioná-los?

— Não só pode como deve — disse Dirce. — Você tem um dom e deve usar e abusar dele.

Raimundo estava sem palavras. Ter seu trabalho reconhecido, mesmo que com timidez, era uma grande vitória.

— Você poderá ir longe — Alfredo o estimulou.

— Vamos apoiá-lo, pode ter certeza.

Ele mal cabia em si de tanta felicidade. Nascera pobre, era de família de ex-escravos que, depois de assinada a Lei

Áurea, ganharam liberdade, mas perderam moradia, comida e trabalho. Os ex-patrões preferiam contratar mão de obra estrangeira. O governo não fizera um plano para que, assim que fossem libertados, pudessem ter mínimas condições de vida, como trabalho, saúde, moradia. Simplesmente ficaram ao deus-dará. Raimundo vinha de uma família que lutava dia a dia para ter uma vida com o mínimo de dignidade. O avô lhe transmitira o ofício de fabricar chapéus. O pai morrera cedo e a mãe era lavadeira. Conseguiram levantar uma casinha de dois cômodos nos lados do Canindé, local em que a prefeitura, nessa época, arrancava moradores de rua e pessoas pau-pérrimas das ruas e de cortiços, atirando-os em caminhões e despejando-os em áreas distantes do centro.

De repente, num pequeno encontro com o filho da patroa, Raimundo começava a vislumbrar outra vida. E, a partir de agora, Raimundo iria se fiar nesse sonho.

CAPÍTULO 30

Alfredo e Dirce chegaram à igreja pouco antes do horário marcado para a cerimônia. Já sabia — a mãe lhe contara — que Antonieta iria se atrasar pelo menos meia hora. Foram até a sacristia e lá encontraram Felisberto. Assim que os viu, ele abriu os braços.

— Alfredo! Que bom que chegou. Estava ansioso.

— Cá estou. Deixe-me lhe apresentar minha noiva. Essa é Dirce.

Felisberto surpreendeu-se, mas, como não tinha a discriminação ou o preconceito nas veias, abraçou Dirce com ternura.

— Seja muito bem-vinda, minha filha.

— Obrigada. Prazer.

— O prazer é todo meu.

Felisberto afastou-se, segurando Alfredo pelo braço.

— Está preparado para o que poderá acontecer, não?

— Diz de mamãe? — Felisberto fez sim com a cabeça. — Claro que imaginei. Sei o que ela poderá ser capaz de fazer ou dizer. Essa é a realidade. Dirce é a mulher da minha vida. Mamãe goste, ou não.

— Você vai fazer par com sua prima Judite.

— Vou levar Dirce para se sentar na primeira fileira de bancos. Lá não estão reservados os lugares para a família da noiva e do noivo? Pois bem. É lá que a minha futura esposa vai se sentar.

Dirce sorriu emocionada.

— Obrigada, meu amor.

— Vou levá-la até seu lugar — disse ele e pediu a Felisberto: — Aguarde-me aqui. Já vamos até a porta esperar pela chegada da noiva.

— Ela quis vir com o Samir no carrão dele. Dispensou o motorista. Coisas de Antonieta.

— Coisas de Teresa, se bem sei.

Felisberto concordou sorrindo. Alfredo pegou Dirce pela mão e a conduziu até a primeira fileira. Encontrou alguns parentes. Assim que indicou o banco para Dirce, percebeu o desagrado de uma tia-avó e dois primos.

— É a minha noiva. O nome dela é Dirce.

Os parentes abaixaram a cabeça, sem jeito. Evitavam olhar para Dirce.

— Meu amor, preciso deixá-la, por ora. Daqui a pouco eu a verei lá do altar.

Alfredo a beijou nos lábios e saiu. A tia-avó que ali estava mexeu a cabeça numa negativa. Os primos afastaram-se um pouco para nem encostarem em Dirce, mesmo sem querer. Ela, um tanto acostumada com esse comportamento, sentou-se e ficou olhando para a frente, observando o altar, a decoração, sentindo o delicado perfume das flores. Deu uma olhada no noivo e o percebeu um tanto nervoso.

Uma prima de segundo grau de Alfredo, sentada logo atrás, comentou com Dirce:

— Adorei seu chapéu.

— Obrigada.

— Comprou onde?

— É de um costureiro ainda desconhecido. Ainda.

— Eu adoraria ter um parecido com o seu. — A moça deu a volta e sentou-se ao lado de Dirce. A mãe da moça fulminou-a com o olhar e sentou-se no banco de trás.

— Não ligue para minha mãe. Ela é antiquada, cheia de valores morais ultrapassados.

— Não me importo. Sinto esse desconforto desde que nasci.

— Prazer, meu nome é Dalva.

— Eu me chamo Dirce.

— Vi Alfredo a trazendo até aqui. São namorados?

— Estamos noivos.

— Ah, que coisa boa! E você, pelo sotaque, deve ser do Rio.

— Sim. — Dirce achou graça na maneira espontânea com que a moça falava.

— Esse seu amigo tem ateliê?

— Não. Na verdade, ele produz em casa, de maneira artesanal.

— Sabe, eu trabalho num ateliê. A modista para quem trabalho é cheia de novas ideias, meio modernosa. Assim que vi seu chapeuzinho, pensei com meus botõezinhos: dona Marocas vai adorar esse modelo.

— Você trabalha com Marocas Dubois? Ela é bem conhecida no Rio.

— Precisamos arrumar um jeito de apresentar seu amigo costureiro a ela.

Dirce sorriu. Teve certeza, naquele momento, de que o futuro de Raimundo estava sendo redesenhado. Conversaram animadas até que a música começou a tocar, anunciando a entrada da noiva, e todos se levantaram.

Enquanto elas conversavam, nem perceberam o tempo passar. Antonieta estava atrasada havia mais de uma hora, para desagrado de muitos convidados. Assim que o carro de Samir estacionou, Felisberto e Alfredo se aproximaram. Outro carro, logo atrás, trazia Teresa e Bernarda.

Alfredo abriu a porta e Antonieta, lindíssima, o encarou comovida:

— Vou me casar!

— Sim — ele riu. — Hoje é seu dia.

— Ajude-me a puxar o véu.

Alfredo a ajudou e ela deu um oi para Felisberto. Bernarda abraçou-o de maneira efusiva.

— Que bom ver você!

Ele ia responder, mas logo atrás apareceu Teresa.

— Olá, Alfredo. — Ele respondeu com um aceno e ela continuou: — Decidiu conduzir a noiva até o altar?

— Que pergunta mais sem fundamento. Já decidimos que Felisberto é quem vai levá-la.

— Eu preferia que fosse você — tornou Antonieta. — Felisberto não é...

Felisberto meneou a cabeça de forma negativa.

— O casamento é seu, Antonieta. Você escolhe com quem vai entrar.

— Eu decidi que vou entrar com seu Samir.

Alfredo e Felisberto se entreolharam, estupefatos.

— Como assim? — Alfredo não entendeu.

— Eu, mamãe e Teresa conversamos. Achamos que seria mais prudente seu Samir me conduzir pela nave até o filho dele.

— Como disse Felisberto, o casamento é seu.

Alfredo puxou Felisberto pelo braço. Bernarda interveio:

— Não fiquem bravos. É que, como Antonieta não tem pai, fica melhor...

Alfredo a cortou, seco:

— Mamãe, eu não me importo de levar ou não Antonieta. Apenas creio que Felisberto deveria conduzi-la até o altar. É como se fosse pai dela.

— Como se fosse... — repetiu Teresa. — Mas não é.

Ele a fulminou com os olhos, puxou Felisberto pelo braço e entraram na igreja. Apressaram o passo. Ao passar pela primeira fileira, ele piscou para Dirce. Ela notou o descontentamento dele e ficou intrigada, mas nada comentou com Dalva.

Samir estava mais afastado do carro, fumando, e nem estava a par do que ocorria. Só ouviu Teresa o chamar. Ele apagou o cigarro com o sapato e encaminhou-se até elas. Ele era um sujeito tranquilo, não se importava com os mandos e desmandos de Teresa. Ele estendeu o braço para Antonieta e ambos pararam diante das portas. A marcha nupcial começou a ser tocada, as portas se abriram e eles entraram.

Durante a cerimônia, enquanto o padre falava, Bernarda perscrutou o recinto. Observou os parentes sentados à frente e, mais no meio, avistou figuras conhecidas da sociedade. Tinha gente da família Matarazzo, Crespi, Penteado, Vieira de Carvalho, uma infinidade de sobrenomes cultuadíssimos pela sociedade paulistana. Mais à frente, ainda, avistou Yolanda, mãe de Décio. Estava acompanhada do marido, figurão do governo Vargas. Sorriu contrariada.

— Teresa me obrigou a convidá-la. Paciência — murmurou, enquanto os olhos continuavam a captar todos os detalhes.

De repente, seus olhos pousaram numa mulher elegantemente vestida, com um chapéu também para lá de elegante.

Mas era negra! O que uma mulher negra estava fazendo sentada no primeiro banco, reservado somente para as famílias dos noivos?

Só pode ser uma babá, ou uma acompanhante. Mesmo assim, deveria estar sentada nos fundos da igreja, não ali na frente.

Teresa também viu Dirce. Fez uma cara de poucos amigos e endereçou o olhar a Bernarda, como quem pergunta: Quem é essa daí? Bernarda encolheu os ombros. Não sabia quem era.

Terminada a cerimônia, o jovem casal retirou-se sob uma salva de palmas, iniciada pela família de Samir, deveras festeira. Bernarda sentiu-se incomodada. Mais ainda quando percebeu que a tal moça negra permanecia sentada enquanto os convidados se retiravam. Ela ia perguntar a Teresa sobre a moça, mas não foi necessário. Ela acompanhou Alfredo com o olhar. Ele despediu-se da prima, desceu do altar e correu até Dirce. Beijou-a com amor, para espanto de Teresa. Sim, de Teresa, porque Bernarda, petrificada com a cena, desmaiara, sendo socorrida por Felisberto e outros parentes que ali estavam.

CAPÍTULO 31

Aos poucos, Bernarda abriu os olhos. Pensou que estava sonhando, mas, ao receber os tapinhas que Felisberto lhe dava no rosto, olhou ao redor e teve certeza de que desmaiara. Estava sentada numa cadeira, ainda no altar. Os noivos e a maioria dos convidados não perceberam o que havia aconte-cido. A igreja já estava praticamente vazia. Os que presen-ciaram a cena imaginaram que a mãe da noiva, tomada por forte emoção, desmaiara. E Teresa fez questão de espalhar essa versão como a causa do desmaio.

— Ela e Antonieta são muito apegadas. Difícil uma mãe se-parar-se assim de sua filha — justificava para os que indaga-vam o porquê de Bernarda ter desmaiado.

Alfredo e Dirce já estavam no altar. Bernarda vislumbrou o filho e dele os olhos seguiram e pousaram em Dirce.

— Então é verdade...

— Verdade o que, Bernarda? — Felisberto não entendia nada.

— Você, meu filho...

— O que tem, mamãe?

— Como o que tem, mamãe? — indagou Teresa, perplexa.

— Ainda pergunta? Não vê que você foi a causa do desmaio?

— Eu?! Não estou entendendo. — Alfredo falava com sinceridade.

— Você, sim. Onde já se viu? Abraçado a uma... uma...

— Uma o quê? — quis saber Dirce, altiva. — Negra? É isso o que ia dizer, minha senhora?

Teresa nada disse. Bernarda tartamudeou:

— Alf... Alfredo, é o que estou pensando?

— Depende, mãe. Não sou adivinho. Em que a senhora está pensando?

— Você e essa...

— Eu e essa moça somos noivos. Vamos nos casar. O nome dela é Dirce.

— Não! — ela exclamou e começou a choramingar.

— Deixe de cenas, Bernarda — a voz de Felisberto soava fria. — Aja como a mulher de sociedade que é. Seja gentil. Cumprimente sua futura nora.

Ela se recompôs. Levantou-se da cadeira e agarrou-se nos braços do filho.

— Você não pode me dar esse desgosto. Eu poderia aceitar tudo, menos isso.

— Concordo — fez Teresa, abrindo um sorriso sarcástico.

— Você não tem que nada — irritou-se Felisberto. — Venha! — ele a puxou e forçou-a a descer o tablado do altar. — Chega de atrapalhar nossa vida. Saia daqui.

Teresa não queria arredar pé. Estava possessa.

— Onde já se viu? Tirar-me assim do altar. Quem você pensa que é?

Nisso Samir apareceu e, calmamente, conduziu a esposa para fora da igreja.

— Venha, Teresa. Nada de cenas.

Ela ia protestar, mas, ante o olhar sério do marido, acatou a ordem. Em pensamento, xingava Felisberto, que já havia voltado para o altar.

— Bernarda, é o casamento de Antonieta, sua filha. Não é hora de confusão. Por favor.

— Mas...

— Não tem mas. Já estamos atrasados para a festa. Os noivos devem ter chegado ao clube. Vamos.

Atormentada, Bernarda deixou-se conduzir pelo marido. Alfredo abraçou Dirce.

— Tudo vai se resolver.

— Eu disse que ela não ia me aceitar.

— A conversa ainda não terminou.

— Não preciso e não quero a sua defesa.

— Como não? Estamos juntos.

— Mas eu sou o motivo do preconceito — enfatizou.

— Se você é ou não o motivo, eu estou do seu lado. Não vou permitir que minha mãe a destrate dessa forma. Tudo tem limite.

— É sua mãe, Alfredo.

— E o que tem isso?

— Você pode até brigar com ela, mas é sua mãe.

— Desta vez não vou ceder. Você vai ver. Se ela tentar humilhar você, juro que corto relações com ela. Perante essa cruz que está na nossa frente!

Dirce olhou para o Cristo crucificado logo acima deles. Ela fez o sinal da cruz.

— Não acha melhor irmos embora?

— Não. Vou apresentá-la a Antonieta e Rami. Serão seus cunhados.

Ela abaixou a cabeça e seguiu Alfredo, de mãos dadas. Assim que chegaram ao clube, foram barrados por dois seguranças.

— É a festa da minha irmã. Fui padrinho do casamento.

— Temos ordens para que o senhor não adentre o recinto.

— Isso é um absurdo!

— Não é não — vociferou Teresa, que apareceu naquele instante. — Você e essa negrinha não entram na festa. A não ser que você queira entrar para festejar com sua irmã e essa daí, bem, eu posso arrumar um trabalhinho para ela lá na cozinha. Uma das empregadas não veio.

Alfredo sentiu o sangue subir.

— Você representa o que há de mais sórdido no ser humano.

Ela deu de ombros. Dirce emendou:

— Você não passa de uma branquela esnobe. Minha entidade acabou de dizer que você já ultrapassou o limite do bom-senso. Se persistir nessa atitude prepotente, saiba que logo vão cobrar-lhe tudo o que pediu e ainda pede.

— Além de escurinha é louca também? Deixou-se infectar pela irmãzinha sem juízo?

— Tudo tem limite, Teresa. Os feitiços que manda fazer não vão mais atingir seus desafetos. E, se tentar fazer alguma coisa contra nós, saiba que eu — enfatizou — vou fazer questão de devolver a energia de todos esses trabalhos diretamente para você. — A voz de Dirce se modificara levemente. Alfredo percebeu que ela estava semi-incorporada. Teresa sentiu um frio no estômago. Percebeu estar conversando com uma entidade, que, de quebra, sabia o que ela fazia. Em vez de discutir ou querer saber como fora descoberta, girou nos calcanhares e voltou à festa, apertando o passo.

Alfredo abraçou-se a Dirce. Afastou-a dos brutamontes que impediam a passagem deles. Bernarda e Antonieta apareceram e Antonieta, assim que os viu, disse com escárnio:

— Jamais permitiria uma negra desconhecida na minha festa.

— Se fosse conhecida, você me deixaria entrar? — questionou Dirce.

— Não estou lhe dirigindo a palavra. Cale-se!

Alfredo bufou e, dedo em riste, encarou Antonieta, colérico.

— Cale-se você! Quem pensa que é para falar assim com minha noiva?

— É a minha festa de casamento. Eu deixo entrar quem eu quiser. E proíbo também quem eu quiser. Sua namoradinha de cor não entra na festa.

— Isso mesmo — ajuntou Bernarda. — Eu perdoo você, Alfredo. Sou mãe, compreendo que tenha vontades e desejos. Sei que logo vai descartar essa negrinha e vai conhecer alguém do mesmo nível que o nosso.

— Falou a magnânima! A mulher que desceu à Terra para dizer o que temos e o que não temos que fazer. Genial!

— Sem sarcasmos com a mamãe — protestou Antonieta. — E vamos acabar logo com essa baderna porque preciso voltar à festa. — Antonieta estava era com medo das pessoas que ainda chegavam à festa e escutavam a discussão.

— Pois fique sabendo que eu não vou entrar — entristeceu-se Alfredo. — Hoje perdi uma irmã e uma mãe.

— Bobagem — comentou Bernarda. — Logo isso vai passar. Já disse.

— Não, mãe. Não vai passar. Dirce será a mãe dos meus filhos.

— Se se amasiar com essa negrinha, eu o deserdo.

— E eu corto relações com você — emendou Antonieta. — Jamais permitirei que me visite.

— É uma pena. Vocês estão me obrigando a escolher um lado.

— Claro! — exclamou Bernarda. — E o correto é ficar do lado da sua mãe. E da sua irmã.

Alfredo coçou a cabeça e puxou Dirce contra o peito. Abraçou-a e beijou-a com amor. Antonieta virou o rosto e Bernarda sentiu as pernas bambas.

— Pois bem — ele tornou sério, sem exaltação. — Eu escolho ficar ao lado da mulher que amo.

— Já disse que o deserdo.

— Mamãe, pode fazer dos seus bens o que quiser. São seus, não meus. Não preciso da sua herança ou do seu dinheiro para viver. Sou um homem correto, trabalhador. Acima de tudo, sou um homem digno, algo que você nem mesmo Antonieta entendem o que é. Quero que olhem bem para a minha cara.

As duas não entenderam, mas o encararam. Alfredo disse:

— É a última vez que nos vemos. Pretendo me estabelecer no Rio e vou constituir família com a Dirce. Lá também tenho minha família verdadeira, isto é, Estelinha e tia Angelina. Só vou ter saudade de Felisberto.

Nesse momento, Felisberto apareceu. Ele ouvira praticamente toda a conversa. Estava atrás de uma pilastra. Ele desceu o pequeno degrau, abraçou-se a Alfredo e depois abraçou e beijou Dirce.

— Não vão sentir saudades. Vou visitá-los sempre que puder.

— Obrigado, Felisberto. — Alfredo sentiu leve emoção.

— Se virar as costas, Alfredo, não quero nem que fique em minha casa.

— Fique tranquila, dona Bernarda. Eu e Dirce apenas passaremos na sua casa para apanhar nossas valises. Vamos para a Estação da Luz. Pegaremos o último trem para o Rio.

— Eu vou para casa junto com vocês — ofereceu-se Felisberto. — Depois os levarei até a estação.

— É a festa de Antonieta! — bradou Bernarda.

— E eu com isso? — Felisberto deu de ombros. — Ela não é minha filha.

Os três saíram abraçados. Os seguranças, de certa forma, comoveram-se com o colóquio. Um deles, moreno, entendeu perfeitamente o que se passava com Dirce. Solidarizou-se com ela. Deixou o colega e os acompanhou até o carro.

Bernarda começou a chorar. Antonieta a tranquilizou:

— Bobagem, mamãe. Isso logo passa. Alfredo vai voltar e comer aqui na nossa mão. Pode apostar.

Sorte de Antonieta não ter feito aposta alguma. Aquela noite foi a última vez que tivera contato com o irmão. Nunca mais se falariam ou se veriam. Alfredo, lamentavelmente, nem mesmo iria ao enterro dela, dali a poucos anos.

CAPÍTULO 32

Alfredo e Dirce desceram a escada segurando as valises. Dirce segurava o chapéu e foi entregá-lo a Raimundo.

— Muito obrigada. Seu chapéu fez sucesso.

— Imagine. Já disse que ele é seu — respondeu Raimundo.

— Uma moça que trabalha num ateliê encantou-se com o artefato. Disse-me que gostaria muito de conhecê-lo.

— Verdade? — Os olhos dele brilharam emotivos.

— Sim. O nome dela é Dalva. Aqui está o telefone dela. Pediu para ligar quando quiser. — Dirce entregou-lhe um papelzinho. — Ela trabalha com Marocas Dubois, conhece?

— Claro! Sou apaixonado pelo trabalho dela.

— Fico feliz. Aqui — Dirce entregou-lhe outro papelzinho — está meu endereço e telefone. Quando terminar de fazer os chapéus que encomendei, me ligue.

Raimundo dobrou o papelzinho e, instintivamente, abraçou-a. Dirce correspondeu ao abraço. Alfredo aproximou-se e o abraçou:

— Você vai ter um bom futuro, Raimundo. Não deixe que o maltratem ou o inferiorizem por causa da cor de sua pele. São pessoas que ainda têm muito a aprender sobre a vida, sobre a amizade, sobre a generosidade.

— Muito obrigado, Alfredo.

— Agora vamos — pediu Felisberto. — O tempo urge.

Despediram-se e entraram no carro. Raimundo ficou parado no portãozinho, acenando até que o carro dobrasse na curva. Olhou para o alto, mirou as estrelas e, intimamente, agradeceu a Deus por colocar em seu caminho pessoas tão boas e amigas.

Em Londres, a vida de Décio era só festa. Ele se lançara à esbórnia. O pai lhe enviava dinheiro e ele torrava tudo com jogatina, mulheres, homens e bebida. Muita bebida. Certa vez, ao sair de um *pub*, ele deparou-se com Sérgio.

— Anda sumido!

— Estou estudando e consegui um estágio, Décio. O curso é muito puxado. O trabalho também. Além disso, estou frequentando uma igreja nos arredores da universidade. Você deveria vir comigo dia desses.

Ele deu uma gargalhada e disse:

— Não nasci para isso, Sérgio. Nunca fui carola.

— Também não sou. Minha família é ligada à Igreja Batista. Encontrei uma igreja cujos sermões têm me encantado. Foram escritos por Charles Spurgeon. Apenas gosto de ouvir os discursos.

— Nunca ouvi falar.

— Foi um pregador batista inglês. Seus sermões fazem muito sucesso. A igreja que frequento está preparando uma grande comemoração pelos sessenta anos de seu passamento, que ocorrerá ano que vem. Ele é conhecido como o Príncipe dos Pregadores.

— Interessante. Mas não sou religioso. Como você bem sabe, a vida é curta e eu quero aproveitar ao máximo. Não dá tempo de ir à igreja — gargalhou.

— Se pensa assim, paciência. Eu vou ficar até o final do ano por aqui. Depois voltarei ao Brasil.

— Não sei quanto tempo ainda ficarei por aqui. Pode ser que eu vá-me embora com você, no mesmo navio. Ou pode ser que eu fique... fique...

— Se quiser sair para jantarmos e bater um papo, sem bebidas ou jogatina, aqui está meu cartão. — Sérgio tirou do bolso um cartão com o logotipo da universidade e o nome dele logo abaixo.

Décio o pegou e o guardou no bolso do paletó.

— Dia desses vou te ligar, Sérgio Rodrigues do Porto. E vamos sair. Sem bebidas e sem jogatina. Prometo. Palavra de escoteiro.

Décio saiu cambaleante e tropeçou nas próprias pernas. Sérgio quis ajudá-lo.

— Eu o levo até o local em que está hospedado. É só me dar o endereço.

— Estou na casa de uma prima chata. Velha e chata. Eu bem que podia ficar hospedado com você no *campus* da universidade.

— Os quartos são destinados somente a alunos.

— Uma pena... não quero ir para casa.

— Você não está bem, Décio. Vamos pegar um táxi.

— Que seja.

Décio passou o endereço e Sérgio fez sinal para um táxi. Foi nesse momento que Décio viu uma garota do outro lado da rua. Ela flertou com ele. Décio, meio bêbado, soltou-se de Sérgio e atravessou a rua para conversar com ela. O bonde tentou frear, mas não conseguiu. Atingiu Décio com força. Sérgio correu, as pessoas em volta correram. O maquinista saltou do bonde e levou as mãos à cabeça. Um horror.

CAPÍTULO 33

Estelinha caminhou com dificuldade e parou defronte ao grande espelho oval do *hall*. Olhou-se e passou delicadamente a mão na barriga.

— Meu Deus! Olha que barrigão. Se for mesmo um menino, como Dirce assegurou, será grande e forte. E saudável. E eu vou encher você de beijos e abraços. Por toda a vida.

— Falando sozinha. — Era a voz de Angelina, que saíra da cozinha. Ela esfregou as mãos no avental e encostou-as delicadamente na barriga de Estelinha. Com maciez na voz, disse: — Você virá ao mundo e será muito bem-vindo. Importa saber, já que está prestes a nascer, que você é muito amado por todos nós. Você é uma linda criança, e chegará num ambiente tranquilo, amoroso. Ensinaremos você a conjugar o verbo amar.

Ela falou mais algumas palavras bonitas e inspiradoras. Estelinha sentiu grande emoção:

— Minha vida mudou tanto nesses últimos meses. Às vezes, tenho a sensação de que estou aqui há anos.

— É porque temos muitas afinidades. Eu e você temos ligação de outra vida. Pode ter certeza.

— Também sinto a mesma coisa. Eu a vejo como uma mãe. A mãe que nunca tive.

— Não fale assim. — Angelina estava com a voz embargada. — Sabe que eu ando muito sensível com a chegada desse bebê. Qualquer coisa me faz chorar!

Elas riram e Estelinha perguntou:

— Você me leva tomar um passe amanhã?

— Você está com a barriga muito grande. O médico pediu que você repousasse bastante. Falta apenas um mês.

— Eu sei, tia. Mas o passe me faz tão bem! Desde que passei a frequentar a Federação, tenho dormido feito um anjinho. Os sonhos estranhos foram embora. Não fazem mais parte da minha rotina.

— Nem os sonhos em que se percebe sendo arremessada para o espaço?

— Não. Não tenho sonhado mais com isso. Fato interessante é que, durante o repouso, as cenas desse sonho me veem à mente. Como se eu tivesse vivido algo parecido.

— Alfredo já a quis levar a um psicanalista. Por que não marcou consulta?

— Porque, primeiro, eu queria me consultar com o amigo do papai, o Jorge. Ele tirou férias longas e não sei quando retorna. Segundo, quero esperar essa coisa linda vir ao mundo. — Acariciou a barriga novamente. — Depois que o bebê nascer, eu vou cuidar da cabeça, voltarei a estudar.

— Terá um filho pequeno para cuidar. Ele vai tomar praticamente todo seu tempo.

— Enquanto for pequenininho, vou cuidar tão somente dele. Entretanto, enquanto cuido dele, poderei arrumar tempo para estudar.

— E, quem sabe, poderá conhecer alguém...

— Nem me venha com essa, tia — as duas riram. — É muita coisa para uma pessoa que passou anos praticamente trancafiada num quarto.

— Por isso mesmo. Precisa resgatar o tempo perdido. Há tantos moços interessantes nesta cidade!

— Um deles por acaso vai se interessar por uma mãe solteira?

— A sociedade pode ser preconceituosa. Você não é. Se pensa que não é, não vai atrair pessoas que a condenem. Lembre-se do que escutamos na última palestra: "Os seus pensamentos têm força. Eles atraem para sua vida tudo o que imagina".

— Sim. Eu falo tantas coisas bonitas para meu bebê. E, às vezes, ainda escorrego em ideias punitivas sobre mim mesma.

— Foram anos ouvindo comentários negativos a seu respeito. Agora está no processo de limpeza mental. Nesses meses, você tem praticado exercícios de autoestima e de perdão. Eles são imprescindíveis para que você mantenha uma mente saudável, equilibrada, tranquila, em paz.

A campainha tocou e Angelina atendeu. Era Dirce. Cumprimentaram-se e ela quis saber:

— Como anda meu sobrinho?

— Você fala com tanta convicção, Dirce. E se nascer uma menina?

— Não sei o que essa criança vai se tornar. Mas vai nascer do sexo masculino. Disso não tenho dúvidas.

Foram conversando até chegarem à cozinha. Dirce trazia uma sacola.

— Trouxe os ingredientes para o nosso café da tarde. Vou preparar um bolo de fubá. Do jeito que Estelinha gosta.

— Assim vou explodir. Nunca me vi tão gorda.

— Você era bem magrinha — observou Angelina. — Agora está com aparência de uma mulher grávida e extremamente saudável.

— É verdade — acrescentou Dirce. — Agora está com aparência boa. Não tem ideia de como chegou aqui.

— Parecia um alfinete — comentou Angelina.

— Por falar em alfinete — Dirce estava radiante —, Raimundo me ligou e os chapéus ficaram prontos. Alfredo o instruiu sobre como enviar o pacote ao Rio.

— Nunca iria imaginar o Raimundo como um artesão. Sempre tão quietinho, reservado.

— Para você ver, Estelinha. Lembra que eu lhe disse que no casamento da sua irmã — ela enfatizou — conheci sua prima Dalva? Ela está dando a maior força para ele.

— Fico feliz — comentou Estelinha. — Não gosto muito de lembrar dessa época, mas, quando Décio esteve em casa pela primeira vez, destratou o Raimundo. Foi de uma ignorância sem tamanho.

— Imagino — suspirou Dirce, enquanto preparava a massa do bolo. — A pessoa sofre por ser empregada. E a pessoa negra sofre duas vezes: por ser empregada e por ser negra.

— Você ainda não se esqueceu do que aconteceu no casamento, não é?

— Esqueci. E perdoei, a elas e a mim. Sua mãe e sua irmã ainda têm uma maneira bem rasa de enxergar a vida. Prefiro ser negra a enfrentar o que a vida lhes reserva.

— O quê?

— Nada de mais — desconversou. — Já Alfredo, infelizmente, não consegue perdoá-las. Nunca imaginou que sua mãe fosse tão deselegante e o colocasse numa situação embaraçosa. Pedir para ele escolher entre mim e ela? E sua irmã? Ela falou de um jeito com o Alfredo... ele ficou magoado.

— Muito triste — ponderou Angelina.

— Triste mesmo — Estelinha concordou. — O espiritismo tem me ensinado que o que vale é o seu valor, sem rótulos de qualquer espécie. Dentre muitas coisas, isso quer dizer, para mim, que julgar o próximo pelo tom de pele, classe social, sexo, preferências e afins é de péssimo gosto. Nunca esteve na moda. E nunca vai estar.

— A nossa vida é tão curta neste planeta! — ajuntou Angelina. — Apenas trazemos na bagagem a soma do que fomos. Isso forma nosso temperamento, isto é, o jeito de ser. Uma das atribuições do espírito, ao reencarnar, é valer-se desse temperamento e moldar a personalidade. Ela é plástica, pode mudar, ou não, com o tempo. Com esses recursos atraímos uma família cujas características são semelhantes às nossas.

— Explique melhor, tia.

— Imagine que você foi ciumenta por muitas vidas. Já morreu e matou por ciúme. Perdeu excessivamente o equilíbrio emocional por conta dele. Você vai atrair uma família com características parecidas. Com a sua bagagem, isto é, temperamento e personalidade, irá caminhar para ser mais ciumenta ou aprender a lidar de forma sensata com o ciúme.

— Eu não me pareço em nada com minha mãe ou minha irmã. Não deveria ter atraído uma família diferente?

— Depende. Há casos e casos. Geralmente, de acordo com as instruções dos amigos espirituais, oitenta por cento dos reencarnes ocorrem entre espíritos afins, ou seja, que se conhecem há algumas existências. Há os casos daqueles que, por uma questão de objetivo reencarnatório, solicitam renascer em família distinta, que não conhecem. E há também os que, perturbados em demasia no astral, não têm condições de escolher a família.

— A bem da verdade — Dirce prosseguiu —, o que importa é que, nascendo em uma família conhecida ou não, somos estimulados a rever crenças e atitudes que, de certa forma, impedem nosso amadurecimento espiritual. No seu caso,

Estelinha, eu lhe asseguro que há ligações entre você e seus parentes. Você tem ligações passadas com Bernarda, Antonieta, Alfredo e Felisberto. Além do mais, atraiu Bernarda como mãe para ajustes do passado e também para que, através de uma educação rígida, pudesse descobrir seus verdadeiros potenciais.

— Eu sofri muito. Poderia ser diferente.

— Mas não foi. Foi do jeito que seu espírito compreendeu como fator para que pudesse se transformar. Veja eu, por exemplo. Não nasci negra por acaso. Não quero dizer que nascer negra seja um martírio ou penoso. Longe disso. Ter ligações ancestrais com a raça negra é um privilégio.

— Você sofre — avaliou Estelinha.

— Não é que eu sofra. Nasci numa época e num país em que ser negro é sinal de inferioridade. Aqui somos vistos como menos capazes. Os homens são burros e desprovidos de inteligência. As mulheres são valorizadas se forem bonitas. Costumam dizer que somos exóticas. É puro preconceito. No meu caso, sinto que escolho renascer de formas diferentes para eliminar todo preconceito que possa estar impregnado no meu espírito.

— Sua mãe e sua irmã ainda estão bem presas às ilusões do mundo — observou Angelina. — Elas acreditam que só exista uma vida e que nasceram superiores. A vida, muitas vezes, nos oferece um monte de oportunidades boas, como nascer numa família rica, ser bonita, inteligente. E então a vaidade será testada. O orgulho será colocado em xeque. Não se esqueça de que todos nós, em algum momento, deveremos prestar contas à espiritualidade maior. Cada um com sua cota de acertos e desacertos.

— Isso mesmo — respondeu Dirce. — Vou me casar com Alfredo e ensinarei o valor do amor a meus filhos. Quero que sempre andem de cabeça erguida. Vou ensinar-lhes que a maior arma contra o preconceito é o amor.

Continuaram a conversa até que o bolo ficou pronto e logo o aroma característico invadiu a cozinha, abrindo o apetite das três. Angelina fez café fresquinho. Prosseguiram a prosa e nem perceberam o tempo passar.

Ali formava-se um núcleo de espíritos afins que muito se prezavam. As auras delas estavam clarinhas, denotando estarem em paz e bem consigo mesmas. A aura do bebê transpassava a barriga de Estelinha, revelada numa tonalidade cor-de-rosa. Apenas Dirce presenciou o lindo fenômeno. Ela endereçou um olhar amoroso para aquele barrigão e sorriu.

CAPÍTULO 34

Décio acordou e piscou os olhos várias vezes. Onde estaria? A última lembrança foi de que conversava com Sérgio na rua e... ele não se lembrava de mais nada. A cabeça começou a doer e, aos poucos, ele voltou a dormir. Ao lado dele, Sérgio conversava com um dos médicos que o operara. O nível de inglês estava avançadíssimo, portanto, conseguiu fazer perguntas e entender perfeitamente o que havia acontecido.

Assim que o bonde o atingira, Décio ficou preso às ferragens. Uma perna precisou ser amputada ainda no local do acidente. Ao chegar ao hospital, constatou-se que havia fraturado três costelas e um dos braços sofrera fratura exposta. Depois das cirurgias, seu corpo praticamente ficou todo engessado. Havia ainda uma faixa de gaze que cobria boa parte da cabeça, local em que ele sofrera leve traumatismo. Perdera também a visão do olho esquerdo.

— Quanto tempo mais no hospital, doutor?

— Ele deverá ficar hospitalizado entre quatro e seis meses, até que o osso possa cicatrizar e se consolidar.

— Não é muito tempo?

— Perto do acidente que ele sofreu? Negativo. Era para seu amigo estar morto. Nossa equipe foi muito competente.

— Sem dúvida.

— A família já foi notificada, certo?

— Sim. As autoridades entraram em contato com o pai. Ele me enviou a quantia necessária para arcar com todas as despesas.

— Perfeito. Lamento que esse moço, tão jovem, tenha perdido uma das vistas e amputado uma perna.

— Como o senhor disse, o importante é que ele está vivo.

O médico concordou e saiu do quarto. Assim que se retirou, Sérgio permaneceu ali, zelando pelo amigo. Lembrou-se de um dos sermões que ouvira na igreja e fez sentida prece. Notou que Décio mexeu levemente a cabeça. Ele apertou sua mão e disse:

— Vai ficar tudo bem. Oremos e confiemos.

Fazia um calor daqueles e Bernarda tocou a sineta. Ninguém apareceu. Uma empregada cozinhava, a outra tirava pó dos quartos e Raimundo estava limpando a piscina. Nenhum deles ouviu a sineta. Bernarda tocou de novo. Nada. Irritada, levantou-se da poltrona e caminhou a passos largos até a cozinha. A empregada mexia as panelas e estava atenta à radionovela *O direito de nascer*, sucesso absoluto que ficaria no ar por três anos. Bernarda gritou e a empregada deixou cair a colher. Levou a mão ao peito.

— Minha Nossa Senhora, dona Bernarda. O que aconteceu?

— Nada. Estou tocando a sineta e ninguém escuta.

— Estou correndo com o almoço. Sei que pede para caprichar quando dona Teresa vem almoçar.

Ela fez um muxoxo. A empregada estava certa. Além do mais, quem deveria atendê-la era Raimundo. Gritou:

— Raimundo, onde está?

— Na piscina. A senhora pediu para deixá-la limpa, porque dona Teresa...

Ela a cortou, seca:

— Eu sei, criatura. Eu sei!

Saiu estugando o passo e viu Raimundo tirando folhas da água. Aproximou-se e ele assustou-se.

— Dona Bernarda!

— Infeliz. Perdeu a audição?

— Não... não. O que foi?

— Não foi. Você não foi.

— Desculpe, não entendi.

— Toquei várias vezes a sineta. Você deveria ter ido imediatamente até a sala.

— Mil desculpas. Estou entretido aqui na limpeza da piscina. Dona Teresa está para chegar e sei que tudo deve estar impecável e...

— Chega! Largue tudo e vá me servir uma limonada. Agora!

— Sim, senhora.

Ele saiu e entrou apressado na cozinha. A cozinheira o encarou de soslaio. Não gostava da maneira como Bernarda o tratava. Ela fez menção de ajudá-lo, mas Raimundo fez que não.

— Ela pode ficar brava com você — murmurou.

Raimundo fez a limonada e levou o copo na bandeja. Entrou na sala no momento em que Teresa havia chegado. Ela o encarou de cima a baixo. Não gostava dele.

— Também quero.

— Perdão, senhora?

— Também quero o mesmo que está servindo à Bernarda.

Ele mordiscou os lábios.

— Não temos mais limões. Posso fazer uma laranjada...

— Você é o responsável pela manutenção da despensa — bufou Bernarda. — Como não tem limão?

— Desculpe, senhora. A cozinheira usou um monte deles para fazer a torta de limão de que a senhora tanto gosta.

Bernarda ia concordar e pedir o suco de laranja, mas Teresa — sempre Teresa — interferiu na conversa e influenciou negativamente a amiga:

— Eu quero limonada. Limonada se faz com o quê?

— Com limões — respondeu Raimundo, constrangido.

— Olha só! Até que seu empregadinho não é tão tosco como eu imaginava.

— Pode ser laranjada, Teresa — Bernarda quis contemporizar.

— Não, Bernarda. Não pode. Eu quero limonada.

— Então, Raimundo, você terá de sair para comprar limões.

— Sim, senhora.

Ele retirou-se imediatamente. Foi até os fundos — ele morava na edícula durante os dias de trabalho — e trocou de roupa. Tirou o uniforme e vestiu calça e camisa comuns. Chamou o motorista e correram para o mercado.

As duas já estavam almoçando quando Raimundo, esbaforido, entrou com a bandeja. Levou o copo de limonada até Teresa e ela fez uma negativa:

— Agora não quero mais. A vontade já passou.

Raimundo ia começar a chorar. E seria o momento em que Teresa começaria a espezinhá-lo. Levantou-se nervosa para fazer um discurso inflamado:

— Negro insolente. Empregado de meia figa. Você não serve para coisa alguma.

Bernarda não disse nada. Não gostava de contra-argumentar a amiga. Teresa sentia-se crescer.

— Pode levar essa limonada embora daqui. Eu quero laranjada. E rápido.

— Sim, senhora.

Raimundo voltou à cozinha, cabisbaixo. Entrou e a cozinheira quis saber:

— Que gritaria foi essa?

— A dona lá não quer mais limonada. Agora prefere a laranjada, que ofereci antes de ter de correr feito um idiota até o mercado.

A cozinheira riu. Raimundo ficou vermelho.

— Você também, Nete?

— Bobo. Faça a laranjada e, na hora de adoçar, dê uma cusparada.

— Sabe que me deu boa ideia?

Ele fez a laranjada e cuspiu dentro do copo. Mexeu o suco e voltou com a bandeja. Teresa mal olhou para ele. Tomou o suco de uma só vez. E passou a língua nos lábios.

— Pelo menos esse seu empregadinho insolente sabe fazer uma boa laranjada.

Raimundo não conseguiu segurar a risada. Bernarda tentou censurá-lo:

— Que modos são esses?

— Não é nada — ele falou e riu mais alto.

— Que deu no seu empregado, Bernarda?

— Não sei.

Teresa levantou-se e ergueu o braço para dar um tapa em Raimundo. Ele segurou a mão dela ainda no ar.

— Você pode fazer o que quiser, me xingar, espezinhar, enfim, usar de toda sua ignorância para me atacar. Mas não encosta um dedo em mim.

— Como ousa?! — Ela tentava se desvencilhar dele, mas Raimundo era mais forte. Ele a empurrou de encontro à cadeira.

— Raimundo! — exclamou Bernarda.

— Seu insolente, eu vou mostrar a você o lugar a que pertence. — Teresa levantou-se novamente mas foi surpreendida com uma atitude inesperada. Raimundo pegou o copo de água de Bernarda, que estava cheio, e o atirou no rosto de Teresa. As duas mal tiveram tempo de refletir. — O que... que... — Teresa tartamudeava.

— A senhora não vale o chão que pisa. É uma pessoa detestável. Não tem amigos. A única que a atura é dona Bernarda.

— Não admito que trate minha amiga dessa forma!

— E permite que ela me trate da forma como me tratou? É isso, dona Bernarda? Dois pesos e duas medidas?

Bernarda não sabia o que dizer. Teresa tentou avançar nele, e, outra vez, ele a empurrou.

— Já disse para não tocar em mim.

— Chega! — gritou Bernarda. — Está despedido. Fora. Saia já daqui!

— Depois do que acabou de acontecer, não poderia mesmo continuar nesta casa. É um favor que a senhora me faz.

— Vamos fazer de tudo para que nunca mais arrume trabalho numa casa decente. Você ficará na miséria — bradou Teresa.

Ele deu de ombros. Voltou à cozinha enquanto ela o xingava e espumava de ódio. A cozinheira ouvira o fim da conversa e choramingou:

— Raimundo, o que você fez?

— O que deveria ter feito há muito tempo.

— Elas vão infernizar sua vida. Não vão permitir que trabalhe em nenhuma casa.

— Não preciso da caridade delas, Nete. Chegou o momento de eu tomar um rumo na vida.

Eles se abraçaram e ele foi à edícula. Apanhou as poucas roupas que tinha e colocou-as numa sacola. Pegou outro saco e nele enfiou retalhos, tecidos e feltros. Ao chegar ao portãozinho lateral que servia como entrada e saída dos empregados, Raimundo encontrou Nete e a outra empregada, Maria, ali paradas. Elas o abraçaram comovidas. Nete apanhou um punhado de notas e entregou a ele.

— Tome, meu filho. Acho que dá para uma condução e uma noite de pensão.

— E aqui tem uma comidinha que separei para você — emendou Maria.

Ele as encarou comovido. Apanhou a vasilha com a comida e ajeitou tudo como pôde. O motorista atravessou o corredor e comunicou:

— Eu levo você até o Canindé.

— Imagine, Sebastião. Se dona Bernarda...

— Ela não vai saber. A não ser que um de nós conte. E acho que nenhum de nós vai abrir o bico.

Raimundo nunca se esqueceria desse momento e dessas três almas caridosas. Lá na frente, muitos anos à frente, cuidaria de Nete em sua velhice, pagaria cursos para o filho de Maria e conseguiria um emprego — bem-remunerado, diga-se de passagem — para a neta de Sebastião. Como se vê, o valor das verdadeiras amizades não tem preço. Jamais.

CAPÍTULO 35

Foi num final de tarde que Estelinha, já quase sem forças para suportar tamanha dor, deu à luz seu bebê. No hospital estavam Alfredo, Dirce, Angelina e Claudete. Logo estavam no berçário, observando o pequeno.

— Ele é muito parecido comigo — tornou Alfredo, altivo.

— Não sei. Às vezes tenho a impressão de estar vendo Eurico — ajuntou Angelina.

— Acabou de nascer! Não tem cara de nada, pobrezinho — finalizou Dirce.

— É um menino sem cara de nada, mas lindo, forte e saudável — observou Claudete. — Mais uma vez, Dirce, você acertou.

— Essa sensibilidade para descobrir o sexo do bebê vem desde pequenininha. Algo em mim diz que é e eu acredito!

— Podia acontecer o mesmo com os números do jogo do bicho — brincou Alfredo. Ela o cutucou. Ele a abraçou e disse, de forma terna: — Logo serão nossos filhos que a família virá conhecer.

— Você diz isso agora porque ainda não é pai. Quero ver quando nascer o primeiro! — disse Claudete.

— Serei o melhor pai do mundo. Queremos quatro filhos.

— Não seriam três? — interrompeu Dirce.

— Mudei de ideia.

— Melhor casarem logo para que ele não aumente a ideia! — brincou Angelina.

O clima ali era de festa. Estavam contentes. Quando foi permitido, ingressaram no quarto. Estelinha estava tranquila, embora o semblante demonstrasse cansaço.

— Correu tudo bem, não é?

— Claro! — acalmou-a Alfredo, enquanto caminhava para beijá-la na testa. — Seu filho é lindo.

— A enfermeira já o está trazendo — emendou Dirce.

Angelina e Claudete a cumprimentaram. Trouxeram flores, fazendo o ambiente recender a rosas. Em seguida, a enfermeira chegou com o bebê, enrolado num cobertorzinho azul.

Estelinha o apanhou com delicadeza e aproximou seu rosto do dele. Beijou-lhe a fronte.

— Seja bem-vindo, meu lindo.

— Já tem nome? Sempre nos guardou segredo — quis saber Claudete.

— Achei melhor guardar o nome apenas para mim, afinal, espero que gastemos esse nome de tanto chamar essa criança linda. O nome dele será Marcílio.

— Bonito nome — tornou Dirce. — O nome remete a alguém especial?

— Não. Certo dia ouvi o nome durante um capítulo de radionovela. Achei bonito.

Conversaram bastante, até que a enfermeira veio novamente apanhar o bebê. Em seguida, Estelinha deu sinais de que estava prestes a dormir. Alfredo e Dirce saíram de fininho. Claudete os acompanhou. Angelina ali ficaria mais um pouco, zelando pelo sono da sobrinha amada.

A recuperação de Décio caminhava de pouco em pouco. Ficara meses internado. O resultado de tanto tempo hospitalizado trouxera-lhe resultados positivos e negativos. Os ossos se consolidaram, os ferimentos na cabeça, com exceção da perda do olho esquerdo, não afetaram a coordenação ou inteligência. O local que sofrera amputação, logo acima da coxa, cicatrizara adequadamente.

O lado negativo foi que, com tanto gesso e faixas que envolviam seu corpo, os médicos e enfermeiras não se deram conta de que ele ficara acamado ao lado de um senhor que falava muito e tossia sem parar. O resultado foi que Décio fora infectado por esse senhor e contraíra caxumba, uma doença infecciosa que atinge principalmente crianças. No caso de um adulto que venha a contraí-la, poderá sentir os testículos incharem e, por consequência, ficar estéril, impedido de ter filhos.

Décio sentiu dores na região, mas tinha tantas outras partes machucadas, que não alertou os médicos.

— O importante é que você recuperou-se muito bem — parabenizou Sérgio.

— Olhe como vou sair daqui — ele lamentou. — Sem enxergar direito, coxo.

— Nada de se depreciar.

— Manquitola, imperfeito...

— O que foi? Passou todo esse tempo hospitalizado colecionando adjetivos para designar a falta de uma perna?

— Você ainda tem as duas. Fácil falar.

— Nada disso. Você sofreu grave acidente. Viveu por milagre. E foi atendido por uma equipe médica competente.

— Era melhor ter morrido. Eu era bonito, agora tenho um olho de vidro, terei de usar muletas pelo resto da vida. Além de tudo, peguei essa infecção que me deixou impotente.

— Não, você apenas não pode ter filhos. O resto funciona.

Décio deu de ombros.

— Quem vai querer sair comigo? Com um aleijado?

— Sempre há alguém que se interessa por outro alguém. Você é cheio de qualidades, basta valorizá-las.

— Estou perdido, Sérgio. Não sei o que fazer da minha vida. Tenho medo de voltar ao Brasil assim. Não quero me sentir um inútil.

— Isso é ótimo! — exclamou animado. — Você é jovem e tem dinheiro. Tem condições para voltar a estudar, recuperar o tempo que perdeu. Poderá se formar e trabalhar, sentindo-se um homem útil, de valor, dando, assim, munição para sua dignidade.

— Obrigado — ele disse, de forma sincera. Uma lágrima teimou em descer pelo canto do olho. Em seguida, sondou:

— Qualquer um pode frequentar sua igreja?

Sérgio sorriu.

— A igreja não é minha, é de todos, voltada para quem se interessa verdadeiramente por momentos de oração e reflexão, desejando ouvir boas palavras e se sentir mais forte para superar as adversidades.

— Pode me levar consigo antes de voltarmos?

— Ué! Decidiu voltar comigo para o Brasil?

— Ao menos terei uma boa companhia. Você foi um bom amigo, Sérgio. Visitou-me no hospital quase diariamente, isso sem levar em conta o quanto estudava e trabalhava.

-- Sempre haverá tempo para os amigos. Sempre.

— Meus pais mal me apoiaram.

— Sua mãe estava bastante abalada. Não se perdoa até hoje por ter lhe sugerido a viagem. Acha que, se você não viajasse, não estaria assim.

— Pobre mamãe. Eu sempre fui o filho lindo que ela tinha prazer de apresentar à sociedade. Agora não vai mais agir assim. Se bem conheço dona Yolanda, deve estar mais preocupada com o que vão dizer do filho dela pelas costas.

— Não julgue sua mãe.

— Não a estou julgando, só estou lhe dizendo que a conheço por toda minha vida. Ela é muito ligada nos ditames sociais.

— Seu pai veio visitá-lo quando esteve sedado. Ele veio uma vez e...

Décio o cortou:

— Precisou voltar urgente para o trabalho. O governo não funciona sem ele. Vargas é capaz de enlouquecer sem a presença do senhor Evaristo Nunes.

— Não é bem assim. — Sérgio sentia-se constrangido. Tudo o que Décio dizia era verdade. A mãe lhe confessara que preferia o filho morto a estar daquele jeito. O pai, por sua vez, alegou urgência no trabalho. Eles visitaram o filho apenas uma vez. Depois, retornaram ao Brasil, deixando Décio meio que ao deus-dará. Nomearam Sérgio como o responsável pelo filho. — Seu pai pagou todas as despesas. E foram muitas.

— Não fez mais que a obrigação. Enfim, quero retornar ao Brasil e, durante a viagem, gostaria que me orientasse sobre carreiras e imóveis.

— Assim que retornarmos, serei transferido para o escritório do Rio, esqueceu?

— Não tem problema. Só preciso das orientações de um amigo de verdade.

— Pretende sair de casa?

— Sim. Preciso ter minha própria vida. Eu tenho um dinheiro no banco, herança de minha avó materna. Nunca mexi nesse dinheiro. É hora de usá-lo, para o meu próprio bem.

— Não seria o dinheiro a que você só terá direito quando completar trinta anos?

— Já pensei nisso. Se quer saber, do jeito que minha mãe é, acredito que a cláusula que me impede de usufruir do dinheiro não existe. Dona Yolanda nunca me mostrou testamento ou papéis, sempre me foi dito. Em todo caso, vou contratar os melhores advogados para contestarem essa cláusula, caso ela exista.

— Se é assim, claro que vou ajudá-lo. Se quer mesmo mudar de vida, de ares, por que não considera mudar-se para o Rio?

— Sair de São Paulo?

— Sim. Por que não?

— Nunca pensei nessa possibilidade... mudar-me de São Paulo.

— Ao que parece, você tem recursos para morar em outra cidade. Não há nada que o prenda.

— Isso é.

— Pois imagine morar na capital do país, conhecer outras pessoas, recomeçar a vida. Lá, ninguém o conhece. Poderá se sentir livre para viver como e do jeito que quiser.

Décio entendeu o recado. Sabia que Sérgio conhecia sua intimidade. Era tão bom amigo que jamais o questionara acerca de suas preferências sexuais.

— Você é como um irmão. Obrigado por estar no meu caminho.

E assim, trocando ideias acerca do futuro, deixaram Londres numa manhã nublada e fria. Muito fria. Tentando acostumar-se ao uso das muletas, Décio equilibrou-se no convés e despediu-se da cidade com um movimento de cabeça. Sérgio o observava e via ali um outro homem, pronto para renascer. Levara Décio para conhecer o culto em sua igreja e ele adorou os sermões e as palavras bonitas proferidas pelo pastor. Nunca se interessara pelas escrituras e agora queria estudá-las, compreender melhor o maravilhoso mundo da fé, que é individual e apenas alimentada por quem deseja, fortemente, ter um contato diário e permanente com Deus.

Sérgio sorriu alegre. Deu um tapinha no ombro de Décio e chegaram ao Brasil numa manhã ensolarada e quente. Sérgio desceu no porto do Rio de Janeiro. No dia seguinte, Décio fincaria os pés no porto de Santos. Os pais não foram recepcioná-lo. Enviaram um motorista para levá-lo à capital. Décio não teve dúvidas de que resolveria suas questões em pouco tempo.

Ao chegar em casa, notou o ar de repulsa que a mãe lhe dirigiu. O pai, para variar, não estava em casa. Aproveitando que a mãe estava abaladíssima com sua aparência, pressionou-a sobre o dinheiro no banco. Yolanda não suportou mais a mentira e revelou que o dinheiro poderia estar nas mãos de Décio desde quando completara vinte e um anos...

Foram necessários alguns dias para que o banco lhe desse autorização para ter acesso ao dinheiro deixado pela avó, arrumar malas e despedir-se da mãe, porque o pai, bem, mais uma vez, tivera de viajar com o ministro, como de costume.

Dali a um mês, Sérgio o receberia de braços abertos. Décio apaixonara-se pela cidade e, nos próximos anos, ingressaria no curso de letras clássicas. Tornar-se-ia professor de francês e de inglês. A sua dissertação lhe garantiria vaga para trabalhar em uma das universidades mais prestigiadas do país.

CAPÍTULO 36

O casamento de Dirce e Alfredo realizou-se numa pequena igreja próximo à Federação Espírita do Rio. Era uma igreja pequena, mas bela e acolhedora. Era — e ainda é — bem conhecida porque Tiradentes fez ali suas últimas preces, antes de ser enforcado. Nas vezes em que Dirce frequentava a Federação em companhia de Angelina ou de Estelinha, procurava entrar e dar uma espiadinha.

Depois do casamento, a recepção com bolo e champanhe realizou-se num salãozinho alugado ali pertinho, apenas para poucos amigos e parentes de Dirce. Da parte de Alfredo, havia apenas tia Angelina, Claudete, Felisberto e Estelinha, com o pequeno Marcílio no colo.

— Já decidiram onde vão morar? — indagou Claudete.

Os olhos de Dirce rodaram nas órbitas.

— Escolhemos Copacabana. É charmosa, tem tudo à mão.

— Não param de construir prédios! Prefiro minha casinha em Botafogo.

— Que também cresce a olhos vistos! — exclamou Dirce.

— Pensei até em vivermos em Ipanema — comentou Alfredo. — O bairro ainda é bem tranquilo, repleto de casas. Eu e Dirce preferimos o conforto de um apartamento num bairro que tem excelente estrutura. Demos entrada em um apartamento que deverão entregar daqui a um ano. Enquanto isso, alugamos um apartamento na rua de trás de onde erguerão o nosso.

— Espero que sejam muito felizes.

— Seremos! — observou Dirce. — Nós nos amamos. Alfredo não se importa de eu continuar trabalhando.

— Isso mesmo — ele disse. — Dirce precisa ser independente, usar seus potenciais. Se eu quisesse que ela ficasse apenas cuidando da casa, o mundo perderia excelente e dedicada enfermeira.

— Não exagere, meu amor.

— É verdade.

— Você é muito moderno, Alfredo. — Claudete até sentiu um pouquinho de inveja. — Deixar a mulher trabalhar fora.

— Isso é bom. Eu vou ajudá-la nos afazeres domésticos. Somos um casal, certo? Vamos dividir tudo. Inclusive a educação de nossos filhos.

Angelina aproximou-se e ouviu o fim da conversa.

— Estou muito feliz com a união de vocês. Formam um lindo casal.

— Obrigado, tia.

Dirce a abraçou e disse baixinho:

— Muito obrigada por tudo o que tem feito por nós.

Felisberto carregava o pequeno Marcílio no colo. Aproximou-se e quis saber:

— Partem hoje de lua de mel?

— Amanhã cedo — respondeu Alfredo.

— Eu queria ir para Cambuquira ou Poços de Caldas. Decidimos por Cambuquira — ponderou Dirce.

— Ela venceu — disse Alfredo, abraçando-a com amor.

Felisberto entregou o menino para Estelinha. Comentou com Angelina:

— Agradeço muito o seu convite para eu me hospedar em sua casa.

— Não o deixaria ir para um hotel. Alfredo deixou um quarto vago...

— Que será de Marcílio, eu bem sei.

— Há tempo de sobra para eu redecorar o quarto que será dele. Marcílio dorme no bercinho ao lado da cama da mãe. Portanto, há espaço para o senhor.

— Senhor? Por favor! Prefiro que me chame pelo nome: Felisberto.

Ela corou e assentiu:

— Está bem. Felisberto.

— O que vai fazer amanhã de manhã?

— Não tenho nada programado. Por quê? Gostaria de conhecer algum lugar específico?

— Sim. As poucas vezes que vim, conciliava o trabalho com rápidos encontros com Alfredo. Conheço alguns bares, restaurantes, a Colombo, mas, se quer mesmo saber, adoraria visitar o Pão de Açúcar.

— Eu o levarei com o maior prazer. Sou ótima cicerone.

— Tenho certeza.

— E Bernarda? Como está? Estelinha comentou comigo que você saiu de casa faz um tempo.

— Sim. Como viajo bastante, quando volto a São Paulo, eu me hospedo num hotel perto da empresa.

— O desentendimento deve ser passageiro, não?

— Pedi o desquite.

— Ela deve ter ficado abalada.

— Qual nada! Suspirou aliviada quando pedi a separação.

— Ela é tão ligada nos ditames sociais... não imaginaria esse desfecho.

— A amiga da onça, uma tal de Teresa, fez a cabeça dela. Disse que era melhor Bernarda ser desquitada do que mal-amada.

— Meu Deus!

— Como se ela também não tivesse contribuído para chegarmos a esse ponto. Paciência.

Claudete observava os dois e sentiu um ciúme imenso de Angelina. Aproximou-se com um sorriso disfarçado.

— Vão sair amanhã? — Os dois assentiram. — Posso ir junto?

Angelina ficou meio sem jeito. Ia dizer sim, quando Felisberto tomou a palavra:

— Infelizmente, não será possível. Eu tenho assuntos de foro íntimo para tratar com Angelina. Garanto que não faltará oportunidade para sairmos todos juntos mais adiante.

Enquanto falava, Felisberto foi se afastando de Claudete e convidou Angelina:

— Estelinha já apanhou o táxi para casa. Precisa amamentar o bebê. Gostaria que fosse comigo à recepção. Pode ser?

Ela fez sim com a cabeça. Despediram-se de Claudete e, assim que o táxi que Felisberto pedira partiu, ela bufou.

— Ele vai tomá-la de mim. Não é justo...

Durante um bom tempo ficou ali parada, pensando na vida.

— Como fui burra. Por que nunca me declarei? Agora aparece esse paulista metido a besta e facilmente a leva na conversa.

Claudete estava irritada, mas também sentia-se magoada. Ela podia ser dotada de ótima sensibilidade, ter bons guias espirituais como orientadores, mas estava encarnada, e isso mostrava que seu espírito, abrigado num corpo feminino, tinha desejos, vontades, aspirações.

Descobrira-se lésbica desde cedo. Assim que foi admitida na revista, anos atrás, conhecera uma moça e com ela iniciara um romance. Durou um bom tempo, até que a moça pediu as contas e foi trabalhar num jornal de Belo Horizonte. Claudete mergulhou na fossa.

Quando Angelina fora contratada, Claudete tornara-se a responsável por ensinar-lhe o novo ofício. A amizade brotou espontânea. Mas Angelina enxergava Claudete como amiga. Grande amiga, mais nada. Claudete sabia disso, entretanto, tinha dificuldade de demonstrar seu afeto. Também pudera. Se nos dias de hoje ainda é difícil para uma mulher declarar-se abertamente para outra, imagine décadas e décadas atrás. Praticamente um martírio.

Claudete tinha pouquíssimas amigas lésbicas. Era muito reservada e nutria a esperança de um dia namorar Angelina. Depois de ver Felisberto babando sobre a amiga, teve plena consciência de que perdera a batalha.

— Ela não me vê como sua cara-metade — reclamou para si. — Melhor eu me afastar dela. Só vou encontrá-la no trabalho. E olhe lá.

E Claudete preferiu agir dessa forma, isto é, afastar-se sem explicar o motivo. Procurou novo emprego e, como era ótima redatora, não foi difícil conseguir uma vaga num jornal de grande circulação. Não se despediu de Angelina e, logo em seguida, mudou-se. Também não queria correr o risco de se esbarrarem pela zona sul. Por conta disso, Claudete alugou um apartamento na Tijuca, na zona norte.

Tempos depois, quando Angelina e Felisberto anunciaram o casamento no México — ele era desquitado e as leis brasileiras não permitiam nova união matrimonial —, sentiram falta de Claudete no jantar que fizeram para poucos amigos. Angelina ficou triste. Foi Felisberto quem lhe informou:

— Tentamos procurá-la. Nada.

— Não sei por que ela tomou uma atitude tão extrema.

— Ela não suportaria nos ver juntos e felizes — declarou Felisberto.

— Ora, Felisberto. Claudete é minha amiga de anos. Trabalhamos juntas na revista.

— Ela não mudou de emprego? Não mudou de casa?

— Sim — disse pensativa. — Logo depois do casamento de Alfredo e Dirce, soube que ela pedira demissão. Quando fomos à casa dela, havia outro inquilino. Ele não soube informar o paradeiro da moradora anterior.

— E Claudete parou de frequentar a Federação, suponho.

— Como sabe?

— Porque é evidente que ela gosta de você.

— Sei que ela gosta de mim, Felisberto, afinal... — Felisberto endereçou-lhe um olhar que levou um tempo para Angelina decifrar. Levou a mão ao peito. — Não pode ser! Você acha que Claudete é apaixonada por mim?

— Tia, só você não percebia? — indagou Estelinha, enquanto dava papinha a Marcílio.

— Nunca...

— Os olhares, as atenções exageradas, enfim, ela sempre agiu com você de forma apaixonada.

Ela fitou um ponto indefinido. Ficou pensativa por um bom tempo.

— Agora que me disseram, começo a perceber detalhes que me levam a acreditar que ela nutria sentimentos por mim.

— Apesar de tudo — esclareceu Estelinha —, ela deve estar se sentindo muito só. Se ao menos continuasse a frequentar a Federação, tomaria passes para reequilibrar o corpo emocional, ouviria palestras que nos estimulam a refletir sobre muitas questões que nos deixam tristes.

— Ela é sua amiga — tornou Felisberto.

— Minha mente está confusa — Angelina revelou. — É um assunto delicado. Preciso concatenar melhor as ideias. Ainda não me sinto preparada para conversarmos a respeito.

Prefiro dar prosseguimento aos preparativos da viagem, do casamento. Quando voltarmos, creio que terei condições de ir atrás dela. Nem que contratemos um detetive.

Uma lágrima escorreu pelo canto do olho. Angelina tinha grande afeição pela amiga. De repente, o peito se fechou e ela não gostou do que sentiu. Felisberto, percebendo-lhe o estado emocional, procurou dissipar a onda pesada que se formara. Encarou Angelina e asseverou:

— Agora você decide. Ainda há tempo.

— De quê?

— Ela ou eu. Escolha!

Ela deu um tapinha no braço dele e sorriu; o aperto no peito se foi. Até Marcílio esboçou um sorriso, mostrando os dentinhos que começavam a nascer.

Semanas depois dessa conversa, já no México, Angelina refletiu e decidiu que, assim que ela e Felisberto voltassem de viagem, ela iria procurar Claudete por toda a cidade. Era preciso encontrá-la para uma conversa sincera, em que deveriam extravasar os sentimentos, colocar os pingos nos "is" e tentar, dentro do possível, reatar a amizade. Mas essa conversa nunca aconteceu.

Quando ela e Felisberto regressaram de viagem, Claudete não estava mais entre eles. Numa noite, espíritos amigos receberam o alerta de que Claudete estava a ponto de cometer uma loucura. Vieram ao seu encontro, mas ela estava tão desiludida da vida, tão arruinada emocionalmente, que não lhes percebeu a presença. A única coisa que eles podiam fazer era orar. E oraram muito, com fervor.

Nesse meio-tempo, Claudete trancou-se no banheiro, colocou uma toalha para vedar a soleira da porta e acendeu o gás do aquecedor. Na sequência, soprou a chama e ela não se apagou. Tentou de novo, e a chama não se apagou, de novo. Irritada, deu um grito de raiva. Tentou mais vezes... até que, possessa, arrancou a toalha com força, escancarou a porta e correu desabalada até a cozinha, vedando a soleira da porta. Girou todos os botões do fogão e desceu a porta do forno. Ajoelhou-se e deitou a cabeça lá dentro. Aos poucos, foi perdendo a consciência...

No comecinho da manhã, vizinhos alertaram o porteiro sobre o cheiro forte de gás que do apartamento dela exalava. Arrombaram a porta mas já era tarde. Claudete estava morta. Não deixou bilhete ou carta de despedida. Felisberto e Alfredo trataram da liberação do corpo e do enterro, sem velório. Dirce e Estelinha oraram muito por ela. Angelina passou um tempo em choque. Sentiu muito a morte daquela que considerava ser sua melhor amiga.

CAPÍTULO 37

Pouco antes desses acontecimentos, isto é, antes do casamento de Alfredo e Dirce, Felisberto chegava a casa depois de mais uma viagem exaustiva pelo interior do Estado. Colocou a mala e a valise sobre o sofá, caminhou até o bar, pegou um copo e encheu-o de uísque. Em seguida, tomou um gole, estalou a língua no céu da boca e afrouxou a gravata. Bernarda desceu e, ao vê-lo, cumprimentou-o com voz fria:

— Olá, Felisberto. Já em casa?

— É assim que recepciona seu marido?

— Marido, sei. Casada com um caixeiro-viajante, isso sim. Não para em casa nunca.

— Quando você me conheceu, eu já viajava. Não sei por que o estranhamento. Esse é meu trabalho.

Ela deu de ombros.

— Mais tarde haverá jantar na casa do Vieira de Carvalho. Apronte-se rápido.

— Acabei de chegar de viagem. Estou cansado. Queria ficar em casa, descansar. Poderíamos jantar e depois namorar um pouco. — Ele levantou-se e a abraçou por trás.

Ela o repeliu.

— Isso são modos?

— Que modos? Somos casados.

— Não somos mais namorados. Eu sou uma senhora. Você é um senhor.

— E daí? Isso nos impede de namorarmos?

— Francamente, Felisberto. Que jeito deselegante de falar.

— Que jeito? Bernarda, você é minha esposa. Sou seu marido.

— Se você não for ao jantar, não tem problema — desconversou. — Vou ligar para a Teresa.

— Você e Teresa. Teresa e você. Parece que prefere a companhia dela à minha.

Era verdade. Bernarda ia dizer que sim, mas preferiu evitar discussão.

— Não é isso. É que somos mulheres, e da mesma idade. Nós nos entendemos. E ela é minha amiga desde a infância.

— Só você não percebe quanto ela a manipula, Bernarda.

— Mentira! Ela sempre quis o meu bem.

— Se você prefere pensar assim, problema seu. Todos à sua volta percebem quanto ela usa você apenas por puro deleite. Nunca parou para pensar na inveja que essa mulher sente de você?

— Não posso acreditar que esteja falando comigo nesse tom. Recriminar minha melhor amiga? Dizer com quem devo ou não sair? Quem é o manipulador?

— Está distorcendo minhas palavras. Não disse isso.

— Sempre me recriminando. Não sei mais por que me casei com você.

Ele terminou de tomar o uísque e colocou o copo sobre o tampo do bar. Meneou a cabeça, descontente:

— Será que chegamos no nosso limite?

— Não sei você, mas eu já estou farta desse relacionamento sem sal. Bem que Tere... — ela calou-se.

Ele coçou a cabeça.

— Bernarda, eu sinto muito, por você e por mim. Tentamos, mas creio que seja impossível seguirmos juntos.

— Eu sabia que isso ia acontecer. Teresa bem me disse. Ela mesma falou: "É só questão de tempo até ele ir embora. Só estava na casa por causa daquela menina desmiolada".

— Você acreditou nisso? Claro que Estelinha sempre foi muito importante para mim. Mas pensei que, depois que ela se foi, Antonieta se casou e Alfredo está para se casar, pudéssemos começar de novo. Sei lá, ao menos tentar.

— Não sou mulher de tentar. Você falhou como marido. De que adianta estarmos juntos, não é mesmo? Além do mais, duvido mesmo que você peça o desquite.

— Por quê?

— Ora, não tem onde cair morto, Felisberto. Esta casa — olhou para as paredes da sala com atenção — lhe dá segurança, *status*. Tenho certeza de que os amigos de trabalho devem morrer de inveja. — Ela fez uma voz esganiçada: — "Nossa, Felisberto mora num casarão na Avenida Rebouças".

Ele mal podia acreditar no que ouvia.

— Acha que estou casado com você por conta de sua posição social, por causa desta casa? — Ela fez que sim. Felisberto deixou os braços arriarem. Sentiu-se impotente para continuar. — Não tem mais por que estarmos juntos.

— Concordo plenamente.

— Bom, assim que voltar do jantar, não estarei mais aqui. Vou para um hotel. Depois acertamos como vou pegar o resto das minhas coisas.

— Só as roupas. E itens de higiene.

— Achou que eu ia querer levar as porcelanas da Companhia das Índias? O jogo inglês que herdou de sua bisavó? Não, Bernarda. Só quero minhas roupas.

Ele virou-se e, lentamente, caminhou até a escada. Subiu os degraus passo a passo, sentindo-se cansado, vencido, decepcionado. Bernarda, por outro lado, apanhou o telefone no corredor e ligou para Teresa.

— Ele veio com a conversa de que nosso casamento esfriou. Falei tudo do jeitinho que você me disse. Sim. Triste? Não. Sinto-me livre. Claro. Não perco esse jantar por nada. Pode passar e me apanhar que horas? Certo. Vou subir e me arrumar. Beijo.

Passava da uma da manhã quando Bernarda retornou do jantar. Divertira-se à beça. Entrou, as luzes estavam apagadas, apenas um abajur no *hall* iluminava o ambiente. Olhou ao redor e nada de Felisberto. Uma das empregadas apareceu. Ela quis saber:

— Seu Felisberto está em casa?

— Não, senhora. Saiu.

— Carregava malas? — A empregada disse que sim. — Quantas?

— Duas. Mais a valise dele.

— Vou subir e conferir o que ele levou. Mexeu nos armários? Você o viu pegar alguma coisa?

— Não, senhora. Eu o ajudei a dobrar as roupas. Só isso.

— Tem certeza?

— Absoluta.

— Mesmo assim, vou lá em cima ver se ele só levou as roupas.

Depois desta noite, Bernarda reencontraria Felisberto em duas ocasiões: na assinatura do desquite e dali a poucos anos, quando ela, cheia de amargor por si e pela vida, fosse ter uma conversa definitiva com Estelinha. Mas essa conversa será descrita mais à frente.

CAPÍTULO 38

Marcílio crescera um menino bonitinho, educado, inteligente e arteiro, revelando nele um comportamento comum facilmente detectado em crianças sadias e felizes. A família se esmerava no preparo da festinha de seu aniversário de sete anos, e ele queria porque queria ganhar de presente o Banco Imobiliário, um jogo de tabuleiro.

— É jogo para gente mais velha.

— Eu já vou fazer sete anos, mãe. — Fez sinal com os dedos das duas mãos. — Sete!

Ela riu com gosto.

— Então já é um homenzinho.

— Claro! Sei ler, escrever, faço contas. E sei a tabuada de cor. Quer ver? — E começou: — Dois vezes um é igual a dois, dois vezes dois...

— Está bem. Pode parar. Eu sei que sabe a tabuada. Então vamos nos arrumar para sair e comprar o seu jogo.

— Oba!

Ele saiu correndo para o quarto e Angelina veio da cozinha.

— Esse garoto está tão engraçadinho. Pode? O Banco Imobiliário?

— Não sei de onde tirou essa ideia. Algum coleguinha da escola deve ter o jogo. Ele fala disso há meses.

— Eu e seu pai iríamos dar o jogo para ele. Agora, pensamos em comprar uma bicicleta.

— Ótima ideia. Marcílio vai adorar. — Angelina concordou e Estelinha perguntou: — Quando papai volta de viagem?

— Entre amanhã e sábado. Não quer perder o aniversário do neto.

— Eles são muito grudados. Nunca vi igual.

— É verdade.

— Pelo menos Marcílio puxou a mim em um aspecto.

— Qual?

— Adora álbuns de figurinhas.

— É verdade. Marcílio adora colar as figurinhas. Não sabia que você também gostava.

— Deixei os álbuns na casa de mamãe. Uma pena. — Ela fitou o horizonte e, em seguida, comentou: — Quando Felisberto voltava de viagem, sempre me trazia pacotinhos cheios de figurinhas. Os anos passaram e agora Marcílio fica à espera do avô na portaria.

— Porque gosto do meu avô e porque ele me traz figurinhas — declarou o menino, que acabava de voltar à sala.

Ele beijou Angelina e disse:

— Tchau, titia. Eu já volto.

Angelina mexeu a cabeça para os lados. Realmente, ele era um encanto de criança.

Marcílio deu a mão para Estelinha e, ao passar pelo porteiro, o menino o cumprimentou:

— Bom dia, seu Jacinto. O senhor está bem?

— Eu estou. E você?

— Muito bem, também.

— Aonde vai?

— Minha mãe vai me levar para comprarmos meu presente de aniversário.

— Parabéns.

— Não. Meu aniversário não é hoje. Só me dê parabéns no domingo.

— Combinado.

— Você é muito simpático, meu filho — Estelinha disse assim que tomaram a calçada e pegaram o bonde com destino à Avenida Nossa Senhora de Copacabana.

— Não sei o que é isso, mas parece ser algo bom. Então, sou simpático.

Ela o beijou na bochecha e logo estavam caminhando pela agitadíssima avenida, que na época ainda era uma via de duas mãos. Entraram na loja e Marcílio sentiu que entrava no céu. Havia todo tipo de brinquedo, e ele apontava para a mãe os brinquedos e jogos de que mais gostava.

— Pode escolher outro presente.

— Não, mãe. Um presente me basta. Só o Banco Imobiliário.

Foram até a prateleira onde estava a caixa com o jogo. Ela abaixou-se para pegar a caixa e, na subida, deu uma topada no homem que também escolhia um presente.

— Perdão! — ela desculpou-se. — Não tive a intenção.

— Imagine. A loja está lotada. E os corredores são estreitos.

— Mesmo assim, fui desastrada. Desculpe.

— Não há de quê.

Ele estava pegando uma caixa com varetinhas coloridas. Curiosa, Estelinha quis saber:

— Vai presentear seu filho?

— Não, não. É para o filho de uma amiga do trabalho.

— Quantos anos fará a criança?

Ele levou o dedo ao queixo, pensativo:

— Deixe-me ver. Acho que dois. É, dois anos.

Estelinha começou a rir. Ele nada entendeu.

— Desculpe o riso. É que esse não é um presente indicado para quem vai fazer dois anos. A criança poderá se espetar e se machucar com as varetinhas.

— Oh, é mesmo! — Ele levou a mão à cabeça. — Não sei escolher presente para crianças. Aliás, sou péssimo em escolher presentes.

— É menino ou menina?

— É um menino.

— Fácil. Pode ser uma bola colorida.

— Gostei da ideia.

Ele a acompanhou até o outro corredor. Estelinha escolheu uma bola pequena e toda colorida.

— Aqui está. Tenho certeza de que a criança vai adorar.

— Obrigado.

Nisso, Marcílio apareceu e puxou levemente a saia de Estelinha.

— Mamãe, que bola mais linda! — Ele ficou hipnotizado com a bola que o rapaz segurava.

— Gostou? — ele perguntou.

— Linda.

— Então vou dá-la de presente para você.

— Jura?

— Sim.

Estelinha interveio:

— Imagina! Marcílio — ela o repreendeu —, você veio aqui para comprar um jogo de tabuleiro. Onde já se viu? Nem conhecemos o moço.

— Estamos conhecendo agora — ele respondeu, de forma ingênua.

O rapaz sorriu e abaixou-se:

— Como vai? Meu nome é Sérgio. E o seu?

Marcílio estendeu a mão:

— Prazer. Meu nome é Marcílio. E essa é minha mãe, dona Maria Estela. — Ele aproximou-se da orelha do rapaz e sussurrou: — Mas todo mundo chama ela de Estelinha.

Sérgio o cumprimentou e levantou-se, encarando Estelinha de maneira gentil.

— Prazer, dona Maria Estela.

— Prazer. Pode me chamar de Estelinha, mesmo.

— Você mora aqui? — indagou Marcílio.

— Moro. Por quê?

Marcílio novamente interveio:

— Já que está me dando a bola de presente, gostaria de convidar o senhor para a festa de meu aniversário, no domingo. Às quatro da tarde.

Estelinha ia repreendê-lo, mas Sérgio foi rápido:

— Será um prazer.

— Pode levar sua esposa — esclareceu Estelinha.

— Não sou casado.

Aquela frase tocou o íntimo de Estelinha. Ela não saberia responder o porquê daquilo, mas gostou de saber que aquele moço simpático era solteiro.

— Vou anotar o endereço. — Sérgio tirou um bloquinho e uma caneta do bolso do paletó e escreveu. Em seguida, perguntou: — Não gosto de ir à casa dos outros de mão abanando.

— Já deu o presente para o aniversariante. É o mais importante.

— Os donos da casa também merecem uma cortesia. Seu marido bebe o quê?

Estelinha corou levemente, mas aprendera, nos anos que se passaram, a enfrentar as situações indelicadas de cabeça erguida. Disse de pronto:

— Não sou casada.

— Ah! — Ele ia dizer "que ótimo", mas foi polido: — Então, o que levo?

— A sua companhia.

Sérgio adorou. E podemos afirmar acertadamente que ambos sentiram um friozinho na barriga. Estelinha saiu da loja radiante e sorridente. Sérgio saiu logo atrás, sorridente e radiante...

A festinha de Marcílio foi bem divertida e movimentada. Crianças do prédio e da escola ali estavam, correndo e brincando pelo apartamento. Algumas mães estavam presentes e, quando Sérgio chegou, despertou a atenção, inclusive das casadas.

Ele foi gentil, trouxe um buquê de rosas para Estelinha. Ao recebê-las, ela aspirou o delicado perfume.

— Adoro flores.

— Um ponto para mim.

Ela riu sem graça.

— Por favor, entre. Seja bem-vindo.

Marcílio o viu e veio correndo abraçá-lo.

— Você veio!

— Claro. Você me convidou e eu prometi que viria.

— Ei, pessoal, foi ele que me deu aquela bola — apontou para o objeto que pulava de mão em mão.

— Seu filho é uma graça.

— Obrigada.

Ela o conduziu até o local onde estavam Angelina e Felisberto. Apresentou-os e pediu licença para buscar salgadinhos e refrigerantes. Sérgio logo entabulou conversação com o casal e assim permaneceram, por um bom tempo. De vez em quando, ele discretamente olhava para Estelinha, olhos cheios de admiração. Enquanto servia a criançada, ela também o admirava, de forma discreta.

Já passava das oito quando os convidados praticamente já haviam se retirado. Cansado de tanta folia, Marcílio adormeceu e Felisberto o levou para o quarto. Alfredo e Dirce ainda lá permaneciam. Tinham três filhos: dois meninos, um de cinco e outro de três anos de idade. Dirce segurava no colo uma bebezinha. Quando ela se levantou, revelou o barrigão.

Sérgio tinha sido apresentado a eles e surpreendera-se com aquela grande família.

— Queríamos quatro filhos — tornou Alfredo. — Depois dessa — acariciou a barriga da esposa —, acho que vamos fechar a fábrica.

— Sim, senhor! — observou Dirce. — Fábrica em vias de fechar.

— É que eu adoro crianças — confessou Alfredo.

— Que bom — respondeu Sérgio.

Conversaram um pouco e as crianças começaram a choramingar. Estavam cansadas, desejavam ir para casa dormir. Dirce e Alfredo despediram-se de todos. No elevador, ela comentou:

— Chegou a hora de Estelinha dar outro passo.

— Outro passo?

— Não percebeu a troca de olhares entre ela e esse moço?

— Não. Eu tenho três filhos para tomar conta. Como ia perceber se minha irmã e esse rapaz estavam flertando?

— Estavam. E vai sair coelho dessa toca.

— Dirce!

— Pode escrever. Eles vão se casar.

Alfredo meneou a cabeça para os lados.

— Só você, meu amor. Só você...

CAPÍTULO 39

A princípio, Estelinha evitava sair com Sérgio.

— Deixe de ser boba — comentou Angelina. — Ele está caidinho por você. É rapaz de família, trabalha numa boa empresa, é culto, educado. Além do mais, está apaixonado por você.

— Eu também, tia. Estou apaixonada. Acho que estou. Nunca senti isso por ninguém.

— Claro que está apaixonada. Isso é formidável. De mais a mais, ele e Marcílio se dão muito bem. O que mais deseja?

— Ainda me sinto insegura. Em muitas áreas.

— E as sessões de terapia? Você as tem frequentado desde que Marcílio completou um ano de idade. Não estão ajudando você a se sentir mais segura?

— Sim. Elas têm me mostrado que eu mal me conhecia. Mas ainda tenho muito o que fazer por mim.

— Não se deixe cobrar. Apenas sinta e faça o que é bom para você.

— Sim, tia Angelina. É verdade.

Estelinha foi para o quarto e, ao deitar-se, ficou pensativa. Olhos pregados no teto, não era mais refém da insônia, mas considerava que o trabalho de conhecer-se por inteiro levava, na verdade, uma vida toda. Isso porque sempre há uma angústia, um trauma, uma dorzinha íntima que não é física, enfim, ela abraçara a terapia e vinha fazendo progressos a cada encontro com o terapeuta.

A princípio, Felisberto desejava fortemente que ela se consultasse com o amigo Jorge. Como ele havia tirado longas férias, ele a levou num conhecido psiquiatra que se apresentava como psicanalista freudiano, isto é, cujas sessões eram baseadas nos princípios da Psicanálise. Estelinha compreendeu, ao longo de muitas sessões, que um dos maiores objetivos da Psicanálise é estabelecer um vínculo entre o terapeuta e o paciente, a fim de se compreender os processos represados pelo inconsciente, que geram sintomas como a angústia ou a ansiedade, por exemplo. Todo esse acompanhamento é realizado por meio da interpretação, por um psicanalista, dos conteúdos inconscientes de palavras, ações e produções imaginárias de um indivíduo, com base em associações livres, em atos falhos, como chamar uma pessoa pelo nome de outra. O bom dessa experiência foi que Estelinha melhorou sobremaneira e compreendeu que a Psicanálise, de acordo com Freud, era, em última análise, a cura pelo amor.

Dado interessante na Psicanálise: o paciente não recebe alta do psicanalista, mas ele próprio se dá alta. Estelinha permaneceu com esse médico por cinco anos, até que ele, já idoso, precisou fazer uma cirurgia e não voltara mais a clinicar.

Na cama, refletia sobre os encontros com o profissional. As sessões corriam uma vez por semana. Durante as sessões com esse psicanalista, Estelinha comentara sobre o sonho em que se via arremessada para o alto e percebia que era agredida por pingos de água. Conversa daqui, sonda dali, embora tenha progredido bastante com as sessões — por exemplo, ela deixou de ter fobia dos pingos de água e passou a tomar banho diariamente, até dois banhos por dia —, aquele sonho tornara-se um enigma. Averigua daqui, fuça dali, Estelinha descobriu que a família escondia algo de seu passado. Quando o pai acidentara-se com o carro, ela, ainda bebezinha, estava no cesto de bebê, acomodada no banco de trás do veículo. Com a batida, o cesto fora arremessado para fora do carro e, por milagre, nada acontecera com ela. O cesto atravessou o vidro da frente, que já havia se partido, e Estelinha ficou ali, dentro do cestinho, na cena do acidente, até a chegada dos policiais. Nesse meio-tempo, uma fina chuva começou a cair, atingindo o rosto da bebezinha. Depois dessa descoberta, as cenas que ficaram retidas no inconsciente revelaram-se a ela, e Estelinha melhorou significativamente.

Antes de se submeter à cirurgia, o psiquiatra a indicou a outro profissional. Estelinha fez entrevista e não gostou dele. Chateou-se porque não gostaria de parar a terapia. Ela não queria abrir mão de fazer algo que lhe proporcionava refletir e questionar constantemente sobre si mesma.

Jorge, o amigo de Felisberto, finalmente regressou de sua longa viagem. Para recepcioná-lo, Felisberto ofereceu-lhe um jantar. Jorge permanecera quatro anos na Suíça e matriculou-se num curso ministrado por Jung. Depois disso, Jorge, que até então se autointitulava um freudiano convicto, deixara-se encantar pelos ensinamentos de Jung, que fora discípulo, justamente, de Freud. Jung e Freud tinham sido colegas de trabalho e se afastaram por questões diversas; com o rompimento da amizade, Jung fundou a Psicologia Analítica. A técnica é bem diferente da abordagem freudiana, mas ambas se assemelham no objetivo principal: a autocura do indivíduo.

Estelinha conheceu Jorge e gostou dele logo de cara. Atualmente, fazia sessões com ele, uma vez por semana. Saía do consultório sentindo-se cada vez mais conhecedora de seus medos, traumas e angústias. De forma didática, Jorge lhe explicava coisas simples, como a diferença entre um e outro tratamento: a Psicanálise trabalha com a motivação do indivíduo. A Psicologia Analítica, por sua vez, trabalha com o comportamento do ser.

Estelinha faria sessões de terapia com Jorge por anos e anos. Só deixaria de frequentar o consultório dele, uma casinha charmosa localizada na Rua Montenegro, em Ipanema, quando ele próprio decidiu aposentar-se da profissão e mudar de ares. Assim que os filhos cresceram, casaram e foram cuidar da própria vida, Jorge logo enviuvou e decidiu realizar um sonho antigo: viver num mosteiro que ficava lá para os lados do Himalaia.

Muitos anos se passaram e Jorge trocou de nome. Tornou-se muito conhecido, tanto pela bondade e simpatia como pelas palavras incríveis que professava. Cada palavra sua servia como ferramenta de cura do espírito mais empedernido. Fundara uma Ordem e, até sua morte, muitos anos à frente, seria conhecido como "Velho", o monge mais antigo daquela instituição.

CAPÍTULO 40

Estelinha olhava-se no espelho quando sentiu raiva. Por quê? Queria sair com Sérgio, mas ainda se ressentia com o que passara com Décio.

Decidida, levou seus questionamentos a Jorge. Cabe ressaltar que essa passagem se deu poucos anos antes de ele partir definitivamente para a Ásia.

Depois de alguns encontros, ela se deu conta de que ainda precisava fortalecer sua autoestima. Descobriu que havia um entrave muito grande em lidar com a raiva. Aprendera com Jorge que a raiva é uma emoção natural e completamente normal.

— Aprendi que sentir raiva é feio.

— Os bebês sentem raiva. Eles choram, esperneiam. Depois de um tempo, acaba.

— É verdade. Percebi muito isso com meu filho.

— Como você disse, muitos ainda acreditam que não é elegante ou educado sentir raiva. Mas é um sentimento que necessitamos expressar, caso contrário, ele poderá acarretar disfunções orgânicas como dores musculares, artrite ou até mesmo doenças mais severas que agridem o corpo.

— Tenho essa consciência. Mas como fazer? Não posso sair por aí batendo nas pessoas e xingando-as.

— Claro que não! Jamais!

— Não entendo, Jorge.

— É preciso, Estelinha, que você coloque a raiva para fora, saiba expressá-la para que ela não fique acumulada como uma energia pesada em você. Quando sentir raiva, primeiro precisa aprender a expressá-la.

— Como, por exemplo?

— Seja simples e direta: "Não gostei do que você me fez", ou "Isso me deixa extremamente zangada". Se ela vier muito forte, há alternativas saudáveis. Pode correr até o mar, nadar bastante e, lá no fundo, gritar bem alto; pode, também, socar uma almofada, um travesseiro.

Estelinha entendeu. Depois que o filho nasceu, ela estudou corte e costura. Fazia vestidos, conjuntos de criança, cerzia, ajustava roupas. A clientela era boa e ajudava nas despesas. O bom de tudo é que trabalhava em casa e podia estar mais perto do filho. Montara o ateliê de costura no quarto dos fundos. Os clientes entravam pela porta da cozinha e não atrapalhavam a intimidade da família. Gostava muito do seu ofício. Depois de alguns meses em que fizera muitos exercícios para extravasar a raiva que sentia de Décio, Estelinha confessou a Angelina:

— Estou pronta para sair com Sérgio.

— Até que enfim! Isso merece uma comemoração!

— Jorge me ajudou bastante a perceber e entrar em contato com meus pontos fracos. Eu os encarei e mudei minha forma de agir e pensar. Agora me sinto mais segura para ir a um encontro.

— Já escolheu a roupa?

— Lembra daquele vestido que dona Isaura não quis mais?

— Sim. Belíssimo, por sinal.

— Eu o reformei. Ficou lindo.

Depois de arrumar-se, até o filho a elogiou:

— Mamãe está muito bonita.

— Obrigada, meu filho.

— Vai demorar?

— Creio que sim. — Ela consultou o relógio e anunciou: — O senhor deve ir para a cama daqui a pouco. Está quase na hora.

— Sim. Estou terminando uma partida de Banco Imobiliário com o vovô.

Felisberto a beijou na testa.

— Vá em paz, minha querida. Nós cuidaremos bem de Marcílio. Aproveite a noite.

— Obrigada, papai.

Ela desceu e Sérgio já a esperava na portaria. Cumprimentou-a e a elogiou:

— Está muito bonita, Estelinha.

— Obrigada. Você também está muito elegante.

— Vamos? Meu carro está estacionado bem na porta.

— Para onde?

— Há um restaurante muito charmoso de que gosto muito. Fica em Copacabana.

Ela assentiu. Entrou no carro, ajeitou-se e foram conversando amenidades. Eles se entrosaram muito bem. A conversa fluía livremente, espontânea. Já sentados e bebericando um bom vinho, enquanto escolhiam o prato, Estelinha narrou sua vida. Contou a Sérgio sobre os sonhos, os pesadelos, as insônias, os ataques espirituais. Depois, superficialmente, falou de Décio, mas não revelou seu nome. Esse era um assunto que ela havia recentemente começado a tratar em terapia. Apenas disse que o pai de Marcílio era de São Paulo e que, provavelmente, ele não devia saber que era pai.

Sérgio, por sua vez, narrou sua vida. Contou a ela sobre o tempo em Londres, sobre um grande amigo que se acidentara. Ela ainda comentou:

— Meu Deus! Pobrezinho — sem saber que Sérgio falava de Décio.

O assunto, depois, dirigiu-se naturalmente para o campo das religiões. Ela declarou-se espírita e ele, batista.

— Respeito as convicções religiosas dos outros. Para mim, a religiosidade de uma pessoa é algo estritamente pessoal, de foro íntimo. Não compete a mim julgar se essa ou aquela religião é melhor. Para mim, a melhor religião é aquela que aquece nosso coração, que desperta nossos verdadeiros valores espirituais, que nos torna pessoas melhores, dignas, que nos estimula ao cultivo da fraternidade e do desejo da paz entre todos.

— Lindo seu comentário. Eu penso da mesma forma. A doutrina espírita se alinha com minhas convicções.

— Façamos, portanto, um brinde às nossas convicções.

Brindaram e o resto da noite foi delicioso. Terminado o jantar, foram passear pela calçada da praia. Estelinha aspirou a brisa do mar. Sérgio a encarou e, na sequência, beijou-a. Estelinha correspondeu ao beijo. Namoraram durante seis meses. Casaram-se num bonito dia de primavera. Marcílio caminhou à frente da noiva, carregando as alianças. Estelinha entrou no salão de braços dados com Felisberto.

A cerimônia foi simples e singela. Deodato e Corina estavam presentes.

— Ela está tão bonita — encantou-se Corina.

— Está, meu bem. Nossa menina transformou muitos comportamentos e atitudes que apenas emperravam seu crescimento espiritual.

— No astral, temos outra noção de realidade, porque não temos como deixar de encarar nossos enganos. Somos os mesmos aqui e lá no mundo físico, mas, aqui, a consciência se expande e nos convida a refletirmos sobre tudo o que praticamos. Quando ela retornar à pátria espiritual, estará se sentindo bem melhor consigo mesma do que em última existência.

Corina aproximou-se de Estelinha e sussurrou em seu ouvido:

— No dia em que você descobrir a totalidade de sua força interior e utilizá-la a seu favor, vencerá todos os desafios e acreditará no próprio poder. Eu amo você.

Ela e Deodato se deram as mãos e sumiram, deixando um rastro de luz no ambiente. Estelinha arrepiou-se toda.

— Aconteceu alguma coisa? — indagou Sérgio.

— Não, nada. — Ela abaixou a cabeça e seus olhos encontraram os de Dirce. Uma piscou para a outra. Dirce percebera os amigos espirituais. Sentiu a onda de bem-estar que eles ali deixaram.

No fim da cerimônia, foram para casa. Angelina mandou preparar delicioso almoço. Tudo era festa e alegria. Até que Estelinha perguntou:

— E seu amigo? Não vinha para o almoço?

— Não sei. Acho que não. Ele se sente mal porque as pessoas conversam com ele mirando a *perna* que lá não está.

— Compreendo. Mas nós não agiríamos assim com ele. Jamais ficaríamos observando-o de maneira constrangedora.

— Eu sei, minha querida. Ocorre que Dé...

Marcílio veio até ela e estalou um beijo em seu rosto. Estelinha não prestou atenção ao nome que Sérgio pronunciara: Décio.

CAPÍTULO 41

O motorista de Teresa apanhou Bernarda no horário marcado. O motorista subiu a Rebouças e dirigiu até a Paulista. O portão estava aberto. Ele entrou com o carro, deu a volta pela entrada e Teresa desceu, linda e perfumada. Entrou no carro e cumprimentaram-se.

— Não creio que está me levando a um — ela baixou o tom de voz — fazedor de feitiço.

Teresa riu.

— Não importa o nome que dê. São pessoas que têm contato com o lado de lá — fez sinal para cima — ou o lado de cá — fez sinal para baixo.

— Não acredito nisso.

— Também não importa se acredita ou não, criatura. O fato é que esse homem faz trabalhos fortíssimos.

— O que eu ganho com isso? — interessou-se Bernarda.

— Por exemplo, pode pedir para atrapalhar a vida de Felisberto. Onde já se viu? Casar-se com a irmã de Eurico, seu primeiro marido? Parece que fez isso por aporrinhação. Duvido que ele a ame.

Bernarda, influenciável, concordou:

— Também acho. Felisberto mal conhecia Angelina. De uma hora para outra, pronto, estavam casadinhos.

— Ela tem posses, mora num belo apartamento, pelo que Alfredo certa vez nos disse. Felisberto saiu da sua casa e foi atrás de outra.

— Não desejo mal ao Felisberto. Embora ele faça parte do meu passado, vivemos bem durante muitos anos. Foi só no final que...

Teresa não estava disposta a ouvir. Mudou o assunto:

— E aquela negrinha? A que se casou com seu filho e manchou a família? Manchou não só nos valores como na cor. Seus netos devem ser todos mesticinhos, cabelinho ruim, espetado.

— Não os conheço. Cortei relações com Alfredo, você bem sabe.

— Mas essa negrinha deve ter enfeitiçado seu filho.

— Acha mesmo, Teresa?

— Acho e tenho certeza. Pelo que sei, eles têm quatro filhos.

— Como sabe tudo isso? Nunca mais soube dele.

— Sou bem informada, Bernarda. Além do mais, não queria lhe contar porque foi a Yolanda quem me falou.

— Hum, a mãe daquele desajustado.

— Ela mesma. Sei que cortaram relações, mas um dia, no clube, ela veio espantadíssima me dizer que o marido encontrara o Alfredo com dois mulatinhos. — Bernarda levou a mão à boca. Teresa prosseguiu: — E que revelou ter mais duas filhas em casa. Olha que coisa mais feia!

Bernarda não sabia o que dizer. Cortara relações com o filho por causa do envolvimento dele com Dirce. Mas, se ele tinha quatro filhos, era sinal de que estava vivendo um bom casamento. Começou a refletir sobre suas atitudes. No entanto, Teresa, conhecedora dos jeitos e manias de Bernarda, logo percebeu o que a outra pensava e disparou, do nada:

— E sua Antonieta?

— O que tem ela? — Os pensamentos de Bernarda se embaralharam.

— Mal consegue segurar filho. Já perdeu dois. Rami, meu enteado, está perdendo a cabeça. Se Antonieta não der um filho para ele, Rami me disse que larga.

— Larga o quê?

— Sua filha. E em seguida vai pedir o desquite.

Bernarda levou a mão ao peito, estupefata.

— Isso já é demais! Preciso ter uma conversa séria com Antonieta.

— É bom que tenha. Estou fazendo o máximo para Rami não cometer uma loucura.

— Pode deixar, vou conversar com ela. — Bernarda ficou pensativa por instantes.

— O que foi?

— Podemos pedir para que esse feiticeiro ajude Antonieta a engravidar.

— Acorda, criatura. Esse homem só faz trabalhos para prejudicar as pessoas. Não faz nadinha para ajudá-las. Quer dizer, pode ajudar a afundar a vida delas — Teresa gargalhou.

— Não gosto de mexer com o que desconheço.

— Deixe de ser boba, Bernarda. É logo ali.

O lugar era afastado da cidade e bem ermo. Ficava além dos lados de Santo Amaro. Era uma casinha numa rua de chão batido. Galinhas, porcos e outros bichanos corriam soltos. O motorista estacionou próximo à casa. Da porta saiu uma senhora de meia-idade, vestida de maneira simples.

— Olá, dona Teresa — disse aflita.

— O que foi, Iracema? O Zé não está? — já perguntou nervosa. — Ele combinou comigo e...

— Ele está. Mas não está bem. Faz dois dias que põe para fora tudo o que ingere. Acho que é coisa desses fantasmas.

— Bobagem, Iracema. Seu marido é poderoso. Já fez coisas para mim que até o diabo duvida.

— A senhora pode entrar. Ele está deitado lá no quarto.

Bernarda fez não com a cabeça.

— Não tenho coragem. Não vou entrar. Ficarei aqui fora, apreciando os animais.

Teresa também fez não com a cabeça. Murmurou:

— Sempre fraca. E tonta.

Bernarda não ouviu. Teresa acompanhou a mulher e entrou na casa, que cheirava a incenso. Ela atravessou um cômodo e havia uma cortina de contas, colorida, que funcionava como porta, separando a pequena casa do cômodo onde Zé atendia.

Teresa, acostumadíssima com o lugar — frequentava-o desde mocinha —, entrou e puxou uma cadeira. Sentou-se próximo da cama. Zé a olhou e arregalou os olhos.

— Teresa!

— Oi, Zé. Sua esposa me disse que não anda bem.

— Não. Eles não querem que eu faça mais esse tipo de trabalho.

— Eles? Quem?

— É. Eles — apontou para cima e para os lados.

— Aqui só vejo você.

— Está cheio de entidades. Elas me proibiram de fazer qualquer feitiço.

— Deixe disso, Zé. Eu o conheço há mais de vinte anos. Sempre trabalhou direitinho. O que lhe deu agora? Está ficando velho, gagá? Está com medo?

— Quem deveria ter medo é você — ele falou num tom sinistro.

Teresa sentiu a vibração e não gostou nada daquilo. O coração apertou, mas ela ignorou a sensação.

— Eu? Imagine. Suas entidades me protegem.

— Não protegem mais. Disseram que é para você parar com isso, ou poderá sofrer as consequências.

— Ai, ai. Já entendi. Chega de cenas. — Ela abriu a bolsa e dela retirou um maço cheio de notas. — Isso basta? — Atirou as notas sobre o lençol.

— Não quero seu dinheiro. Se continuar a fazer o que sempre fiz, eles vão me deixar cada vez mais doente e vão me levar para um lugar ao qual não quero ir, de jeito nenhum.

— Seu futuro já está selado — vociferou. — Com tanta coisa ruim que fez na vida, não vai se safar.

— Você também não!

— Eu nunca fiz nada. Só pedi. Se você fez, o problema é seu.

— Não é. Você é responsável pelas desgraças que plantou.

— Que conversa mais enfadonha. Eu vim até este fim de mundo e perdi meu tempo. Vou atrás de quem faça melhor que você. Sempre tem alguém disponível.

— É um último aviso. Se persistir nisso, eles vão atazanar sua vida.

— Ninguém tem esse poder sobre mim. Eu faço o que quero e do jeito que quero.

Os olhos dela faiscavam ódio e Zé sentiu medo. Fazia muitos anos que não via uma pessoa como Teresa. Ela não se deixava amedrontar por nada. Coisa rara de se ver. Teresa levantou-se furiosa. Apanhou o dinheiro, colocou na bolsa de qualquer jeito e saiu pisando firme. Ao passar por Iracema, quase a derrubou.

Assim que ela passou, Iracema fez o sinal da cruz.

Zé pediu:

— Acenda uma vela e ore por Teresa. Ela vai precisar.

Enquanto isso, Teresa saía da casa feito um furacão. Bernarda assustou-se:

— O que foi?

— Nada. Esse Zé é um embusteiro. Não serve mais para nós.

— O que aconteceu?

— Nada. Entre no carro. Vamos embora. Este lugar não me serve mais.

De nada adiantou o pedido de Zé para que Teresa parasse com os pedidos de feitiço. Depois que saiu da casa dele, enfurecida, foi atrás de outro que fizesse trabalhos espirituais até melhor que Zé. Encontrou um cidadão disposto a perturbar a vida das pessoas, com o auxílio, evidentemente, de entidades desequilibradas e perturbadas.

Quando o carro partiu, levantando poeira, Iracema fez o sinal da cruz. Nunca gostara da maneira como o marido usava seus dons mediúnicos. Dois dias depois que ele adoecera, ela orou com fervor e teve a intuição de acender uma vela branca. Desde então, orava para todas as pessoas que se utilizaram dos serviços do Zé. Todo dia, havia mais de uma semana, Iracema repetia o ritual: acendia a vela às seis da tarde em ponto, pois, para muitas pessoas ligadas a correntes espiritualistas, é o horário em que energias benéficas da equipe espiritual de Maria, mãe de Jesus, são despejadas no planeta, como chuvinhas de luz. Iracema acreditava piamente que essa equipe se fazia presente nesse horário, com o intuito de fortalecer corações e arrancar do indivíduo sentimentos de raiva, ódio e incompreensão.

No dia anterior à visita de Teresa, Zé a chamara para uma conversa séria. Deitado na cama, confessou:

— Estou cansado de fazer esses trabalhos.

— Tenho rezado para você deixar disso. As roupas que lavo e passo dão bom sustento para nós. Não necessitamos de dinheiro ruim para viver.

— Não é dinheiro ruim.

— Já que é para termos uma conversa séria — Iracema puxou a cadeira e sentou-se ao lado dele —, vou revelar que sempre admirei sua capacidade de comunicar-se com o além. Achava bonito, porque, quando casamos, você estava sempre disposto a ajudar o próximo.

— É que eu fazia de graça.

— Deveria continuar fazendo esses trabalhos para o *bem* — enfatizou — e de graça. Veja que, depois que passou a realizar esses serviços para atingir negativamente o próximo, nossa vida estagnou. O dinheiro que você ganhou nesses anos foi usado para quê? Para botarmos um pouco mais de arroz e feijão na panela?

— É verdade.

— Além do mais, sua mediunidade é excelente. Tenho certeza de que, se voltar a praticar o bem valendo-se de seu dom, nossa vida vai mudar para melhor.

— Iracema, você é uma ótima companheira. Agradeço a Deus por tê-la ao meu lado.

— Obrigada, querido. Você também é. Essa doença, você bem sabe, foi um alerta. É só refletir sobre as coisas boas que ainda pode fazer pelos outros e por nós. Vamos, não custa nada tentar.

— Agradeço também pelas velas. Um bom espírito aqui esteve e me informou que suas orações estão atingindo beneficamente muitos corações empedernidos.

— Que bom. Fico feliz em saber.

— Aquela mulher, a ricaça, virá aqui amanhã.

— Não ceda, Zé. Sabe como ela é manipuladora e vil. Hoje vou acender duas velas: uma para aqueles que oro e outra só para ela.

— Teresa é osso duro de roer.

— Não devemos temer o mal. Estamos querendo abraçar o bem e nele permanecer. Vou orar pelo bem-estar dela e para que você se mantenha firme nos novos propósitos.

Zé concordou com a cabeça. A esposa estava certa. Era hora de parar com aqueles feitiços. Assim que se recuperasse e saísse da cama, iria ajudar pessoas que necessitassem de passe ou de benzimento. Era ótimo benzedor. Aprendera com a avó, uma ex-escrava que muito conhecimento recebera do mundo espiritual e transmitira a ele seu conhecimento, bem como o ensinara a manipular a essência de determinadas plantas para facilitar a cura de doentes.

Dessa forma, Zé passou a atrair bastante gente para receber tratamento espiritual. Sua casa ficou pequena para tanto atendimento. Trabalhava, se assim podemos dizer, de segunda a sábado. O domingo era um dia reservado para o lazer com a esposa e para a meditação. No fim desse dia, recebia instruções dos espíritos e preparava-se física e emocionalmente para os atendimentos que recomeçariam na segunda-feira. Não cobrava nada. Passado um tempo, ele transmitiu à esposa os conhecimentos que recebera da avó. Logo, Iracema também aprendeu a benzer e tornou-se excelente benzedeira. Tinha um dom especial para benzer bebês e crianças.

Dois anos depois dessa mudança, um rico empresário lá chegou, com a filhinha nos braços, desesperado porque já tinha ido a todos os médicos que conhecia e nada de resolver as fortes dores de cabeça dela. Depois de muitas sessões de benzimento, ela melhorou sobremaneira. Após um mês frequentando a casa do Zé, ela se livrara definitivamente das dores. Crescera uma menina bonita e saudável. O empresário, a título de gratidão, ofereceu grande soma em dinheiro. Foi um teste. Zé conversou com Iracema e, em comum acordo, não aceitaram o dinheiro. Comovido com tamanha bondade, o empresário quis saber se, caso tivessem um bom dinheiro em mãos, o que fariam com ele. Iracema, de pronto, declarou que o sonho deles era viverem numa casa melhor e terem um espaço exclusivo para o atendimento espiritual às pessoas.

Zé e Iracema foram presenteados com um sobradinho de dois quartos na Bela Vista. O empresário cedeu a eles um galpão a duas quadras do imóvel, a fim de eles não precisarem de locomoção para irem de casa para o "trabalho". O casal agradeceu imensamente o gesto generoso daquele homem. Trabalharam com amor e dedicação ao próximo por quarenta e sete anos seguidos. Iracema desencarnou primeiro. Dez anos depois, Zé deixava o mundo e era recebido por uma horda de espíritos que vieram cumprimentá-lo pelo magnífico trabalho que realizara durante quase meio século.

CAPÍTULO 42

Antonieta estava casada havia uns dois anos quando perdera o segundo bebê. Abortara espontaneamente. Seguira as ordens médicas, repousara, procurara não se estressar. Rami contratara uma cozinheira, uma lavadeira e uma moça para a limpeza da casa. Mesmo assim, o outro bebê não vingou.

Nessa segunda vez, Rami, sempre comedido, explodiu.

— Não posso crer! — bradou. — Você passou três meses praticamente deitada, repousando, não fez nada de nada. Contratei empregadas para que você não se preocupasse com as questões do lar. E olhe no que deu: perdeu outro filho meu!

— Filho *nosso* — ela retrucou. — Perdi outro filho nosso.

— Que seja! Mas o que acontece? Será que nem para ter filho você serve?

O comentário atingiu profundamente seu coração. Antonieta sentiu-se a pior criatura do universo. Precisava de apoio e carinho do marido, afinal, ela perdera outro filho. Seu corpo passara por transformações e ela sentia-se fragilizada.

— Será que não me entende? Não tenho nenhum problema. O médico disse que isso pode acontecer, porque o ovário...

Ele a cortou, seco:

— Já sei de todo esse blá-blá-blá! Pare com isso.

— Isso o que, Rami?

— De arranjar desculpas. Não percebe que você é a culpada por essa situação?

— Eu?! — Ela levou a mão ao peito, boquiaberta.

— Sim, você! Seu corpo deve ter algum problema. Vamos consultar outro médico.

— Já é o segundo médico que me tratou. Vai trocar de novo?

— Melhor trocar de médico do que de esposa.

Antonieta levou as mãos ao rosto e chorou. Rami estava furioso:

— Se o próximo não vingar, eu me separo de você — falou e saiu do quarto batendo a porta. Antonieta sentiu-se arruinada.

— Ele não pode me deixar só por causa disso. Eu não tenho culpa, meu Deus. Não tenho culpa... — e caiu novamente no choro; um pranto sentido que começava a atingir, silenciosa e sorrateiramente, o seu corpo físico.

Desesperada, sem saber como agir, ligou para a mãe. Marcou com ela uma visita no dia seguinte.

— Mamãe, o Rami...

— Agora não, Antonieta. Teresa acabou de chegar. Vamos jantar e depois iremos ao cinema.

— Por favor, estou tão aflita.

— Pois certo, minha princesa. Amanhã conversaremos. Se preferir, poderá chegar mais cedo, por volta de onze horas.

— Mas, mamãe, eu estou...

— Durma bem, minha filha. Até amanhã.

Antonieta desligou o telefone e abraçou-se ao travesseiro. Sentia-se profundamente infeliz e sem perspectivas.

Assim que desligou, Bernarda suspirou e voltou à sala. Teresa sondou:

— Era Antonieta, não?

— Sim. Virá almoçar comigo amanhã. Está tão reclamona.

— Rami comentou comigo. Está cansado da postura infantil de Antonieta.

— Como assim?

— Ela passa o dia todo na cama, não faz nada. Reclama das empregadas, da maneira como executam o serviço. Depois que perdeu esse segundo filho...

— Ela sempre teve probleminhas corriqueiros de saúde.

— Eu me lembro porque a vi nascer. Lembra como ela era miúda? Quase não vingou.

— Vire essa boca para lá, Teresa. Antonieta nasceu saudável.

— Não é o que parece. Ela mal engravida e já perde a criança!

— Deve ser algum problema hormonal.

— Não sei — Teresa falou num tom desconfiado.

— Não sabe o quê?

— Será que Antonieta... não, melhor ficar quieta.

— Como assim, Teresa? Será que minha filha o quê?

— Deixe para lá. Vamos comer. Estou faminta.

— Não, senhora. Pode falar.

— Bem — ela ensaiou bem as palavras para dar veracidade à besteira que viria a seguir —, será que Antonieta não faz isso de propósito?

— Como assim?

— Vai saber se ela leva em consideração todas as recomendações médicas. Será que repousa o dia todo? Eu não estou lá para ver. Você também não. O marido, pobrezinho, passa o dia todo trabalhando. Não sei, não. Às vezes acho que Antonieta não deseja ter filhos.

— Não pode ser! Ela sempre falou em ter dois filhos!

— Deve ter mudado de ideia depois que se casou. Eu não acho que esses abortos sejam espontâneos.

— Será mesmo? — Bernarda sempre caía na conversa de Teresa.

— Acho, não. Tenho certeza. E seria bom mesmo receber Antonieta em casa e conversar de forma séria com ela.

— Não sei ao certo o que dizer.

— A verdade! Diga apenas a verdade. Confesse que anda desconfiada da maneira como ela leva a gravidez. Abra os olhos de sua filha, porque, se ela não der um filho ao Rami, ele vai pedir o desquite.

— Não pode estar falando sério!

— Já comentei isso quando fomos até aquele feiticeiro de araque.

— Eu me esqueci do que conversamos naquele dia. Nunca mais me leve a lugares como aquele. Por favor.

Teresa virou os olhos nas órbitas.

Tão fraca, tão idiota. Como pode uma pessoa viver assim..., pensou. Mas devolveu:

— Foi o próprio Rami quem se abriu comigo. Não ouvi da boca de outra pessoa.

— Meu Deus! Isso é mais grave do que eu pensava.

— É. Sinto lhe dizer, minha amiga, mas é. Só faltava essa para você...

— Só faltava o quê? Pode completar.

— Sou sua amiga, você bem sabe. Quase uma irmã.

— Isso é. Mas o que ia dizer?

— Que você, infelizmente, já foi coroada a pior mãe do mundo.

— Teresa, isso é jeito de falar comigo? Como ousa me ferir?

— Não a estou ferindo. Apenas mostrando-lhe a realidade. As pessoas comentam, sabia?

— Está aí uma boa razão por que não vou mais ao clube. Essas mulheres só gostam de falar mal da vida alheia.

— Mas falam... — Teresa deixou a frase solta no ar, pois sabia que Bernarda queria saber por que era chamada de pior mãe do mundo.

— Diga, vamos.

— Dizem que você não foi boa mãe porque o filho casou-se com uma negra; a caçula foi expulsa de casa, grávida, e sumiu no mundo; Antonieta não tem força para segurar filho, e vai acabar desquitada, retornando à casa da mãe. Imagina?

Bernarda sentou-se no sofá, tamanho o baque. As palavras de Teresa a atingiram e ela não as rebateu. Não percebeu, naquele momento, que a outra apenas queria confundir sua cabeça, fazer com que ela se sentisse mal. Se fosse menos influenciável, Bernarda perceberia que tudo o que Teresa lhe dissera era mentira. A verdade, bem, a verdade era que o filho casou-se com o amor de sua vida; a caçula teve um filho forte e saudável, estava para se casar e era feliz; e Antonieta perdera os bebês porque tal fato pode ocorrer com qualquer mulher. No entanto, Bernarda não enxergava por esse ângulo. Preferiu deixar-se levar pelas palavras bem orquestradas daquela que considerava quase uma irmã. Ela levou as mãos ao rosto e chorou. Bastante.

Teresa sorriu de forma maquiavélica. Tinha prazer em ver a amiga triste, chorosa, sentindo-se péssima mãe.

Isso, Bernarda. Chore. Chore muito. Você merece sofrer por ter aniquilado meus sonhos. Mas levantou-se e disse, fingindo tristeza:

— Querida, a vida é mesmo assim. Você não é a pior mãe do mundo. Fez o que foi possível. Paciência se as crianças nasceram com desvios.

Bernarda abraçou-se a ela.

— Ainda bem que tenho você, Teresa. Ainda bem.

Eram onze horas em ponto quando Antonieta entrou na casa da mãe e abraçou-a, chorosa. Mal foi conduzida à mesa, soltou, aflita:

— Rami mudou, mamãe. Ele não é mais o homem gentil e amoroso que sempre foi.

— Não fique triste. É comum haver desentendimentos. Faz parte do casamento.

Antonieta meneou a cabeça e explicou:

— Perdi dois bebês. Foi espontâneo. Não tive culpa. Ele diz que sou culpada. Que sou fraca, que meu útero não consegue segurar filho.

— Isso é um problema. Consultou o médico direitinho?

— Fui a dois especialistas renomados. Dizem que não tenho problema algum. Mas Rami joga na minha cara que eu...

— Que você não tem capacidade de gerar um filho.

— Sim! — exclamou, aflita. — Começo a me sentir traumatizada. Às vezes evito me entregar a ele. Tenho medo.

— Medo de engravidar?

— Sim, mamãe. Muito medo.

— Esse é o problema. Medo. Deve consultar um terapeuta.

— Isso nunca! Não sou doida. A única doida da família era a...

Bernarda pousou a mão sobre a da filha:

— Não fale o nome dela nesta casa. Ela morreu para nós, esqueceu-se?

— É verdade. Prometi que não ia mais falar de Estel... dela.

— Pois bem. O medo a impede de ter uma boa gravidez.

— Acha mesmo?

— Com certeza.

— Nas outras duas gestações, não senti medo algum. Estava feliz. Sempre quis ser mãe.

— Será?

— O quê?

— Que você quer ser mãe?

— Como assim? Não estou entendendo.

— Será que você quer mesmo ser mãe? Às vezes, me parece que você não segue à risca as recomendações dos médicos.

— Mamãe! — exclamou Antonieta, nervosa. — De onde tirou essa ideia?

Ela ia dizer que foi ideia de Teresa, mas preferiu não comentar.

— Não é ideia. Se fosse apenas uma gravidez interrompida, tudo bem. Acontece. Mas duas?

— Não tenho culpa. — Antonieta começou a chorar.

— Precisa consultar outro médico.

— Rami já marcou consulta. Vou amanhã. Às treze horas.

— Que bom!

— Pode me acompanhar?

— Amanhã não posso. Eu tenho salão marcado. Unha e cabelo. Foi tão difícil conseguir atendimento. Faz meses que quero ser cuidada pelas mãos de Madame Line.

Antonieta procurou ocultar o ressentimento. A mãe não a apoiava e, depois que se separara de Felisberto, não parava quieta, saindo para cima e para baixo, grudando em Teresa, colocando-a em segundo plano. Antonieta deliberadamente rompera laços com os irmãos e Rami parecia não a compreender. Ele não percebia que ela também sofria, e muito, com os abortos. Não tinha a quem recorrer. A angústia corroía seu espírito. Estava a ponto de cometer uma loucura.

CAPÍTULO 43

Dalva desceu do bonde e andou alguns metros. Logo adentrava o ateliê de Marocas Dubois. Uma vendedora simpática veio atendê-la.

— Dalva! — cumprimentou-a de forma efusiva. — Quanto tempo!

— Como vai, Ana?

— Bem. Nossa, como você faz falta!

— Sinto falta daqui. — Ela olhou ao redor com ar saudoso. — A vida muda, a gente muda. Enfim...

Conversaram bastante, pois o ateliê estava sem clientes. Depois de um bom papo, Ana quis saber:

— Em que posso ajudá-la?

— Na verdade, vim falar com o Raimundo.

— Que rapaz fantástico! Dona Marocas o incentiva bastante. Deixa-o trabalhar sem o atrapalhar. Graças a ele, apareceram novas clientes.

— Fico feliz.

— Ele está no andar de cima. Vou levá-la até ele.

— Obrigada.

Dalva deixou-se conduzir e subiu uma escada em caracol. Entrou no aposento no andar de cima e Raimundo nem percebeu sua presença. Estava debruçado sobre um chapéu e nele costurava um brocado. Dalva tocou levemente o seu ombro. Ele virou-se e abriu enorme sorriso. Abraçaram-se e ele disse:

— Saudades! Quanto tempo!

— Ando muito ocupada. Depois que me casei, o tempo ficou mais curto!

— Como anda a vida de casada? Pelo rosto e pela pele, parece que vai muito bem.

— Vai — eles riram. — E como você tem passado?

— Muito bem.

Raimundo a puxou pelo braço e a levou para o outro lado do salão onde trabalhava. Os ambientes eram separados por uma linda cortina de veludo em tons de verde-musgo. Ele afastou-as com delicadeza e disse, orgulhoso:

— Conheça minha casa!

— É linda! Como ajeitou tudo isso?

— Dona Marocas me deu os móveis. Aqui há tudo de que preciso: cama, poltrona, abajur, mesinha, armário para as roupas. Lá no canto, atrás daquele biombo, estão a pia e o fogão. Ali — apontou — é a porta que leva ao banheiro. E aquela outra — apontou de novo — é a do quintal.

Ele a conduziu até lá. Abriu a porta e Dalva deslumbrou-se com as plantas e flores.

— Isso é maravilhoso! Um canto com plantas e flores. Parece um pedacinho do céu!

— E é. Venho para cá para reciclar os conceitos aplicados ao trabalho, ter novas ideias.

— Vi uma matéria sua na revista. Está ficando famoso.

— Você faz parte de tudo isso. Sem você...

Ela levou o dedo à boca dele:

— Sem o seu talento isso não ocorreria. — Ele aquiesceu e ela indagou: — E sua família? Como andam os seus?

— Estão muito bem. Juntei um dinheiro nesses poucos anos. Comprei uma casinha para eles no Jaçanã. Estou pagando as prestações, mas um dia ela será só nossa.

— Que coisa boa!

— Pena que esse cantinho logo não será mais meu...

— Por quê? — ela preocupou-se. — Houve algum atrito entre você e dona Marocas?

— Não! Ela tem sido ótima patroa. Dona Marocas me dá liberdade para eu fazer os moldes e confeccionar as peças do meu jeito. Vez ou outra, ela sugere coisas. E sempre acerta.

— Ela tem um bom olho. Percebe os detalhes que podem enriquecer ou empobrecer uma peça. Ué, se anda tudo bem, por que vai deixar o cantinho? Está tão bonitinho.

— Uma cliente me propôs sociedade. Ter o meu próprio ateliê e minha loja.

— Isso é maravilhoso.

— É, Dalva. Isso é maravilhoso.

Abraçaram-se e Dalva ficou ali até Raimundo finalizar mais um de seus lindíssimos chapéus. Eles ainda se encontrariam durante mais alguns anos. A vinda dos filhos fez com que Dalva espaçasse as visitas, mas sempre se telefonavam para conversar. Raimundo fora convidado para ser padrinho de um dos filhos dela.

Os anos correram e, dez anos depois desse encontro no ateliê, Raimundo foi surpreendido por nobre e irrecusável convite: a estilista Coco Chanel encantara-se com os modelos por ele produzidos e lhe fizera proposta para trabalhar com ela em seu ateliê, em Paris. Raimundo despediu-se dos amigos e parentes e, com um friozinho na barriga, pegou o avião para a Cidade Luz. Ele adorava seu ofício e raramente aparecia em eventos ou se deixava fotografar. Apaixonou-se por uma argelina, casaram-se e tiveram três filhos, sete netos e uma bisneta, que Raimundo teve a grata satisfação de poder pegar no colo. Morreria no dia seguinte, aos cento e um anos de idade.

CAPÍTULO 44

Rami e Antonieta almoçavam na casa do pai dele. E de Teresa, obviamente. Conversavam amenidades, quando Teresa, de propósito, perguntou:

— Quando pretende engravidar de novo, Antonieta?

Rami encarou a esposa com cara de poucos amigos e voltou a atenção para a comida. Samir comentava quanto ficaria feliz em ter um neto. Antonieta, sentindo o corpo tremer, limpou os lábios com o guardanapo e disse, insegura:

— Estamos tentando.

— Já faz mais de um ano que perdeu seu segundo bebê. Não acha que logo vai ficar tarde para engravidar de novo?

— Ela mal completou vinte e seis anos. Não é, Antonieta? — sondou Samir, sempre alegre.

— Sim. Ainda há tempo — respondeu Rami, de olho na comida.

Teresa percebeu o desconforto e ia lançar nova pergunta constrangedora, mas Antonieta levantou-se de maneira rápida e saiu correndo, sentindo forte enjoo. Todos se entreolharam, surpresos.

Só pode estar grávida! Vamos ao terceiro aborto, pobrezinha, pensou Teresa, mas disse:

— Isso está me cheirando a gravidez.

Rami empurrou o prato para a frente e levantou, eufórico:

— Antonieta está grávida!

— Corra até o banheiro, meu filho — Samir o encorajou.

Rami saiu correndo até o banheiro. Teresa meneou a cabeça para os lados.

— Eu tenho pena do meu enteado.

— Por quê?

— Ele sofreu tanto na vida. Não é justo Rami passar por esse nervosismo. Ele merece ser pai.

— Tem razão. — Samir pousou a mão dele sobre a dela. — Ele sofreu muito. Merece ser pai e ser feliz.

Durante o decorrer da história, muito pouco escrevemos sobre Rami. Apenas informamos que ele era um rapaz rico e apaixonado por Antonieta. De fato, ele era tudo isso. Entretanto, até o momento, sua vida fora marcada por muitos altos e baixos.

Para início de conversa, o parto de Rami foi complicadíssimo. Durou muito tempo e, depois de exaustivas horas presa à cama para dar à luz, a mãe não resistiu e faleceu, sem ao menos conhecer o filho. Samir casara-se tarde e, ao perder a esposa, com um recém-nascido no colo, desesperou-se. Uma prima distante foi convidada a morar na casa dele com a função de cuidar do menino. Raja era viúva e não tivera filhos. Segundo a família, era uma mulher seca. Ela não era muito simpática e era mulher de pouca paciência. Criara Rami com muitas agressões físicas e psicológicas. Samir nada percebia, pois trabalhava muito. Só parava em casa para comer, banhar-se e dormir. Mal dava atenção ao filho.

Certo dia, Raja esbofeteou o menino bem no momento em que Samir chegava a casa. Discutiram e ele, delicadamente, *convidou* Raja a ir embora. Nessa época, Rami contava sete anos de idade. Samir não teve alternativa e o matriculou num colégio interno. Dali a cinco anos, conheceu Teresa e por ela se encantou. Casaram-se e na sequência Samir herdou uma grande soma em dinheiro de um tio solteiro. Teresa o manipulou a ponto de ele ceder e, em vez de usar o dinheiro para expandir os negócios, fez Samir comprar o terreno de uma família que falira e exigiu a construção de um palacete no terreno cravado no meio da Avenida Paulista. A contragosto, ela acolheu o enteado. Rami estava com doze anos e Samir o tirou do colégio interno; Rami fora obrigado a largar os estudos para trabalhar com o pai na loja de tecidos. Perspicaz e muito inteligente, logo Rami tomava conta do caixa. Usava a sobra do caixa para obter novos negócios. Dez anos depois, já eram donos de dez lojas de tecidos.

Teresa não queria que ele se casasse com Antonieta, pois seu objetivo era destruir Bernarda. Rami era um bom partido e não se deixou convencer pelas palavras de Teresa, que o desestimulavam a levar o namoro adiante. Ele estava apaixonado. Ela sabia o que era isso. Impossível lutar contra o amor, ela deduziu. E assim Rami casou-se com Antonieta e acalentava o sonho de ser pai. Ele queria ser pai a todo custo, porque desejava ser diferente de Samir. Iria criar o filho, ou filha, com muito amor e carinho. Ele tinha essa necessidade.

Rami não era um homem mau, muito pelo contrário. Amava Antonieta e beijava o chão que ela pisava. Mas queria tanto um filho e, a cada aborto, sentia-se mais frustrado. No fundo, achava que ele próprio tinha algum problema que impedia Antonieta de levar a gravidez adiante. Para não explodir de culpa e frustração, descontava na esposa a sua ira, culpando-a.

Voltando ao almoço, todos tiveram certeza de que Antonieta estava grávida. E ela engravidou. E o bebê nasceu. E ela se sentiu a mulher mais feliz do mundo. No hospital, Rami urrava de felicidade.

— Meu filho nasceu! — gritava a plenos pulmões. — Meu filho!

A alegria dele, lamentavelmente, não duraria por muito tempo. O pequeno Abdul demorou para engatinhar e, quando começou a falar, as palavras saíam enroladas. Podemos considerar que o filho de Antonieta e Rami nascera com desenvolvimento mental inferior à maioria das crianças.

Naquele tempo, havia poucos estudos sobre crianças com algum tipo de deficiência. A História, infelizmente, apresentou formas diversas de dirigirmos o olhar para pessoas com deficiência: misticismo, bruxaria, pecado, abandono, extermínio, piedade, exclusão... O olhar sempre foi negativo, e apenas nos últimos anos é que esse olhar tornou-se menos preconceituoso, criando e fortalecendo processos de inclusão de deficientes na escola, no trabalho, no convívio social.

A princípio, Rami recusou-se a acreditar que o filho tivesse alguma deficiência.

— O pediatra disse que, com suporte adequado, poderemos criar nosso filho a ponto de ele viver com alguma independência — festejou Antonieta. — Nosso bebezinho será muito amado!

— Não quero ter um filho torto. Não mereço.

— Ele não é torto, Rami. É apenas uma criança que precisará muito de nosso apoio, carinho e atenção.

— Teresa disse que jamais poderia imaginar que meu pai teria um neto retardado.

— Não ouse dizer tal palavra! — Antonieta o censurou. — Nosso pequeno Abdul terá um processo de desenvolvimento mais lento, só isso.

— Só isso?

— Não fique assim, meu bem. Aproveite e pegue ele um pouquinho. Você mal o segura.

Rami tinha repulsa pelo menino. Mentiu:

— Não levo jeito. Ele ainda é muito pequeno.

— Logo vai estar forte e cada vez mais parecido com você.

Rami fez um muxoxo. Levou a mão à cabeça e alisou os fartos cabelos negros.

— Será que isso não veio da sua família?

— O quê?

— Esse retardo mental.

— Imagina! Pode acontecer a qualquer um.

— Menos para mim. Mas estou lhe perguntando porque me lembrei da sua irmã, a Estelinha.

— O que tem ela?

— Não era meio biruta?

Antonieta ficou sem palavras. Estava tão acostumada a não mais se lembrar da irmã caçula... e, agora que ele mencionava o comportamento de Estelinha, ela ficou na dúvida. Novamente deixou-se corroer pela culpa.

— Ele vai crescer forte e saudável. Você vai ver.

— E burro. Vai ser burro pelo resto da vida.

Rami deixou o quarto extremamente irritado. Queria tanto um filho e, quando nasceu, segundo ele, veio defeituoso. Na verdade, ele não pensava tudo isso do filho ou da esposa, ou mesmo da genética da família. Era Teresa que, sempre que possível, metia caraminholas na cabeça dele. Afirmava que o neto de Samir era deficiente. E que provavelmente isso se devia ao fato de Antonieta ter uma irmã louca. Foi ela quem disse "retardado" pela primeira vez. E sempre, por toda a vida, iria se referir ao menino como "aquele menino retardado".

Antonieta bem que tentou, mas a convivência com Rami foi azedando. Chegou ao ponto de dormirem em quartos separados. Rami mudou-se para o quarto de hóspedes e ela e o menino permaneceram no quarto do casal. Assolada por dúvidas, medos, temores, angústias e muita culpa, Antonieta começou a definhar e adoeceu gravemente. Morreu de câncer no útero, antes de completar trinta anos de idade.

Somente depois da morte da esposa foi que Rami percebeu quanto era apaixonado por ela e quanto amava o filho. Arrependeu-se amargamente de ter destratado Antonieta, de ter dito a ela tantas barbaridades, tantos impropérios. Dali em diante, tornar-se-ia um pai amoroso e dedicado. Contratou um funcionário de extrema competência para gerenciar os negócios e passava mais horas ao lado do pequeno Abdul.

O tempo avançou um pouco, contudo, devido a suas limitações, o menino teve uma vida curta. O pequeno Abdul faleceu um dia antes de completar treze anos de idade. Em seguida, Samir também faleceu e Rami sentiu-se o homem mais triste da face da Terra. Afastou-se do convívio com Teresa. Nunca mais quis saber de casar ou ter filhos. Abraçou-se ferozmente ao trabalho e morreria precocemente, vítima de um infarto fulminante, aos quarenta e quatro anos de idade, para deleite dos parentes que herdaram toda sua fortuna.

CAPÍTULO 45

Fazia um lindo dia. O céu azulado e sem nuvens convidava a um passeio ao ar livre. Marcílio acordou e espreguiçou-se com gosto. Fazia tempo que não dormia tanto, pois estava no último ano da faculdade. Estudava letras e, devido ao seu excelente desempenho como aluno, fora convidado para trabalhar como assistente de um dos professores da instituição.

Ele olhou para o despertador e assustou-se. Estava atrasado. Levantou-se rapidamente e correu para o banheiro. Lavou o rosto, escovou os dentes, arrumou-se e já ia saindo quando Estelinha o abordou no corredor:

— Acabei de fazer café.

— Não vai dar, mãe. Perdi a hora. Podia ter me acordado.

— Passei no seu quarto logo cedinho, mas você dormia tão gostoso...

— Preciso ir — falava ele, enquanto ajeitava uns papéis na pasta que segurava.

— Depois que começou a trabalhar e estudar, tem ficado muito cansado. Não podia começar a trabalhar depois de concluir a graduação?

— Dê graças a Deus que consegui esse trabalho. Estar ao lado do professor Nunes é o sonho de nove entre dez alunos.

Ela fez cara de poucos amigos. Não gostava quando Marcílio falava desse professor. Achava que estava abusando do filho, exigindo dele uma dedicação absurda. Enquanto pensava, puxou o filho até a cozinha. Angelina estava ali, sentada à mesa, tomando o café. Felisberto estava numa viagem e regressaria por aqueles dias. Sérgio já tinha saído para trabalhar.

— Bom dia, querido — cumprimentou Angelina.

— Oi, tia. Estou atrasadíssimo.

— Cinco minutos a mais não vão fazer diferença.

Ele sentiu o aroma do café e deu-se por vencido.

— Está bem. Rapidinho.

Enquanto ele se sentava, Angelina adiantou-se e cortou um pãozinho ao meio, passou manteiga e colocou-o num pratinho. Marcílio se serviu de café, virou a xícara numa golada só e comeu um pedaço do pão. Levantou-se rápido e beijou Angelina.

— Até a noite.

— Bom trabalho e bons estudos — ela completou.

— Já disse que esse professor abusa da dedicação de Marcílio.

— Mãe, como implica com ele! Nem o conhece e já o trata mal.

— Não sei. Quando me fala dele, não gosto.

— É um homem sofrido, e deficiente. Há um grupinho que o apelidou de Professor Perneta. Não gosto desses comentários. Fazem piada em cima dos problemas dos outros.

— Isso não é de bom-tom — comentou Angelina. — Independentemente de frequentarmos a Federação, eu e sua mãe não somos de rir da desgraça dos outros. O respeito é fundamental.

— Também acho — ele ajuntou. — Por isso me dou bem com o professor. Chamaram-me de puxa-saco, porque muitos se candidataram para a seleção de estágio. Passei na entrevista porque meu artigo foi muito bem escrito e porque nunca fiz comentários depreciativos sobre as condições físicas do professor.

— Deve ser difícil conviver com deficiências — disse Angelina, reflexiva.

— É. Não é fácil.

Marcílio beijou a mãe e saiu, carregando sua pasta. Estelinha fechou a porta e voltou para a cozinha.

— Você implica com esse professor desde que Marcílio passou a falar dele.

— Não sei, tia. É algo estranho.

— Como assim? O que é estranho?

— Toda vez que Marcílio faz algum comentário sobre esse professor, meu peito se fecha. Não sei explicar.

— Esse homem tem sido muito generoso. Parece que gosta mesmo do Marcílio. Está lhe dando a oportunidade de, mesmo antes de formado, começar a fazer carreira. Marcílio será um ótimo professor de português e de línguas.

— Isso me felicita. Marcílio desde cedo mostrou habilidades com línguas. Aprendeu inglês e francês com extrema facilidade.

— Estudou espanhol por conta própria e arranha no alemão. Nasceu mesmo para a área de humanas — emendou Angelina, orgulhosa. — Você foi abençoada.

— Eu?

— É. Marcílio sempre foi bom aluno. Claro, um menino peralta, que aprontou bastante. Graças a Deus! Foi uma criança normal. E transformou-se num ótimo rapaz. Ele é educado, gentil, paquerador...

Estelinha riu.

— Ele estava namorando a filha da Cacilda, do 602. Parece que ele terminou, alegando excesso de estudos e trabalho. Cacilda me disse que a menina ficou tristinha.

— A filha da Cacilda, a moça da padaria, a colega da faculdade... Marcílio conquista as pessoas, não só as namoradinhas, porque é galante, simpático, bonito...

Estelinha ficou pensativa por instantes. Angelina quis saber:

— O que foi?

— Ele está muito parecido com o pai.

— Eu tenho uma vaga lembrança dele. Só o vi rapidamente naquela festa da sua irmã. Faz tantos anos.

— O pai era muito bonito. Marcílio, infelizmente, tem muito dele: os cabelos, o formato do rosto, os lábios. Às vezes me pego chocada. Penso estar na frente do Dé... — ela parou de falar.

— Ainda é difícil falar o nome dele? — Ela assentiu e Angelina indagou: — Depois de praticar tantos exercícios, fazer terapia, tantas leituras do evangelho, ainda não o perdoou?

— Como posso perdoar um monstro, cafajeste? — cuspiu as palavras.

Angelina serviu-se de mais um pouco de café com leite. Convidou Estelinha a se sentar. Ela se acomodou na cadeira ao lado e a tia prosseguiu:

— Você tornou-se espírita há muitos anos.

— Desde quando vim para cá.

— Aprendeu tanto sobre o amor, o perdão, a vingança... Quantas palestras não assistiu? Inúmeras. E muitas delas nos falavam sobre o verdadeiro sentido do perdão.

— Fácil falar, tia. É difícil perdoar quando fui agredida, maltratada.

— A gente só perdoa quem nos faz mal. O que lhe disse sobre ser espírita há muito tempo é que nós entendemos que nascemos e renascemos muitas vezes. De mais a mais, geralmente, reencarnamos ao lado de afetos e desafetos. Os afetos nos ajudam a seguir com força e coragem para cumprirmos nossos objetivos de vida. Os desafetos aparecem para que possamos desatar os nós que fizemos com eles no passado, quando criamos ou participamos de situações desagradáveis que não puderam ser esclarecidas, perdoadas lá atrás. Você quer levar essa situação mal resolvida para além da vida? Com tudo o que aprendeu e absorveu nesses anos todos, prefere arrastar esse sentimento ruim para se livrar dele numa outra oportunidade?

— Não sei.

— Você é quem sabe. A vida lhe foi muito generosa. Ela lhe deu um filho maravilhoso, uma família que a ama e um marido que é um companheiro excepcional. Por que ainda insiste em manter no peito essa chaga que o corrói?

— Tive Marcílio e, quando me casei com Sérgio e tentei engravidar, fui surpreendida pelo fato de não poder mais gerar filhos. Frustrei meu marido. Tirei dele o sonho de ser pai.

— Sérgio chegou a reclamar com você sobre isso?

— Nunca. Jamais! Sempre foi compreensivo e disse-me que ser pai de Marcílio foi e é um grande presente.

— Então, por que se culpa? — Ela não respondeu. Angelina prosseguiu: — Percebe que tem uma família maravilhosa e apenas olha para o lado negativo das situações? Não importa como tudo aconteceu, mas o fato de ter engravidado mudou sua vida. Veio morar comigo, despertou para a vida, aprendeu um ofício, criou um filho, casou-se.

— Pensando assim...

— Mas esse é o único pensamento válido, o pensamento de que a vida lhe foi muito generosa, de que lhe deu tudo o que desejava. E agora fica presa nessa falta de perdão?

— Nem sei se ele está vivo — desconversou.

— Não importa. Faça mais vezes o exercício do perdão.

— Eu tento, titia.

— É só se sentar confortavelmente numa poltrona, sofá, cadeira, beira da cama, não importa o lugar, desde que se sinta confortável. — Angelina queria que Estelinha se lembrasse vivamente de como se exercitar.

— Eu faço assim...

— Siga esse meu jeito de fazer o exercício. Como ia dizendo, assim que se sentir confortável, feche os olhos, concentre-se na pessoa com quem tem, digamos, um problema mal resolvido e converse com ela. Imagine ela parada na sua frente. Diga tudo o que sente, fale tudo o que está preso na sua garganta, reprimido há anos. Depois que se perceber mais calma, diga em voz alta que a perdoa e que se perdoa. Em seguida, liberte-a de sua vida, imaginando essa pessoa sumir num raio de luz.

— Já tentei. Não consegui.

— Ou não quis.

— Titia!

— É isso mesmo, Estelinha. Aprendeu muito com o espiritismo e teve sessões maravilhosas de terapia com o Jorge. Pena que ele decidiu recomeçar a vida longe de nós. Mas os ensinamentos dele ainda se fazem presentes. Não deixe que toda a ajuda que recebeu nesses anos todos seja varrida para debaixo do tapete. Reaja.

Uma lágrima escorreu pelo canto do olho de Estelinha.

— Tem razão, titia. Preciso fazer esse exercício com mais vontade.

— Já viu que dá resultado. Perdoou sua mãe. Não foi fácil, mas você conseguiu perdoá-la.

— É verdade. Nunca mais a vi, no entanto, consegui perdoá-la e também me perdoar, depois de praticar inúmeras vezes...

— Se conseguiu perdoar sua mãe, por que não conseguiria perdoar o homem que lhe deu o maior presente que ganhou na vida?

— Não tenho como negar. Décio me deu um tesouro.

— Viu?

— O quê?

— Depois de muitos anos, acabou de pronunciar o nome dele.

Estelinha nem havia se dado conta de que falara o nome de Décio desde que fizera terapia com Jorge.

— Oh, titia! Eu consegui falar! De novo! E, confesso, não me senti tão mal.

— Agradeça a Deus por isso. Deu o primeiro passo para a verdadeira cura de seu espírito.

— Sim. Prometo que vou fazer e refazer o exercício do perdão, do jeitinho que me mostrou há pouco. Vou me concentrar no Décio. Estou começando a me sentir cansada de carregar esse peso no coração.

— Isso mesmo!

Tiraram a mesa e Estelinha, mudando o assunto, comentou:

— Sonhei com Antonieta dia desses.

— Tenho orado muito pelo espírito dela e do filho. Pena que soubemos das mortes depois que ocorreram. Caso contrário, poderíamos ter ajudado Rami a superar esse sofrimento, dentro do possível.

— Uma pena, mesmo. Não fui comunicada da morte de minha irmã e não conheci meu sobrinho, infelizmente.

— Foi escolha dela, não é? Antonieta afastou-se completamente de nós. Cortou relações com Alfredo, por quem ela nutria carinho. Deixou-se levar pelas impressões do mundo, pelo preconceito e fez suas escolhas.

— Mas o sonho foi bem interessante.

— O que sonhou? Consegue se recordar?

— Sim. Ela estava envolta numa luz dourada e sorriu para mim. Disse-me que, depois de saber do nosso passado, era capaz de perdoar a si mesma e perdoar-me. Que estava muito feliz porque tanto ela como o filho estavam programando nova reencarnação. Que iríamos nos reencontrar, possivelmente, daqui a certo tempo.

— Fico feliz com esse sonho. Sinal de que ela, muito provavelmente, está sendo preparada para nova jornada no planeta. Bom que o espírito de Antonieta esteja lúcido e aparentemente feliz. Chegou a ver o filho?

— Não. Somente ela. Mas falou do menino com tanto amor! Lembro-me de que, quando fui abraçá-la, despertei. Acordei com leve sensação de bem-estar.

— Hoje é dia de irmos à Federação. Podemos colocar o nome dela e do seu sobrinho na caixinha de orações.

— Excelente ideia, tia.

— Também podemos orar para Rami. Ele deve estar bem abatido. Sinto-o muito triste.

De fato, Rami estava muito triste. A morte dele seria comunicada a elas dali a um ano.

CAPÍTULO 46

Marcílio caminhou a passos firmes até a entrada da Universidade do Estado da Guanabara (UEG) — atual UERJ — e cumprimentou o porteiro. Caminhou até a sala do professor Nunes. Bateu e ouviu um "pode entrar". Abriu a porta e o professor estava sentado, analisando uns papéis. Marcílio já foi se desculpando:

— Não sei o que me deu, professor. Acabei perdendo a hora.

— Que bom — ele respondeu. — Sinal de que precisava de descanso. Soube que tem saído muito tarde da universidade.

— Como estou no finalzinho do curso, há mais trabalhos para entregar. Chego para trabalhar além do horário previsto e não quero acumular nada — justificou.

— Eu não exijo de você nada além do que já tem feito. Não precisa se matar para me entregar tudo no prazo. Eu o contratei para que experimentasse a rotina de trabalho dentro de uma instituição de ensino. Fiz isso porque senti que tem potencial para fazer carreira no mundo acadêmico. Portanto, precisa apreciar o fim do curso e o trabalho, caso contrário, de nada adianta se sacrificar, cansar-se sobremaneira. Você é jovem e deve ter prazer naquilo que faz.

— Eu tenho. Juro para o senhor que amo passar o dia todo na faculdade. Este é o meu mundo — disse, enquanto lançava um olhar perscrutador pela sala.

— Que bom, meu rapaz. Fico contente.

Marcílio entregou ao professor a pasta com os artigos corrigidos.

— Aqui está.

— Obrigado. — O professor olhou os papéis e sondou: — Depois que terminar a última aula, passe aqui e vamos almoçar.

— Estou atrasado com o meu trabalho sobre estudos da linguagem.

— Um almoço não vai atrapalhar em nada.

— O senhor tem razão. Faz tempo que não saímos para almoçar. A cantina...

Nunes o cortou:

— Não. Vamos almoçar num restaurante aqui perto. Preciso sair um pouco e arejar a cabeça. Gostaria da sua companhia para jogar conversa fora.

— Combinado. Passarei aqui — ele consultou o relógio — por volta da uma da tarde.

— Perfeito. Estarei aqui esperando você. Boa aula.

Marcílio sorriu e deixou a sala. Gostava do professor Nunes. Conhecera-o no segundo ano do curso, nas aulas de francês. Logo a amizade entre os dois brotou espontânea. Agora, no último ano, devido à sua competência, Nunes convidara Marcílio para estagiar em seu gabinete. Era o passaporte que auxiliaria Marcílio a ingressar no mundo acadêmico. Estava contente em poder ajudar um aluno tão competente e por quem nutria nobre sentimento.

Marcílio retornou à sala por volta da uma da tarde. Nunes estava de pé, apoiado nas muletas. Ele quis ajudar o professor e recebeu uma negativa:

— Estou acostumadíssimo com isso — baixou os olhos em direção às muletas. — São muitos anos convivendo com elas. Já tive muita raiva delas, agora as muletas são grandes amigas. Elas me permitem ter liberdade de ir aonde eu quiser.

— Admiro muito esse jeito que o senhor tem de lidar com suas limitações.

— Eu achava mesmo que era limitado. Senti muita raiva quando soube que ficaria sem uma perna. A perda da visão não me causou tanto sofrimento. Um olho compensa a falta do outro. E ser chamado de Professor Perneta também não me aborrece, de modo algum.

— Tal comentário é extremamente deselegante, professor.

— Não ligo. Não tem ideia de quantas piadinhas tenho escutado desde que fiquei assim. Já não me machucam mais. Aprendi com um grande amigo, Sérgio.

— É o nome do meu pai.

— Que interessante.

— O senhor então tem um bom amigo.

— Pena que não nos encontramos mais. Faz muitos anos que não o vejo. Ele se casou e os encontros foram se espaçando. Tenho saudades de nossas conversas.

— Por que não o procura?

— Boa ideia. Preciso saber se ainda mora no mesmo lugar.

Foram caminhando e Nunes tinha mesmo boa habilidade em manipular as muletas. Tomaram um táxi e pararam diante do restaurante. Acomodaram-se e a conversa prosseguiu:

— Nunca me falou muito de sua vida — comentou Nunes.

— Minha mãe morava em São Paulo. Veio morar com uma tia e depois eu nasci. Alguns anos depois, ela conheceu o homem que hoje chamo de pai. Nossa relação é muito boa.

— Então você não conhece seu pai verdadeiro.

— O biológico? Não. Fui e sou tão amado pelo meu paizão que nunca tive curiosidade de saber sobre quem me gerou.

Nunes abaixou a cabeça. Lembrou-se de que hoje, se soubesse do filho, se é que ela tivera o bebê, teria a mesma idade de Marcílio.

— O senhor ficou triste, de repente.

— Não é nada. É que me recordei do passado. Tem coisas das quais me arrependo, sabe?

— Como o quê? — Marcílio quis saber.

Nesse momento, o garçom aproximou-se e veio anotar os pratos.

— Eu vou querer esse aqui — Nunes apontou para um prato no cardápio.

— Excelente escolha, senhor. E seu filho? — perguntou, mirando Marcílio.

— Ele não é meu filho — riu Nunes.

— Desculpe-me. É que o rapaz é uma cópia do senhor, só que mais moço. São muito parecidos. — Ele anotou o nome do prato de Marcílio e afastou-se.

Nunes observou Marcílio atentamente. Não é que o rapaz se assemelhava muito a ele quando jovem?

— Por que me olha dessa forma? — incomodou-se Marcílio.

— Nada. É que o garçom fez o comentário e estava olhando para o seu rosto.

Marcílio também o observou e disse de forma engraçada:

— Veja como são as influências! Foi só o garçom fazer o comentário e estamos aqui, um encarando o outro, para ver se temos traços parecidos...

— Quer saber? Acho você parecido comigo quando jovem.

— É mesmo? — Marcílio riu-se.

Nunes tirou a carteira do paletó e, na sequência, dela tirou uma fotografia. Entregou-a a Marcílio.

— Veja. Esse sou eu muitos anos atrás, antes do acidente.

Marcílio tomou a foto e, ao vê-la, espantou-se. Era muito parecido com aquele jovem da foto.

— Bem, olhando essa foto, parece que sou eu... Que engraçado!

— Deveras interessante. — Nunes guardou a foto na carteira.

Marcílio quis saber:

— O senhor não teve filhos?

Os olhos de Nunes entristeceram. Ele meneou a cabeça para os lados.

— Fui muito irresponsável no passado. Era o tipo do garoto rebelde, aprontava muito. Não tinha consciência das bobagens que fazia.

— Interessante o senhor dizer isso. Vendo-o na sala de aula ou trabalhando a seu lado, jamais imaginaria que tivesse tido esse tipo de comportamento. É tão competente no trabalho, tão educado. É um dos professores mais benquistos.

Ele sorriu.

— Eu sei. Mudei muito ao longo dos anos. O acidente me transformou em outro homem, que passou a valorizar as pequenas coisas da vida. Fui muito imprudente, engravidei mocinhas na juventude...

Nunes passou a relatar a vida que tivera. Contou tudo a Marcílio, inclusive a abordagem que fizera a Estelinha, sem revelar-lhe o nome. Marcílio se surpreendeu muito mais ao saber que aquele homem à sua frente tivera uma vida cheia de infortúnios.

— O melhor a fazer é perdoar.

— Como assim?

— O senhor deve perdoar essas pessoas e se perdoar.

— Nem sei mais onde estão essas pessoas. Nem sei se estão vivas ou não.

— Não importa — sentenciou Marcílio.

— Não?

— Não, professor. Minha tia é espírita e me ensinou um ótimo exercício sobre o perdão. Precisei dele quando era adolescente. Eu me revoltei porque queria conhecer minha avó materna.

— O que aconteceu?

— Aos catorze anos, tive vontade de conhecê-la. Minha mãe a princípio não gostou da ideia, mas depois, percebendo que era um desejo meu, achou por bem facilitar o encontro. Ligou para a casa da minha avó e ela não quis falar com minha mãe nem comigo. Aquilo me entristeceu sobremaneira. Foi quando aprendi a fazer o exercício do perdão, mesmo sem nunca ter tido contato com ela.

— Pode me ensinar a fazer esse exercício?

— Pois não. Claro! É fácil de executar, mas requer muita vontade para se livrar desse sentimento ruim. Quando não perdoamos quem nos feriu ou não nos perdoamos, tornamo-nos muito tristes. A vida torna-se pesada. Por isso eu acredito que, para se ter uma boa vida, é importantíssimo aprendermos a praticar o perdão.

Os pratos chegaram e o almoço transcorreu com muita conversa. Ambos falaram muito de suas vidas mas sem tocarem em nomes. Quando já estavam de volta à universidade, o professor agradeceu o encontro.

— Foi muito bom sair um pouco. A sua companhia é extremamente agradável.

— Digo o mesmo, professor. O senhor também é ótima companhia.

— Pode apostar que tem em mim, além de mestre, um amigo. — Ele estendeu a mão para Marcílio. — Amigos.

Marcílio respondeu:

— Amigos!

— Por favor. Não me chame mais de professor Nunes. Pode me chamar de Décio.

— Sim, profes... — Eles riram e Marcílio finalizou: — Sim, Décio.

Ele saiu para ir à secretaria resolver algumas questões do fim do curso e Décio acomodou-se na cadeira. Ficou pensativo por um bom tempo. Se tivesse a chance de conhecer seu filho, e se ele estivesse vivo, gostaria que fosse como Marcílio. Afeiçoara-se ao rapaz. Sentia-se muito bem ao lado desse aluno. Desde o primeiro dia que o vira na sala de aula. Décio acreditou que estava se apaixonando pelo moço. Podia até ser. Embora fosse educado e jamais permitira uma abordagem dessas, intimamente havia se interessado por alunas e alunos. Era normal. Ele havia mudado o comportamento, não era mais companheiro da esbórnia e sua condição, muitas vezes, espantava as pessoas. Continuava bonito. Os cabelos levemente grisalhos e o uso de óculos lhe conferiam charme à parte. Ele fizera uma escolha: não quis mais se relacionar intimamente com ninguém. Preferiu dedicar-se única e exclusivamente à carreira de professor. E o convívio mostrou que ele nutria por Marcílio outro sentimento — o de pai —, e surpreendeu-se ao pensar assim. Nunca experimentara a paternidade, aliás, desprezara-a inúmeras vezes. Agora, sentia uma vontade louca de ter sido pai.

Às vezes, pegava-se se lembrando de Estelinha. Arrependia-se amargamente da maneira como a tratara. Fora um calhorda, cafajeste. Reconhecia que fora um pulha! Se soubesse onde ela estava, arriscaria pedir-lhe perdão. Até que tentou. Pouco antes de a mãe falecer, pediu a ela que tentasse descobrir o paradeiro de Estelinha. Yolanda não se interessou muito. Fez uma pergunta aqui e outra ali. Conversou com Bernarda, mas ela não quis comentar sobre Estelinha.

Vencido, sentindo-se impotente, Décio pensou em pedir ajuda a Sérgio. Mas ele havia se casado... com uma moça que se chamava Maria Estela. Grande coincidência. Será?

Décio moveu a cabeça para os lados e espantou os pensamentos com a mão.

— Isso que estou pensando seria loucura. Nem em filme algo assim poderia acontecer... — ele falou e voltou a atenção ao trabalho.

No entanto, no decorrer do expediente, o comentário do garçom não saía de seu pensamento. Décio tentava afastar aquela ideia:

— Não pode ser. Adoraria ter um filho como Marcílio. É por isso que estou com esses pensamentos absurdos!

CAPÍTULO 47

Logo depois da morte do neto, Samir teve complicações decorrentes do mau funcionamento dos rins e veio a falecer. Teresa abalou-se com a morte do marido. Embora fosse uma mulher cheia de contradições e altamente manipuladora, gostava muito de Samir. Enquanto viveram juntos, ele atendeu a todos os caprichos dela. Todos, sem exceção. Muita gente que conhecia o lado sombrio de Teresa questionava como aquele homem podia ser apaixonado por uma mulher tão sórdida. Mas o fato é que Samir era louco por ela. Ela não era louca por ele, mas tinha em Samir um grande companheiro.

A morte dele a desestabilizou num primeiro momento. Depois de recompor-se, ligou para Rami, avisando-o da morte do pai. Rami mal conseguia manter-se em pé. Estava muito fragilizado. Mal acabara de enterrar o filho e perdia o pai. Teresa o consolou um pouco e foi tratar dos preparativos de velório e enterro. Logo voltava a ser aquela que todos conheciam. Porque Teresa era... Teresa.

Depois do enterro, sentou-se com Rami para ocuparem-se das questões de inventário, dos bens deixados por Samir. Rami estava tão descontente com a vida que mal tinha vontade de tratar do assunto.

— É preciso — tornou Teresa, prática.

— O que você sugere?

— Eu deixo tudo para você.

— Tudo?

— Sim. Quer dizer... com exceção de duas coisas.

— O quê?

— Quero o casarão da Paulista e uma mesada. Um dinheiro que possa cobrir as despesas da casa e me dar um pouquinho de conforto.

— Está bem. Mas digo: se dependesse de mim, eu venderia esta casa.

— Nunca! — ela falou um pouco acima do tom.

— Os casarões estão sendo derrubados, dando lugar a prédios. Não é mais elegante viver na Paulista. Os vizinhos estão se mudando para o Pacaembu, outros para o Morumbi.

— Deus me livre! Não saio daqui nem morta!

Ele levantou-se e mexeu os ombros.

— Está certo. Pedirei ao advogado que acerte tudo. Pode ficar com o casarão. Quanto ao dinheiro mensal, pode estipular a quantia que julga necessária para manter sua boa vida — disse, de forma amarga.

Rami despediu-se de Teresa e essa foi a última conversa que tiveram. Porque, dali a algum tempo, a secretária de Rami entraria na sala dele e encontraria seu corpo, sem vida, caído próximo à escrivaninha.

O advogado tinha colocado no papel todos os acordos firmados por Rami antes de ele morrer. Os primos herdariam praticamente tudo, com exceção do casarão e de uma gorda soma em dinheiro para a madrasta. Alguns dos parentes, querendo tudo e mais um pouco, ameaçaram Teresa, mas ela, irredutível e legalmente amparada, colocou-os para correr. Exultou de felicidade ao se sentir a única dona do palacete.

— Finalmente! Ninguém mais me tira daqui.

Aproveitou o dinheiro extra e usou parte dele para redecorar a casa. Terminado o trabalho dos decoradores, ela convidou Bernarda para um chá. Assim que Bernarda entrou no casarão, percebeu as mudanças e admirou-se:

— Você fez o impossível. Conseguiu deixar a casa mais bonita do que antes.

— Eu tenho esse dom — parabenizou-se Teresa. — Sempre soube misturar bem as cores, os tons, combinar móveis antigos com novos. Afinal, não fui eu quem ajudou você a remodelar a sua casa?

— É verdade. Você tem sensibilidade para esse tipo de coisa. Eu gosto de decoração, mas às vezes me falta paciência para prestar atenção a tantos detalhes.

A conversa fluiu agradável. O empregado entrou na saleta em que elas estavam e trouxe consigo o carrinho de chá. Serviu-as e retirou-se em seguida. Bernarda quis saber:

— Já está viúva há certo tempo. O que vai fazer com as coisas de Samir?

— Eu ia mandar muita coisa para a casa do Rami. Fiquei pensando no que enviar. E não é que o coração do homem era fraco?

— Não fale nesse tom. Ele perdeu a esposa, o filho... — Bernarda emocionou-se um pouco, afinal, Antonieta fora sua filha e o pequeno Abdul, embora limitado mentalmente, fora seu neto.

Teresa percebeu e comentou:

— Eu sinto muito pelo passamento de sua filha. Antonieta era uma boa moça. Um pouco avoada, mas boa moça. Agora, sentir tristeza pelo passamento daquela criaturinha?

— Essa criaturinha era seu neto.

— Nunca! — Teresa subiu o tom. — Rami era meu enteado. O filho dele não significava nada para mim. Era filho de Antonieta, portanto, seu neto. E, convenhamos, você também não ligava muito para ele.

— Não. Isso é que não! Eu visitava Antonieta. Brincava com o menino.

— Visitava o menino, brincava com ele. Que avó maravilhosa que você foi! — disse num tom irônico. — Ele mal conseguia juntar um indicador com o outro, era birutinha. Não conseguia pegar uma bola. Você nunca saiu com ele. Nunca o levou para passear ou passar o dia na sua casa.

Bernarda mordiscou os lábios. Não sabia o que responder, porque Teresa, infelizmente, estava com a razão. A bem da verdade, ela não gostava de ser avó de um menino que, à época, chamavam de retardado. Tinha medo de que pudessem associá-lo a Estelinha. Costumava dizer às pessoas que o neto era bem fraquinho, mal podia se locomover. Acreditava que essa desculpa ajudaria as pessoas a se esquecerem do menino.

No fundo, Bernarda contava essa história sempre e sempre, repetidas vezes, apenas para acreditar, com o tempo, que o menino era mesmo apenas fraquinho. Era um jeito de não enfrentar a realidade. Durante o pouco tempo que Antonieta conviveu com o filho, Bernarda não permitia que a filha fosse visitá-la ou levasse o pequeno Abdul para a avó ver. Pelo contrário, a cada quinze dias, mais ou menos, ia visitar a filha e dar um oi para o menino. Jamais perguntou à filha se ela tinha dificuldades em educar o filho, se precisava de ajuda, coisas do tipo. Nunca quis saber se Antonieta sofria ou não. Jamais se importou, uma única vez, em saber se Antonieta estava emocionalmente bem ou não. Só foi dar atenção à filha quando Antonieta lhe contou sobre a doença. Só que, quando Antonieta descobriu-se doente, já era tarde. O corpo estava bem debilitado, muitos órgãos já tinham sido afetados pelo câncer. Após o diagnóstico, o convívio entre elas não duraria seis meses.

Ela deixou uma lágrima escorrer pelo canto do olho. Depois de refletir, respondeu:

— Hoje admito que não sabia lidar com uma criança diferente. Depois que Antonieta se foi, eu me fechei um pouco. Não visitei meu neto com frequência. Quando ele faleceu, eu também não me abalei. Acho que, dentro das condições que vivia, ele durou bastante. Pobre Rami.

— Então, tudo isso agora faz parte do passado. Antonieta se foi, seu neto, Rami, meu Samir — a voz dela tremeu um pouco.

Bernarda percebeu e comentou:

— Você gostava mesmo do Samir.

— Sim. Era um bom companheiro. Nunca o amei, mas gostava dele. Ele me compreendia, sabe? Nunca brigou comigo.

— Samir era ótimo sujeito. Pois bem, o que fez das coisas dele?

— Doei tudo o que ele possuía, com exceção das joias e dos relógios. Também guardei uma caixa com fotos e papéis. Estão ali — apontou para a caixa.

— O que vai fazer com isso?

— Não sei. — Teresa se levantou e foi na direção de uma caixa bonita de madeira. Estava sobre uma cômoda. Ela retirou a tampa e dela sacou uma foto. O retrato mostrava ela e Samir, alguns anos atrás. Ela entregou a foto para Bernarda e disse: — Isso foi na época em que nos conhecemos. Faz um bom par de anos.

— Vocês formavam um belo casal.

— É — respondeu ela, sem muita convicção.

— Posso ver as outras?

— Claro. — Teresa apanhou a caixa, não era tão pesada, e colocou-a no sofá, ao lado de Bernarda. — Veja quanto quiser.

Arranquei tudo de uma gaveta e joguei aí. Não tive tempo ainda de ver essa papelada. Mas fique à vontade. Vou ao toalete e já volto.

Teresa afastou-se e Bernarda começou a ver as fotos. Eram fotos de Samir antes do casamento, ele com Rami, fotos das lojas, retratos em que ele e Teresa estavam sempre abraçados. Ficou a admirar as fotos e foi apanhando o que ali dentro havia. De repente, encontrou um maço de cartas. Eram poucas, mas estavam bem amareladas pelo tempo. Havia um laço de cetim azul que as mantinha juntas.

— São coisas de Samir — disse para si. — Não convém olhar.

— Mas o desejo foi mais forte e Bernarda viu-se desfazendo o laço. Apanhou um envelope e dele retirou uma carta; seus olhos se arregalaram. Era uma carta de Eurico para Teresa. Eurico?! Bernarda estranhou. — Por que Eurico teria escrito uma carta para Teresa? Não estou entendendo...

Atrapalhada das ideias, Bernarda leu a carta. Nela, Eurico pedia tempo a Teresa. Assim que a filha nascesse, ele pediria o desquite. Bernarda levou a mão à boca. Não era por estar pasmada, mas porque o chá embrulhou o estômago. Sentiu forte enjoo. Fechou os olhos, respirou fundo, levantou a cabeça.

— Não posso esmorecer agora. Preciso entender o que se passou diante do meu nariz e eu não vi.

Pegou outra carta e começou a ler em voz baixa:

Querido Eurico,
Não sabe quanto estou aflita, repleta de noites maldormidas! Acreditava que nossa vida a dois começaria neste ano, pois faz alguns meses que carregava nosso filho no ventre. Estava tão feliz! Jamais poderia imaginar que depois de algumas semanas sofreria um aborto espontâneo. Se não fosse você ao meu lado no hospital, creio que não teria forças para continuar viva.
Entretanto, o que mais me deixou apreensiva foi saber que, depois do procedimento pelo qual passei, Bernarda anunciou

estar grávida. Grávida! Como? Vocês têm filhos crescidos, de sete e cinco anos. Você me assegurou que tomava cuidados e que Bernarda jamais voltaria a engravidar. E agora? O que pretende fazer?

Eu fico aqui, ansiosa e cheia de preocupação. Não quero imaginar que uma gravidez possa atrapalhar ou mesmo atrasar nossos planos de ficarmos juntos. Sabe que eu o amo mais que tudo nesta vida. Por nosso amor sou capaz de cometer loucuras.

Espero que me escreva o mais rápido possível.

Com todo o amor do mundo,

Teresa.

Bernarda não teve reação emotiva. Simplesmente ficou ali, olhando para as palavras ali escritas, e mil pensamentos cortaram sua mente. Eram como raios que iam e vinham, sem parar. Ao mesmo tempo, sentiu como se uma faca perfurasse seu coração.

CAPÍTULO 48

A princípio, sentindo tontura, Bernarda não conseguiu coordenar as ideias. Foi Teresa quem a tirou daquele estado hirto:

— Ei! O que deu em você? Voltei faz um tempo e parece que está hipnotizada.

Bernarda abriu e fechou os olhos muitas vezes. Deitou a carta no colo. Encarou Teresa:

— Você e Eurico... — Não foi capaz de terminar.

Teresa fez um esgar de incredulidade:

— Eu sabia que Samir tinha pegado essas cartas! — exclamou para si, sem se dar conta do estado da amiga. — Ele as leu, pobrezinho. Deve ter ficado com ciúmes. Mas isso tudo aconteceu antes de eu o conhecer. Pensei que eu as tinha jogado fora.

— Não se interessa em saber o meu estado?

— Que estado, Bernarda?

— Você foi amante do meu marido. Você me traiu.

— Isso faz parte do passado. Eurico morreu faz tempo. Para que pensar nisso agora?

— Nós sempre fomos melhores amigas — contra-argumentou Bernarda.

— E daí? Isso não quer dizer nada.

Bernarda levantou-se enraivecida.

— Como não? Trata um caso de traição nas minhas costas como algo natural e corriqueiro?

— Não é essa a questão. É que aconteceu há muitos anos. De que adianta brigarmos agora? Não vale a pena.

— Claro que vale! Você quis roubar meu marido de mim.

Teresa riu com escárnio.

— Ora, Bernarda. Eurico casou-se com você porque eu não tinha um casarão na Rebouças. Eu vivia bem, mas morávamos na Bela Vista. Rica eu fiquei só depois que me casei com o Samir. Na época do Eurico, era uma moça bem de vida, entretanto, você já era rica. Bem rica!

— O que está insinuando?

— Não estou insinuando nada, porque estou lhe dizendo a verdade. Eurico queria muito se casar comigo, mas a sua situação financeira era muito melhor que a minha. Logo depois do casamento, tornamo-nos amantes.

— Fala com essa cara deslavada? Assim, como se fosse algo natural? — A voz de Bernarda estava trêmula.

— Foi algo natural porque sempre nos amamos. Eu só deixei de o procurar quando se casaram. Logo que voltaram da lua de mel, voltamos a nos encontrar.

— Você...

Teresa a cortou:

— Eu disse *voltamos* — enfatizou. — Nós, no plural. Então, não fiz nada sozinha. Quando Antonieta estava para fazer cinco anos, eu engravidei. Eurico ia pedir a separação, mas, infelizmente, perdi o bebê.

— Não posso crer!

— Pois acredite. Em seguida, *você* engravidou — ressaltou.

— E você teve aquela menina odiosa.

— Maria Estela...

— Sim, aquela menina raquítica e fraquinha. Torci tanto para ela morrer, mas Deus não ouviu minhas preces.

Bernarda explodiu e deu um tapa na cara de Teresa.

— Não lhe dou o direito de falar assim da minha filha, tampouco usar sua boca imunda para falar de Deus.

— E daí? Isso não altera o passado em nada — tornou Teresa, massageando o rosto.

— Agora compreendo! Você só foi minha amiga porque queria estar perto de Eurico.

— Não. Nunca fui sua amiga. Eu sempre a odiei, desde o tempo de colégio.

— Não pode mentir tanto. Você acompanhou fases difíceis da minha vida, chorou comigo, apoiou-me...

— Tudo de mentirinha. Sempre a achei esnobe e metida. Uma menina fútil que tinha tudo o que queria. Daí, um dia, eu pensei: ela tem tudo, é bonita, rica... e me veio uma ideia.

— Não pode ser tão sórdida, Teresa. Como assim, uma ideia?

— Eu gostava do Eurico. Ele gostava de mim. Mas também nutria sentimentos por você. Claro que eu grudei nele e, como você era pura, virgem e devota a não sei quantos santos, aproveitei essa carolice toda e entreguei-me a ele. Se quer saber a verdade, mesmo... tornamo-nos amantes antes mesmo de vocês se casarem.

— Nunca percebi nada... meu Deus!

— Porque sempre foi bobinha, meio deslumbrada. Casou-se e teve um filho, depois uma filha. Até então, eu não me importava de ele estar casado com você e ter dois filhinhos. Fui fazendo a cabeça dele e, quando acreditava que iríamos viver felizes para sempre, você apareceu grávida da Estelinha.

— Maria Estela é...

— Cale a boca! — vociferou Teresa. — Aquela infeliz se chama Estelinha e ponto final. Eu fiquei tão enfurecida que desejei todo tipo de infelicidade para ela. Até fiz feitiço, sabia?

— Feitiço? Teresa, você quis prejudicar minha filha?

— Para você ver até onde tive de arriscar. Fiz muito trabalho de magia para sua filha não vingar. Até mesmo quando ocorreu o acidente.

Bernarda arregalou os olhos e a mirou com ira:

— Não vá me dizer que teve participação no acidente que matou Eurico!

Teresa foi debochada:

— Não só tive como praticamente protagonizei a cena. Eu estava com Eurico no carro.

— O acidente em Bariloche...

— Invenção da minha mãe. Quando soube no que eu havia me metido, bem, ela já desconfiava da minha ligação com Eurico. Eu prometi que nunca mais o veria. Ela acreditou e me ajudou. Fui internada, recebi tratamento e, mesmo machucada, fui levada para Bariloche. O resto você já sabe.

— Você estava com Eurico quando ele morreu? Por favor, não... — Bernarda deixou-se cair no sofá. O pranto a devastava.

Teresa riu com desdém:

— Sim. Naquele dia, ele me disse que ia passear com a Estelinha. Eu me fiz de compreensiva e pedi para ir junto, porque, convenhamos, Eurico não era muito bom em lidar com crianças.

— Naquele dia, ele pediu para eu ficar tranquila porque a babá iria acompanhá-lo no passeio.

— Despachamos a babá. Eu fui a babá — riu, histérica. — Não fiz nada de mais com sua filhinha. No parque, achavam que formávamos uma linda família. Depois, quando estávamos a caminho de minha casa, Eurico veio com a conversa de que precisávamos esperar um pouco mais, que Estelinha precisava crescer e blá-blá-blá. Cansei.

— Como assim? Cansou de quê?

— Já tinha em mente o que faria se ele tentasse protelar nossa união.

— O que você fez? — Bernarda, chorosa, levou a mão ao rosto. — Vamos, agora conte-me tudo.

— Sem problemas. Isso está entalado há tantos anos na minha garganta... é bom que eu possa, finalmente, vomitar tudo. — Teresa suspirou e prosseguiu: — Começamos a discutir. Eurico pediu que eu tivesse paciência, que não era hora nem local para discutirmos. Lembro-me também... de ele me dizendo que Estelinha dormia no banco de trás e que deveríamos discutir num outro momento. Ah, Bernarda, eu simplesmente me cansei de toda aquela lorota. Desisti de tudo.

— Desistiu de quê?

— De Eurico, de mim. Se ele não fosse ficar comigo, não ficaria com mais ninguém. Eu só me recordo de ter tomado a direção da mão dele. O resto também é história.

— Você não foi encontrada no local do acidente. Pode estar mentindo...

— Foi coisa de Deus.

— Já disse para...

— Deixe de ser idiota, Bernarda. Claro que foi coisa de Deus. Eu só me arranhei um pouco e luxei o tornozelo. A sua bebezinha também foi salva por Deus. O cestinho avançou pelo espaço do vidro dianteiro que tinha se estilhaçado com o choque e caiu certinho no chão. Pensei que a chuva que começava a cair pudesse causar-lhe algum mal... enfim, cambaleante, consegui chegar a uma casinha nas imediações e pedi ajuda. Claro que a mulher, já idosa, ganhou uma boa soma em dinheiro para não abrir o bico. De fato, quem levou a pior foi o Eurico.

— Não estou acreditando. Fala em Eurico como se fosse...

— Como se fosse alguém idiota o suficiente para preferir você a mim. Quando o vi sem vida e o cestinho no chão, senti algo diferente. Não senti a perda dele. Pelo contrário, vibrei por ter em mente que você ficaria viúva e talvez perdesse sua filhinha. A partir daquele momento, desejei ardentemente destruir você, seus filhos e, principalmente, a imbecil da Estelinha.

— Teresa, está querendo dizer que, mesmo depois de ter causado a morte de Eurico, desejou aniquilar-nos a todos?!

— Vamos corrigir a fala. Primeiro, eu não causei a morte de Eurico. Ele foi desatento e bateu o carro contra um muro. Segundo, eu precisava dar novo sentido à minha vida. Quando eu via você sofrer, me mantinha feliz. Depois, conheci o Samir, a minha vida melhorou.

— Você fez muito mal a todos nós, principalmente à Maria Estela.

— Sim. Fiz mesmo. Nunca gostei daquela menina. Não sabe como vibrei quando ela foi violentada pelo Décio. Nossa! Ela engravidou, foi afastada do convívio familiar, deve estar sofrendo até hoje. E você foi induzida por mim a fazer tudo o que eu queria. Você conseguiu ser a pior mãe que Estelinha poderia ter na vida.

Bernarda deixou os braços caírem sobre o sofá. Sentiu-se impotente. Nesse ponto, Teresa falava a verdade. Ela se deixara levar por aquela mente sádica e tremendamente negativa.

— Bem que Felisberto me avisou. Você não era boa companhia.

— E aquele borra-botas tinha poder sobre você? Nunca teve. Foi se amasiar com sua ex-cunhada. Nem que eu fizesse o melhor feitiço poderia pensar num final tão maravilhoso assim. Ser trocada pela cunhada!

— É a criatura mais horrível que conheci na vida. Você é baixa, amoral. Nunca mais quero vê-la.

Bernarda levantou-se e apanhou a bolsa. Com passos firmes e decididos, deixou o casarão. Vagou pelas ruas a esmo, tentando assimilar toda aquela barbaridade. Quando as luzes da cidade começaram a acender, indicando o início da noite, Bernarda tomou um táxi e foi para casa. Lá chegando, decidiu: iria procurar Estelinha e lhe pedir perdão.

Teresa, por sua vez, fez ar de mofa tão logo Bernarda partira. Chegara a gostar dela em algum momento da vida? Talvez, mas não queria mais se preocupar com Bernarda. Tinha certeza de que a partir daquele dia não mais se veriam. Caso se cruzassem, não mais iriam se falar, o que de fato ocorreu, quando uma amiga em comum faleceu. Mal se cumprimentaram. O ressentimento, por parte de uma, e a hostilidade, por parte de outra, seguiriam para além da morte.

CAPÍTULO 49

Passava do meio-dia quando Jacinto, o porteiro, veio tocar a campainha na casa de Angelina. Ela o atendeu apreensiva:

— Aconteceu alguma coisa?

— Sabe o que é, dona Angelina, tem um senhora lá embaixo muito emocionada. Não para de chorar. Disse que veio até aqui porque precisa falar com a filha caçula. Jurou que não arreda o pé da recepção enquanto não vir a filha.

Angelina pressentiu quem estava ali embaixo.

— Por acaso o nome dela é Bernarda? — sondou.

— Sim. Disse vir de São Paulo. Eu pensei que dona Estelinha não tinha mais mãe, porque o pai dela se casou com a senhora e...

— Tudo bem, Jacinto. Vamos descer.

Angelina intrigou-se. O que Bernarda estaria fazendo ali? Ela tomou o elevador e deu-se conta de que não havia ninguém em casa. Felisberto viajava e Marcílio estava na faculdade. Sérgio, como de costume, saíra cedo para o trabalho. Estelinha havia saído para comprar tecido e não tardaria a chegar. Ela e a tia sempre almoçavam juntas.

Ao chegar ao térreo e abrir a porta do elevador, Angelina viu uma mulher com as mãos no rosto, choramingando, aflita. Aproximou-se e tocou-lhe o ombro. Bernarda assustou-se e, ao reconhecê-la, levantou de pronto. Abraçou-a comovida:

— Que bom que ainda vive aqui. Eu nem pensei. Apanhei a bolsa e vim.

— Calma, Bernarda. O que foi? — Ela mal conseguia articular as palavras. Angelina percebeu seu estado emotivo e convidou: — Vamos subir.

— Obrigada.

Subiram sem se falar. Bernarda fungava um pouco, passava o lencinho sobre os olhos, assoava o nariz. Ao entrarem no apartamento, Angelina a conduziu até uma poltrona. Sem perguntar, correu até a cozinha e apanhou um copo de água com açúcar.

— Tome, Bernarda. Vai lhe fazer bem.

Ela tomou quase tudo e agradeceu:

— Obrigada, Angelina.

— Sente-se melhor?

— Sim. O porteiro me afirmou que Maria Estela mora aqui com você. É verdade, não?

— Claro que é.

— Preciso vê-la. É coisa rápida. Depois eu me vou.

— Como assim? Você sai de São Paulo feito uma doidivanas, chega até minha casa, quer ver sua filha e partir? Que é isso?

— Eu só vim mesmo porque preciso pedir perdão à minha filha. Apenas isso.

Angelina queria saber o que acontecera, mas Estelinha abriu a porta naquele instante e entrou contente, carregando uma sacola repleta de tecidos:

— Titia, não tem ideia de como a ida até a cidade... — ela travou assim que encarou a mãe, sentada na poltrona, olhos vermelhos de tanto chorar.

Bernarda espantou-se ao vê-la. Estelinha estava bonita, cheia de corpo. Mais velha, obviamente, mas o semblante denotava tranquilidade, harmonia e beleza. Uma beleza que ela nunca notara. Correu até Estelinha e a abraçou com força, a ponto de a sacola cair no chão. Angelina pegou os tecidos e os ajeitou novamente na sacola, enquanto Bernarda continuava agarrada à filha.

— Perdoe-me, Maria Estela! Pelo amor de Deus, perdoe-me. Embora tenha sido induzida a praticar maldades contra você, eu também errei. Perdão!

Estelinha nada entendeu. Tentou abraçar a mãe e Bernarda afastou-se, encarando-a:

— Como mudou! Está tão corada, tão bonita. Queria saber de toda sua vida desde que saiu de casa, contudo, não tenho esse direito. Eu vim mesmo para lhe pedir perdão.

As palavras saíam aos borbotões. Angelina foi até o quarto e apanhou o Evangelho. Abriu o sumário e o dedo foi até o capítulo 28 — "Coletânea de preces espíritas". Direcionou o olhar até o item 3 — "Preces pelos encarnados" e leu a prece *dirigida para alguém que esteja em aflição*. Angelina fez antes uma breve oração, pedindo ajuda aos amigos espirituais. Orou para que Bernarda pudesse acalmar-se.

Enquanto Angelina fazia a prece, Deodato e Corina surgiram radiantes no canto da sala. Bernarda, ainda tomada por forte emoção, a princípio nada registrou. Estelinha percebeu a presença dos espíritos amigos e mentalizou ajuda para a mãe. Logo Bernarda acalmou-se e ambas sentaram-se no sofá.

— Mamãe, precisa acalmar-se.

— Eu precisava vê-la. É que...

As palavras saíam de Estelinha feito mel:

— Sim. Fico feliz que tenha vindo me ver. Antes de mais nada, precisa se acalmar. De nada adianta tanta aflição.

Bernarda concordou com a cabeça. Em seu íntimo, desde que decidira viajar, só pensava no quanto fora injusta e cruel com a filha, no quanto Teresa havia contribuído para ela assim agir com Estelinha.

Mais calma, Bernarda contou toda a conversa que tivera com Teresa. Nesse meio-tempo, Corina aproximou-se de Estelinha e Deodato chegou junto de Bernarda. Ambos fecharam os olhos e seus corpos irradiavam faíscas esverdeadas que penetravam no topo da cabeça delas, proporcionando calma e bem-estar.

— Fico feliz que elas tenham a chance de conversar — tornou Corina. — Estelinha já perdoou a mãe faz anos. O arrependimento de Bernarda será benéfico para ambas.

— Estelinha e Bernarda estão prestes a se perdoarem. Infelizmente, pelo que notamos, Bernarda não vai se perdoar. Esse remorso, caso insista habitar seu coração, vai destruí-la emocional e espiritualmente. O autoperdão é fundamental para a cura completa do espírito.

— Em todo caso, Bernarda sabe, lá no íntimo, que vai receber auxílio quando chegar o momento de partir deste mundo.

— Sim, meu amor. Estaremos prontos para ajudá-la a fazer a passagem para o lado de cá.

Estelinha ouviu o relato emocionado da mãe. Anos antes, por meio de terapia, descobrira que estava no carro do pai quando houve o acidente. Agora, com detalhes, percebia quanto a vida lhe fora grata. Também se dera conta do motivo que a fazia se sentir incomodada com a presença de Teresa. A explicação, agora, mostrava-se tão clara como água cristalina.

Depois de longa conversa, cheia de momentos extremamente emocionantes, Estelinha afirmou:

— Depois que me tornei espírita, tive um melhor entendimento da vida; a terapia ensinou-me a ter mais paciência comigo mesma. Aprendi a valorizar-me, libertar-me dos pensamentos que me colocavam para baixo. Tive um filho maravilhoso e, alguns anos depois, eu me casei com um homem também maravilhoso.

— Fico feliz e triste ao mesmo tempo. Feliz porque sua vida caminhou bem e triste porque não acompanhei nada.

— Sempre há tempo de nos permitir um recomeço. Estou aqui. Sabe onde moro, também sabe que sou mãe e esposa. Nossa casa sempre a receberá de portas abertas.

Bernarda emocionou-se.

— Obrigada. Mas, depois que Antonieta se foi, perdi um pouco a vontade de reunir a família.

— Pode aproveitar que está no Rio e visitar o Alfredo. Ele e Dirce não moram muito longe e...

— Não. Eu vim para ver você e pedir perdão. Mais nada.

— Sim. Já pediu. Eu a perdoei. E também me perdoei. Agora a senhora também precisa se perdoar. O melhor a fazer é olharmos o passado como um tempo em que precisamos amadurecer e aprender o valor do perdão.

— Como conseguiu perdoar-se? Acho tão difícil.

— Mamãe, o segredo do perdão é olhar sem julgar, sem condenar o outro ou a mim mesma.

— Não consigo olhar-me sem me condenar. Fui muito burra, estúpida, insensível, deixei-me levar pelas aparências, fortemente influenciada pelos outros. Julguei que minha melhor amiga fosse uma irmã. Como fui tola!

Angelina chegou à sala naquele momento. Apenas sorriu e disse:

— Bernarda, você se enganou. É tão comum! Saiba que também viemos ao mundo para aprendermos a valorizar as boas amizades.

— Que eu achei que tinha. Uma boa amizade. Fui tão idiota...

— Mamãe, pare de se culpar. Xingar-se não vai mudar em nada o que aconteceu. No entanto, se passar a olhar-se como uma pessoa que é falível, mas que está pronta para se perdoar e viver de outra forma, verá que conseguirá facilmente se perdoar e, consequentemente, tirar um peso enorme das costas.

— Isso é — ajuntou Angelina. — Só o perdão é capaz de nos conduzir à tranquilidade, à verdadeira paz de espírito.

— Creio que só vou ter paz quando me vingar de Teresa. É disso que preciso, de vingança.

— Mamãe, saiba que apenas o bem é capaz de produzir o bem. Nada mais. Quem se vinga está reproduzindo a maldade, e a maldade nunca deve ser imitada.

Bernarda ficou ali por mais algum tempo, refletindo sobre toda a conversa que tivera com a filha. Recusou-se a almoçar. Desejava partir imediatamente. Fora ao Rio para pedir perdão à filha e o recebera. Estava feliz por Estelinha, mas a culpa e o remorso que sentia por ter se deixado levar por uma mente sádica e negativa a atormentavam. Sentia tanta vergonha de si mesma que era-lhe impossível dar-se a chance de conviver com a filha, tampouco quisera conhecer o genro ou o neto. O arrependimento a espetava como a ponta de uma faca afiada. A oração de Angelina servira para que mãe e filha pudessem, finalmente, se entender. A presença dos amigos espirituais contribuiu para Estelinha manter a paz interior e compreender os desatinos da mãe. Por outro lado, a presença dos espíritos vibrava uma luz calmante para que Bernarda tivesse mais amor por si. Infelizmente, ela deixou-se levar pela sentença nefasta que a própria mente lhe impunha.

Bernarda partiu do Rio e nunca mais comunicou-se com a filha. Também não teve coragem de procurar Alfredo e pedir-lhe perdão. Estava cansada de ter cometido tantos erros, de, segundo ela, ter levado uma vida de desatinos. Absorvera com força a ideia de que fora, de fato, péssima mãe e, infelizmente, nublara o coração, dificultando sobremaneira que pudesse ter um olhar mais amoroso sobre si mesma.

— Se houver nova vida, desejo ardentemente nunca mais ter filhos. Não mereço.

Professava a frase dia após dia. Até que, passados alguns anos desde a visita à filha, Bernarda adoeceu gravemente. Voltou a frequentar a igreja e, no final de cada missa, pedia a Deus para castigá-la. No confessionário, o padre tentava, de maneira amorosa, incutir-lhe bons pensamentos sobre a vida, o amor e o perdão. Bernarda assentia, mas, ao sair da igreja, culpava-se por acreditar que fora péssima mãe. Tratava-se com palavras negativas e clamava por punição divina. Abraçara a doença como um sinal: finalmente, segundo ela, Deus ouvira suas preces e cumpriria a missão de levá-la embora do mundo. Para onde? Ela não queria saber. Apenas desejou morrer. E, um dia, Bernarda deixou esta vida, pretendendo nunca mais voltar. Mas ela voltaria...

CAPÍTULO 50

Passado um bom tempo depois da discussão que tivera com Bernarda, Teresa decidiu viajar. Queria mudar de ares e não desejava mais encontrar Bernarda. Elas faziam parte do mesmo círculo social e Teresa não queria mais ter de enfrentar uma Bernarda, talvez, desequilibrada emocionalmente, que viesse a público tirar satisfações. Claro que Teresa sentia falta da amiga. Afirmava que nunca gostara de Bernarda, o que era mentira. Sentira ódio, inveja, mas, num cantinho de seu coração, havia um sentimento de amizade pela amiga de longa data. Estava ali, escondido, contudo, existia. Ela ignorava. Nunca daria o braço a torcer. O orgulho pesava mais forte.

Ela protelou a viagem porque uma amiga querida havia falecido. Ao ver Bernarda no velório, não se sentiu bem. Mal se cumprimentaram. Ao deixar o cemitério, murmurou:

— Preciso viajar. Para bem longe daqui.

Fez as malas e pegou um avião com destino à Itália. Estava com saudades de Roma, a primeira cidade que visitara quando havia se casado com Samir. Enquanto passeava pela cidade, encontrou uma amiga em comum que a convidou para passarem uns dias em Nova York. Teresa adorou o convite. Nunca viajara aos Estados Unidos. Além do mais, acostumara-se a estar sempre ao lado de Bernarda. Embora a viagem estivesse valendo a pena, sentia falta de companhia. Agarrou-se a essa amiga e partiram de Roma.

Teresa simplesmente adorou Manhattan. Empolgada, recebeu novo convite, agora para se hospedar na casa que essa amiga tinha em Miami, na Flórida. Teresa concordou. Ficaria na casa da amiga durante uma semana e depois regressaria ao Brasil. Começava a ter saudades do casarão.

O avião que as levava não chegou ao aeroporto de Miami. Caiu num pântano, já no estado da Flórida. Das 176 pessoas a bordo, entre passageiros e tripulantes, mais de cem morreram no acidente. Teresa desencarnou neste acidente. A amiga dela sobreviveu. Uma equipe espiritual de socorro lá se posicionou para receber os recém-desencarnados. A maioria, ainda perdida e sem saber ao certo o que ocorrera, deixara-se conduzir. Teresa negou-se a partir.

— Minha casa! Preciso voltar para casa. Vou passar o último dia do ano no meu palacete.

Os espíritos socorristas ainda se empenharam em levá-la. Conversaram, explicaram, apontaram para o avião em chamas, enfim, tentaram de todas as formas mostrar-lhe o que havia acontecido. Teresa pediu para juntar-se à amiga, entretanto, ao saber que a mulher sobrevivera ao acidente e ela não... bem, Teresa teve chiliques e não quis ser levada para o posto de socorro no astral. Até porque, vale lembrar, os espíritos socorristas apenas dão auxílio àqueles que desejam realmente partir. Ninguém é obrigado a nada.

Teresa enervou-se a ponto de, numa fração de segundo, sentir-se transportada para os jardins de sua casa. Sentiu uma felicidade indescritível. Mas seu alívio duraria pouco. Os espíritos que haviam trabalhado para ela no astral inferior surgiram para lhe cobrar pelos feitiços. Ela os enfrentou com sangue nos olhos:

— São todos idiotas! Serviram a mim porque não tinham mais o que fazer. Eu só pedi. Quem fez tudo foi o Zé. Vão atrás dele, ora!

— Ele mudou e agora está ao lado da luz. Não podemos atacá-lo.

— E eu com isso? Problema de vocês.

Eles ficaram paralisados por algum tempo. Estavam tão acostumados a colocar medo nos desencarnados, e Teresa mostrava-se forte e destemida. Ela prosseguiu, num tom de voz que metia medo:

— Nunca pensaram em suas vidas. Nunca quiseram saber dos seus entes queridos. Passam o tempo perturbando os outros. Eu simplesmente aproveitei os que se colocavam disponíveis a fazer os trabalhos de magia.

— Está toda, toda, sentindo-se poderosa — gritou um. — Somos mais fortes que você.

— E vão fazer o quê? Hã? — ameaçou. — Pensam que podem vir para cima de mim porque sou mulher? É isso?

Ela os enfrentava encarando-os firmemente, os olhos vermelhos faiscando de ódio.

— Viemos cobrar...

— Calem a boca! Estão na minha casa. Minha! Ou vocês saem agora ou eu mato vocês. De novo!

Alguns saíram. Outros permaneceram. Teresa deu de ombros. Logo em seguida à discussão, houve um acidente entre dois carros na avenida e um dos motoristas faleceu. Devido ao teor alcoólico e à falta total de religiosidade, o homem, já desprendido do corpo físico, foi presa fácil para aqueles espíritos perturbados que alimentavam-se unicamente da energia vital de recém-desencarnados. Teresa aproveitou que eles de lá saíram e correu para dentro de casa.

— Aqui eles não entram! Nem que eu tenha de usar toda minha força!

E não entraram. Ela tinha um poder de pensamento tão forte, que os espíritos que vagavam nas imediações não entravam no casarão. Passavam longe. Alguns tinham até medo e atravessavam a calçada. O tempo passou e o casarão foi perdendo a aura de pompa e beleza. Teresa, contudo, não ligava mais para a estética da casa. Queria viver ali eternamente. Até que certo dia ela ouviu um estrondo vindo dos jardins de frente da casa. Saiu enraivecida, pronta para arrumar briga. Deparou-se com máquinas, escavadeiras e homens de capacete.

Ela brigou, xingou, amaldiçoou aqueles homens. Apenas dois deles, mais sensíveis às energias do mundo espiritual, sentiram forte dor de cabeça. Os demais nem notaram aquela entidade que gritava e esperneava.

Tudo em vão. O casarão foi derrubado e logo um prédio comercial foi erguido, para ódio de Teresa. Embora dê a impressão de que muito tempo se passou, o período entre o acidente aéreo e a derrubada da casa foi de apenas três anos. Vencida e exaurida, sem forças para lutar, certo dia Teresa convenceu-se a permitir que dois bondosos espíritos a encaminhassem para um pronto-socorro no astral.

Os espíritos a acomodaram delicadamente sobre uma padiola, e ela disse, agradecida:

— Finalmente recebi ajuda. Agora quero descansar. Para sempre!

Os socorristas a levaram. Corina piscou para Deodato.

— Vamos deixar que ela pense assim.

— Sim. Acreditando que vá ficar por longos anos desencarnada, Teresa vai nos dar menos trabalho.

Eles falavam a verdade. Teresa teria um descanso de alguns anos antes de ser convidada a retornar ao planeta. Será que aceitaria?

CAPÍTULO 51

Ao longo dos anos, Marcílio contava sempre a mesma história: que fora acometido de grande surpresa e muita emoção ao descobrir que seu professor e amigo Décio Nunes fora o mesmo homem que engravidara sua mãe. Obviamente, com o passar do tempo, a história ganhou vida própria. Os filhos contariam de um jeito, os netos contariam de outro. Os bisnetos não se empolgariam com a narrativa e ela, de pouco em pouco, sumiria da memória da família.

No entanto, vamos descrever como tudo se desenrolou...

Mais um fim de ano se aproximava. Marcílio apegara-se a Décio e com ele usava de seu tempo livre, o que causava inveja na mãe.

— Não sai mais com a gente. Toda sua vida resume-se a estar com esse professor. O que é que ele tem que eu não tenho?

— Nada de mais, mãe. Ele tornou-se um grande amigo. Assim que me formei, ele me indicou para ocupar o lugar de professor-assistente, infelizmente.

— Ora, ora. Ganha uma promoção e acha que foi algo infeliz?

— É porque você desconhece o que acontece neste governo — comentou Felisberto. — O professor-assistente morreu.

— Foi morto — corrigiu Marcílio, entristecido.

— Então me contem, ora! Por que essas caras? Mataram um professor? Como?! Expliquem-me o que é que está acontecendo! — ela exigiu, irritada, encarando o pai e o filho ao mesmo tempo.

Depois de muita discussão, Marcílio revelou à mãe o que acontecia nos bastidores do país que tanto amavam. Felisberto estava a par do ocorrido. Ajudara amigos de Marcílio a fugir da polícia. Aproveitava as viagens profissionais e, em seu porta-malas, sempre escondia um procurado, um fugitivo da polícia. Marcílio pensou numa maneira de ajudar o professor que fora capturado, todavia, nada pôde fazer. Encontraram o corpo dele jogado num matagal, perfurado de balas.

Após ouvir os relatos, pois a ditadura impedia que os fatos aparecessem de algum modo, calando os meios de comunicação de forma truculenta, Estelinha caiu em prantos. Daquele dia em diante, faria prece para os perseguidos, fugitivos e mortos. Principalmente pelos mortos. Ela e Angelina criaram, secretamente, um grupo de senhoras que, uma vez por semana, reuniam-se no apartamento de Angelina e faziam preces. Oravam com fervor por todos os que eram atingidos pela brutalidade e maldade que uma ditadura é capaz de produzir e reproduzir.

Foi um período em que até chegou a se esquecer do tal professor Nunes. De repente, num dia, Marcílio entrou em casa atormentado, quase sem fôlego.

— O que aconteceu? — quis saber Estelinha, aflita.

— Prenderam o professor Nunes. Estava chegando na faculdade quando eu o vi ser algemado e levado para prestar esclarecimentos.

Felisberto levou a mão à cabeça.

— Isso não pode mais acontecer! O que será de nós?

— Não sei, vô — observou Marcílio. — Precisamos fazer alguma coisa. O pai do professor Nunes foi funcionário do alto escalão do governo. Morreu faz uns anos, mas é um homem de que muita gente ainda se lembra.

— De nada vai adiantar — condoeu-se Felisberto. — O pai dele faz parte de pessoas perseguidas pelo governo. Vou ligar para um amigo meu da polícia.

— Ele é de confiança, vô? — Marcílio estava preocupado.

— Melhor arriscarmos — tornou Felisberto. — Se ele foi preso... deve estar em maus lençóis. Prefiro ligar para meu amigo.

Assim foi feito. Felisberto ligou e o amigo, imbuído de ajudar, localizou Décio. Estava no Dops, órgão criado pelo governo com a função de assegurar e disciplinar a ordem militar no país. Foi muito utilizado para encarcerar e torturar presos políticos durante a ditadura militar que vigorou no país entre os anos de 1964 e 1985.

Depois de muitos telefonemas, conversas e subornos, Décio foi solto. Marcílio foi recepcioná-lo e chorou quando o encontrou. Décio fora barbaramente torturado. Perdera a outra visão e, por consequência, ficara totalmente cego. Os cortes profundos desfiguraram o rosto e ele precisou passar por duas cirurgias. Infelizmente, após a segunda cirurgia, o corpo mostrava-se cada vez mais debilitado, impotente para continuar vivo.

Marcílio o visitava todos os dias no hospital. Angelina passou a visitar Décio e não percebera que ele era o mesmo Décio que tinha conhecido na festa de Antonieta muitos anos antes. Estava com o rosto enfaixado, o corpo bem machucado. Os poucos cabelos que atravessavam a faixa na cabeça eram brancos. Ela condoeu-se e orava baixinho toda vez que o visitava.

Numa dessas idas e vindas, Sérgio convidou Estelinha para com ele visitar o amigo.

— Perdemos o contato faz muitos anos. Foi muita coincidência saber que ele e o professor Nunes são a mesma pessoa.

— É verdade — concordou Estelinha. — Além do mais, Marcílio anda muito abatido. Parece que o homem é parente dele. Impressionante.

— É que ele ajudou Marcílio na faculdade. Graças a ele, nosso filho tem bom cargo na universidade. O Décio abriu as portas para o Marcílio. Tornaram-se grandes amigos.

Estelinha sentiu um desconforto sem igual. Ouvir aquele nome, mesmo depois que o pronunciava de vez em quando para fazer seus exercícios de perdão, ainda lhe causava frio na barriga. Ela afastou o pensamento com as mãos.

Imagine! Isso é coincidência demais. Décio é um nome como outro qualquer.

Decidida, acompanhou o marido até o hospital. Lá chegando, encontrou Marcílio sentado numa cadeira encostada à cabeceira da cama. Ele segurava a mão de Décio e chorava baixinho. Estelinha ficou parada à porta. Sentiu mal-estar e precisou apoiar-se no batente. Sérgio não percebeu o estado dela e entrou, aproximando-se de Marcílio.

— E então, meu filho?

— O médico disse que ele vai... em questão de horas, ou de minutos. O coração está bem fraco. Não vai resistir... — Ele parou de falar e voltou a chorar baixinho.

Sérgio apertou o ombro do filho e pousou a mão sobre a de Décio.

— Meu amigo! Entristece-me vê-lo nesse estado.

Décio mexeu a boca. Balbuciou algumas palavras e, virando o rosto em direção à voz, ciciou:

— Chegou a hora, meu amigo. Minha hora. Posso pedir-lhe um favor?

— Claro! — exclamou Sérgio, a voz baixa.

— Gostaria de ouvir um dos sermões de Charles Spurgeon. Você me faria essa gentileza?

Sérgio apertou a mão de Décio. Em seguida, lembrou-se de um dos sermões e passou a narrá-lo, encostando os lábios próximo ao ouvido de Décio. Enquanto Sérgio se ocupava com o amigo, Estelinha sentiu alguém tocar-lhe o ombro com delicadeza. Ela virou-se e surpreendeu-se:

— Dirce!

— Olá, Estelinha.

— O que faz aqui? — indagou, ainda surpresa.

— Desde que soubemos o que tinha acontecido com o professor do Marcílio, embora não o conheçamos, direcionamos orações a ele.

— Mas por que está aqui?

— Recebi instruções dos amigos espirituais para vir ao hospital. O fim dele está próximo.

Estelinha comentou:

— Há algo estranho no quarto. Não consigo entrar.

— Não tem problema. Segure firme a minha mão e venha. Preciso de você ao meu lado para me dar suporte.

Estelinha concordou, movendo a cabeça para cima e para baixo. Deu a mão para Dirce e, ainda trêmula, permitiu-se entrar.

EPÍLOGO

O ambiente emanava tranquilidade e paz. Apenas Marcílio sentia fortes emoções. Os socorristas que acompanhavam Dirce já estavam a postos. Deodato e Corina se fizeram presentes.

— Vamos aguardar a chegada de Magda — ela tornou, a voz delicada.

— Magda não virá agora. Prefere esperar os acontecimentos para, logo mais à noite, tirar Estelinha do corpo para uma conversa.

— Espero que Estelinha fique bem.

— Ela vai ficar, meu amor. Ela e Magda são amigas há muito tempo.

— Como esperei por esse ajuste! — disse Corina, levemente tocada, enquanto Deodato energizava Marcílio, reequilibrando as energias e apaziguando seu espírito. — Ambos estão prontos para arrancarem o peso que acumularam ao longo de anos.

— Estelinha não é mais aquela mulher fria e rígida, apenas interessada em si mesma. Mostra-se outra pessoa, mais afetuosa, compreensiva.

— Décio também mudou. Essa experiência terrena transformou-o numa pessoa dócil, gentil e ciente dos tropeços e enganos cometidos. O fato de ele ter reconhecido quanto fora imprudente vai ser de grande utilidade para auxiliá-lo a encontrar a paz.

— Ele realmente se modificou. Eu torcia muito por isso — comentou Deodato, emocionado. — Não é fácil ver um ente querido meter-se num emaranhado de desatinos e não poder interferir.

— Muitos pensam que temos forças para mudar situações, alterar rumos, mover o destino para um lado ou para o outro, como se fôssemos mágicos ou divindades repletas de poder — tornou Corina, enquanto terminava de irradiar uma luz rosada em direção ao coração de Marcílio.

— Pois é. Somos apenas espíritos que, por ora, não estamos no mundo físico. Depois da morte, desencarnados, continuamos os mesmos. Claro que do lado de cá temos melhor percepção de nossas atitudes e comportamentos. Mas percepção e lucidez nada têm a ver com poderes mágicos. Os atributos que o espírito adquire ao longo das encarnações é o que o auxilia a melhor refletir sobre todas as situações, boas ou ruins, pelas quais passou. Por meio delas é que ele se livra das negatividades e melhora a percepção sobre si e o mundo, tornando-o mais lúcido, brando, amoroso.

— No entanto — Corina ajuntou —, essa capacidade de reflexão também pode ocorrer, embora de forma mais lenta, no mundo dos encarnados. Veja o caso de Estelinha e Décio. Já começam a transformar sentimentos difusos ainda encarnados.

— Tem razão. — Deodato encarou os socorristas. O momento de levarem Décio se aproximava. Ele e Corina deram-se as mãos e oraram.

Nesse ínterim, Sérgio terminava de recitar um belíssimo sermão.

— Obrigado, meu amigo — Décio agradeceu, a voz quase inaudível.

Sérgio também o agradeceu e comentou:

— Aqui se encontram minha esposa e minha cunhada. Vieram orar por você.

— Não mereço tanto — sussurrou.

Embora ainda sentindo estranha sensação, Estelinha não se deu conta de quem estava ali na cama. Dirce, intuída pelos espíritos ali presentes, afirmou:

— Querido amigo. O momento de partir se aproxima. Estamos aqui para ajudá-lo a caminhar conosco rumo à dimensão para onde todos vão após o cumprimento do ciclo reencarnatório. Não se assuste, pois trata-se de local conhecido. É para ele que retornamos todas as vezes que cessa o nosso tempo no planeta. Quando estamos encarnados, esquecemos de que cada um de nós tem um tempo próprio de permanência no planeta. Esse tempo pode variar de segundos a muitos anos. Independentemente do tempo que nos é concedido, ele sempre será utilizado para o melhoramento do espírito. Assuntos mal resolvidos, questões existenciais difíceis, reencontros indesejáveis, tudo é planejado de maneira que possamos, a cada nova jornada, desfazer-nos de tudo o que nos impede de crescer como espíritos criados e destinados ao autoconhecimento, autocontrole emocional e constante paz interior.

Décio, voz pastosa e irreconhecível, interrompeu:

— Cometi barbaridades, machuquei e magoei pessoas.

— Reconhecer o erro é um passo para o autoperdão. É preciso entender que você fez o melhor que pôde, dentro do seu grau de lucidez e inteligência. Ninguém dá o que não tem. Entretanto, isso não o exime de suas responsabilidades para com aqueles que feriu, ofendeu ou penalizou. Porque o espírito, em essência, sempre conhece e sabe da verdade. Ele reconhece aqueles a quem agride ou protege. Apenas o espírito é capaz de refletir verdadeiramente acerca dos atos praticados, tanto em relação a si como em relação aos outros. Isso implica dizer que a consciência, que nos acompanha para além da vida, atuará em nós como um juiz.

— Mereço ser punido.

— Não. Ninguém merece punição. Somos almas que ainda precisam experienciar situações de amor e ódio, perdão e raiva, repulsa e aceitação. Por meio desses contrastes, nosso espírito é estimulado a fazer escolhas que ora o manterão preso a um mundo de ilusões e decepções, ora o conduzirão a um mundo de amor e compreensão por si e pelo próximo. Assim é a vida na Terra. Acredite, meu amigo, você terá tempo para refletir sobre tudo o que fez e recebeu durante a sua jornada. Apenas confie e deixe-se levar.

A faixa que cobria o rosto de Décio umedeceu na região dos olhos. Se estivesse sem a gaze, todos ali veriam as lágrimas que corriam. Décio errara muito, cometera muitas atrocidades, todavia, depois do acidente, transformara-se numa outra pessoa. Passou a se comportar de maneira cordata, tornou-se um homem gentil, paciente, consciente de seus desatinos. Desejou fortemente libertar-se de tudo o que considerava ter feito de ruim em troca da prática de boas ações. Fazendo as contas, ele viveu a primeira metade da vida de forma inconsequente e, a outra metade, de forma consciente de seus atos, procurando, sempre que possível, caminhar na senda do bem. Todavia, a balança da consciência ainda não definira qual caminho ele tomaria após desencarnar: o caminho do remorso ou o da redenção.

Dirce deu um passe na região cardíaca de Décio e o espírito que a acompanhava finalizou a visita com uma bonita oração. Em seguida, Estelinha abraçou-se a Marcílio:

— Vai ficar tudo bem, meu filho.

Décio ouviu a voz e, de forma espontânea, balbuciou:

— Estelinha? É você?

Dirce permaneceu de olhos fechados, em prece. Sérgio e Marcílio se entreolharam, espantados. Foi Sérgio quem perguntou ao amigo:

— Conhece minha esposa?

— Estelinha, diga-me, é você? — Décio voltou a perguntar, sem dar atenção a Sérgio.

Estelinha sentiu que o coração ia explodir. Pensara nesse encontro inúmeras vezes. Foram noites e noites em que matutava como se comportaria caso tivesse a possibilidade de um possível reencontro com Décio. O que diria? Como agiria? Foram tantos ensaios... mas agora, frente a frente, a voz lhe faltou. Pigarreou e disse baixinho:

— Sim, Décio. Sou eu. Estelinha.

Ele levantou a mão em direção à voz. Ela tomou a mão dele e chorou um pranto sentido. Décio, muito emocionado, implorou:

— Perdoe-me. Por favor, na hora de minha morte que se aproxima, o que mais desejo é ter o seu perdão.

— Sim, Décio. Eu o perdoo. Afinal, você me deu o maior presente que jamais sonhara receber. Eu mudei muito nesses anos, mas o amor que sinto pelo meu filho foi o estímulo que precisava para me manter viva e chegar até aqui.

Sérgio e Marcílio ainda tentavam processar as ideias. Estelinha apertou levemente a mão de Décio. Ele apertou de volta. Em seguida, ela afastou-se de Décio e abraçou-se a Sérgio.

Décio, surpreso e impactado pela revelação, virou a cabeça na direção de Marcílio e murmurou:

— Marcílio, meu filho... — ele suspirou, e a mão caiu sobre o corpo. Décio se foi. O seu perispírito, adormecido, foi conduzido a um posto de socorro pelos espíritos que vieram com Dirce.

Marcílio foi acometido de um misto de sentimentos. Jamais supusera que um dia chegaria a conhecer o verdadeiro pai. Uma onda de fortes emoções fazia seu corpo tremer. Deixou os pensamentos para trás e abraçou-se ao corpo inerte de Décio, em prantos.

Dirce saiu de mansinho e foi procurar o médico. Sérgio desvencilhou-se do abraço da esposa e seguiu a cunhada. Estelinha tocou o ombro do filho. Marcílio a abraçou e ela também permitiu-se chorar. Finalmente, depois de tantos anos, ela e Décio davam trégua a um passado repleto de desentendimentos, agressões físicas e emocionais, raiva e vingança. O reencontro permitiu que, naquele momento, uma luz pudesse ter espaço para alcançar e tocar seus corações. O passado de mágoas poderia se transformar num futuro de alegrias. Será? Qual caminho eles iriam escolher? Não sabemos. Mas o tempo... ah, o tempo! É só por intermédio dele que tudo na vida se resolve. Pensando bem, o tempo cuida de tudo...

POSFÁCIO

De maneira geral, um romance espírita é costurado por tramas, fatos e mensagens que nos tocam profundamente a alma e nos levam à reflexão. À medida que nos envolvemos com a narrativa, amamos ou desgostamos de determinados personagens. Nosso senso de observação elege os que nos cativam e tenta se esquivar daqueles cujo comportamento reprovamos.

O tempo cuida de tudo teve começo, meio e fim. A maioria dos personagens reencarnou e desencarnou na primeira metade do século XX. No entanto, se acreditamos que a vida é eterna e nos oferece sucessivas idas e vindas, será que houve mesmo começo ou fim? Se grande parte desses personagens fosse abençoada com a chance de nova encarnação, como eles retornariam? Os laços de afeto se estreitariam? E quanto aos laços formados por mágoas e ressentimentos? Eles se mostrariam presentes numa nova vida?

Por conta de tais questionamentos, decidimos narrar a vida dessas pessoas, experienciando novas conquistas, superando antigos e inéditos desafios, em pleno século XXI. Quais dos personagens reencarnaram? Como voltaram? Qual é o novo quadro de parentesco entre eles ? O que aconteceu com quem não reencarnou?

Essas e outras perguntas serão respondidas em uma espécie de *continuação* deste romance. Em breve, você terá em mãos uma história original e emocionante, e dela poderá tirar suas conclusões: o tempo cuida mesmo de tudo ou há fatos que marcam o espírito de tal modo, que nem mesmo o tempo o deixará esquecer? Aguarde o segundo livro desta emocionante trilogia: *O poder do tempo...*

A riqueza do tempo consiste na valorização do agora. É só o que temos. É o momento em que cada um de nós faz acontecer. Portanto, honremos o tempo devidamente.

LÚMEN
EDITORIAL

Av. Porto Ferreira, 1031 | Parque Iracema
CEP 15809-020 | Catanduva-SP

www.**lumeneditorial**.com.br
www.**boanova**.net

atendimento@lumeneditorial.com.br
boanova@boanova.net

 17 3531.4444

 17 99777.7413

 @boanovaed

f boanovaed

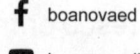 boanovaeditora

Acesse nossa loja

Fale pelo whatsapp